Bachelor-, Master- und Diplomarbeiten an den Hochschulen der Polizei

Themenfindung, Literaturrecherche, Fußnotenapparat, Zitiertechnik und Kriterien für die Bewertung mit einem Kapitel zur Diplomarbeits-Präsentation

3., überarbeitete und erweiterte Auflage

ISSN 1862-2682
ISBN 978-3-86676-387-6

Martin H. W. Möllers

Bachelor-, Master- und Diplomarbeiten an den Hochschulen der Polizei

Themenfindung, Literaturrecherche, Fußnotenapparat, Zitiertechnik und Kriterien für die Bewertung mit einem Kapitel zur Diplomarbeits-Präsentation

3., überarbeitete und erweiterte Auflage

Die Blaue Reihe:
Studienbücher für die Polizei
herausgegeben von Professor Dr. Martin H. W. Möllers

ISSN 1862-2682
ISBN 978-3-86676-387-6

Verlag für Polizeiwissenschaft
Prof. Dr. Clemens Lorei

Bibliografische Information Der Deutschen Bibliothek
Die Deutsche Bibliothek verzeichnet diese Publikation in der Deutschen Nationalbibliografie; detaillierte bibliografische Daten sind im Internet über http://dnb.ddb.de abrufbar.

Verlag für Polizeiwissenschaft, Prof. Dr. Clemens Lorei
Eschersheimer Landstraße 508 • 60433 Frankfurt
Telefon/Telefax 0 69/51 37 54 • verlag@polizeiwissenschaft.de
www.polizeiwissenschaft.de

Printed in Germany

Die Blaue Reihe im Verlag für Polizeiwissenschaft:
Studienbücher für die Polizei
wird herausgegeben von Professor Dr. Martin H. W. Möllers

Inhalt

7. Teil: Verständliche Sprache und Formulierungshilfen

8. Teil: Referate und Präsentationen von Bachelor-, Master- oder Diplomarbeiten ohne PowerPoint erfolgreich vortragen

Vorwort zur 3. Auflage

Nach jahrelangen Korrekturen von Diplomarbeiten seit Erscheinen der ersten Auflage dieses Buches ist festzustellen, dass es den Studierenden immer noch daran mangelt, geeignete Literatur für ihr Thema zu recherchieren. Daher erscheint es richtig, das Buch neu aufzulegen und den Erkenntnisbereich einer erfolgreichen Literatursuche zu erweitern.

Ebenso erscheint es notwendig, ein Kapitel zur verständlichen Sprache und zu Formulierungshilfen einzufügen sowie ein weiteres, das sich mit Vorträgen in Form von Referaten und der Präsentation von Bachelor-, Master- oder Diplomarbeiten ohne PowerPoint auseinandersetzt. Denn nicht nur an meinem Fachbereich Bundespolizei der Hochschule des Bundes müssen Referate als Modulabschlüsse gehalten werden. Bei uns wird auch in der großen Abschlussprüfung die Präsentation der Diplomarbeit verlangt, die somit ein wichtiger Meilenstein auf dem Weg zur Kommissarlaufbahn ist.

Das Buch zeigt in gewohnt bewährter und dennoch überarbeiteter und ergänzter Weise den Weg von der Themenfindung über die crfolgreiche Literaturrecherche und die Gestaltung von Gliederung, Fußnotenapparat, Zitiertechnik und Quellenangaben bis Hin zur Erstellung der Bachelor-, Master- oder Diplomarbeit. Es erläutert außerdem die Kriterien für die Bewertung einer solchen wissenschaftlichen Abschlussarbeit. Der großzügig ausgestattete „Apparat" im Anhang mit verschiedenen Verzeichnissen, insbesondere einem umfänglichen Literaturverzeichnis, einem Glossar der Fachbegriffe rund um die wissenschaftliche Arbeit sowie dem ausführlichen Stichwortregister, sollen die Möglichkeit erweitern, mit dem Buch zu arbeiten.

Martin H. W. Möllers Lübeck, im Oktober 2014

Editorial zur Anfertigung von wissenschaftlichen Arbeiten bei der Polizei

„Literatur!, Literatur!, Literatur!“ und **„Lesen!!, Lesen!!, Lesen!!“** muss den Studierenden entgegengeschmettert werden, wenn es um die Anfertigung von Hausarbeiten, Diplomarbeiten und alle anderen wissenschaftlichen Arbeiten geht, die für den Bachelorabschluss an einer der Fachhochschulen für die Polizei in Bund und den Ländern oder den Masterabschluss an der Deutschen Hochschule der Polizei (DHPol) in Münster Voraussetzung sind. 1

Warum nur sollen solche wissenschaftlichen Arbeiten überhaupt angefertigt werden? Eine Antwort gab schon 1998 das sog. „Berliner Memorandum 1998“[1], das am 20. Oktober des angegebenen Jahres von der Konferenz der Rektoren und Fachbereichsleiter der Fachhochschulen für Polizei auf ihrer Herbsttagung beschlossen wurde: 2

„Die Polizei braucht selbstständig denkende und handelnde Mitarbeiterinnen und Mitarbeiter. Dies bedeutet, dass sich die Ausbildung nicht auf die Vermittlung von Wissen beschränken darf, das dem Beamten- eine vordergründige Sicherheit vermittelt, welche im Zweifelsfall nicht gegeben ist. Von besonderer Bedeutung sind handlungsorientierte Ausbildungsinhalte, die die persönliche Kompetenz der Beamten erhöhen und sie zu konfliktfähigen, im positiven Sinne selbstbewussten Mitarbeitern machen, die an sie herangetragene Herausforderungen eigenverantwortlich annehmen. Eine Ausbildung oder ein Studium kann nicht darauf ausgerichtet sein, eine allumfassende und abschließende Wissensvermittlung zu leisten.“[2]

Drei Jahre zuvor hatte eine Arbeitsgruppe zur Reform der Ausbildung des gehobenen Polizeivollzugsdienstes im Saarland dazu formuliert: 3

„Die für das Studium typische Konzentration auf formales Lernen von explizitem Wissen reicht in keiner Weise aus, um im Beruf zu bestehen. Benötigt werden eher Lernsituationen und -Modelle, die auch informelles Lernen und Verstehen einschließen. ... Die Leistungsanforderungen des polizeilichen Alltags verlangen situationsgerechtes Verhalten, das weit über kognitives Wissen hinausgeht. Es wird evident, dass affektive und soziale Lehrinhalte, die sich mit der Beeinflussung des eigenen und des Verhaltens anderer Menschen befassen, in das Studium einfließen müssen.“[3]

---

1 „Wege zur Qualitätssicherung der Ausbildung für den gehobenen Polizeivollzugsdienst an den Fachhochschulen für Polizei / Fachbereichen Polizei“.

2 Nr. 1 Leitgedanke, 4. Absatz; aus didaktischen Gründen zitiert in neuer Rechtschreibung.

3 Arbeitsgruppe zur Reform der Ausbildung des gehobenen Polizeivollzugsdienstes (Saarland): Schlussbericht und Ausbildungskonzeption für die Ausbildung des gehobenen Polizeivollzugsdienstes, Stand November 1995, veröffentlicht als Arbeitspapier Saarbrücken 1996; aus didaktischen Gründen zitiert in neuer Rechtschreibung.

4 Gefordert werden also „handlungsorientierte Ausbildungsinhalte“, „eigenverantwortlich“ „Herausforderungen“ zu meistern, „die auch informelles Lernen und Verstehen einschließen“. „Einfließen müssen“ „Lehrinhalte“, „die sich mit der Beeinflussung des eigenen und des Verhaltens anderer Menschen befassen“. Genau da setzt die – und nur die – wissenschaftliche Arbeit an:

5 Gelingt es, eine solche Arbeit zum erfolgreichen Abschluss zu bringen, wird damit der Nachweis erbracht, selbstständig wissenschaftlich arbeiten zu können. Konkret bedeutet dies belegt zu haben, dass einerseits das technische Wissen und andererseits das vorhandene Sachwissen erheblich erweitert wurden.[4]

6 Ganz *formal* müssen die Studierenden in der Lage sein, sich selbstständig über alle zugänglichen Kommunikationsmittel neueste und vor allem einschlägige Literatur zur Bearbeitung des Diplomarbeits-Themas zu beschaffen. Genau dieses „informelle Lernen“ wird nämlich von ihnen in der späteren Polizeipraxis abverlangt: Sie müssen den Umgang mit Karteikartensystemen und/oder Computerrecherchen in Fremdbibliotheken genauso beherrschen, wie die Nutzung von Datenbanksystemen aller Art sowie von Suchroutinen im Internet. Ferner müssen sie längere Texte in Maschinenschrift unter Anwendung der gültigen Rechtschreibregeln und der Grammatik verfassen und unter Umständen eine Verknüpfung visueller Medien in den Text vornehmen können. Diese formalen Fähigkeiten und Fertigkeiten müssen somit zeitgleich mit dem Abschluss des Studiums vorhanden und daher vorher eingeübt sein. Diese Fertigkeiten effektivieren bereits die Ausbildung, sodass höhere Lernerfolge zu erwarten sind. Außerdem ist der Umgang mit Computern und Datenbanksystemen im berufstäglichen Einsatz der Polizeikommissare unabdingbare Grundvoraussetzung, dem auch in Zukunft eine immer größere Bedeutung zukommt (z. B. Europol). Die Globalisierung nahezu aller gesellschaftlichen Bereiche wird nicht nur positive Effekte hervorrufen, sondern auch die Bandbreiten von Kriminalität immer größer werden lassen und neue Kriminalitätsentwicklungen hervorbringen. Um solchen Erscheinungen entgegenwirken zu können, wird die gezielte Information des Führungspersonals in der Polizei immer bedeutungsvoller. Unabdingbare Voraussetzung hierfür ist es, selbstständig derartige Literaturrecherchen anzustellen.

7 In *materieller* Hinsicht erfordert die Diplomarbeit und alle anderen Formen wissenschaftlicher Arbeiten von den Studentinnen und Studenten, aus einer Fülle von recherchierten Meinungen gedanklich mögliche Schwächen

---

4 Vgl. zum Folgenden schon Möllers, Martin H. W.: Vom Nutzen einer Diplomarbeit für den Polizeiberuf – ein Essay zur Einführung der Diplomarbeit an der Hochschule des BGS. In: Möllers / van Ooyen / Spohrer (Hrsg.), Polizei des Bundes in der rechtsstaatlichen pluralistischen Demokratie, Opladen 2003, S. 29-33.

in der Argumentation zu erkennen, Widersprüche aufzudecken und vor allem auch eigene Schlussfolgerungen aus den Darstellungen anderer Autoren zu ziehen. So befassen sie sich „mit der Beeinflussung des eigenen und des Verhaltens anderer Menschen". Damit werden sie nicht nur automatisch zum selbstständigen Denken aufgefordert und befähigt, sondern es wird auch abstraktes Denken und das Analysieren von Texten und Sachverhalten eingeübt. Dieses schärft nicht nur das logische Denken und führt ebenfalls zur Erhöhung von Lernerfolgen, sondern lässt objektiv bessere Ergebnisse im beruflichen Alltag – hier insbesondere bei der „Beurteilung der Lage" – erwarten.

Zum größten Teil lernen erwachsene Menschen – ob sie es wollen oder 8
nicht – durch Lesen. Aus Texten zu lernen, indem wir sie verarbeiten und ihnen dadurch Informationen entnehmen, die zu praktischem Handeln anleiten, Hintergrundwissen zum Handeln liefern und theoretisches und praktisches Lernen ermöglichen, darf deshalb nicht nur der Sprache überlassen bleiben, weil diese allein die Aufgabe nicht erfüllen kann.[5] Auch Texte selbst abzufassen muss in allen Fachbereichen eingeübt werden. Denn das Schreiben dient der Kommunikation. Eine solche Chance zur Verarbeitung von Texten durch Interpretation bietet allein die schriftliche wissenschaftliche Arbeit, wie etwa die Diplomarbeit.

Ist erst einmal Einsicht in die Notwendigkeit solcher Diplom- und anderer 9
Arbeiten gewonnen, lässt sich leichter eine solche wissenschaftliche Arbeit „erledigen". Dieses Buch will einen fruchtbringenden Beitrag dazu leisten. Da die meisten Curricula der Hochschulen für die Polizei für das Üben von wissenschaftlichen Abschlussarbeiten kaum Raum lassen, will dieses Buch sich speziell auf diese Situation konzentrieren. Das bedeutet, dass die Abschlussarbeiten – wie klassisch die Diplomarbeit oder die Hausarbeit – im Vordergrund stehen und andere Formen des wissenschaftlichen Arbeitens nur in einer kurzen Abgrenzungserläuterung auftreten. Ausführungen zur Vorbereitung und Durchführung von schriftlichen und mündlichen Prüfungen ist schon in meinem Buch *„Lehren und Prüfen bei der Polizei. Ein Lehrbuch der Didaktik und ihrer Methoden"*[6] behandelt.

Im Rahmen des Bachelor- und Masterstudiums fallen nicht nur Ab- 10
schlussarbeiten an, welche die Qualität der überkommenen Haus- und Diplomarbeiten haben. Als Leistungsnachweise während der Studienzeit können sie im Einzelfall auch unter der Bezeichnung „Facharbeit", „Seminararbeit" oder „Hausarbeit" auftreten. Im Universitätsbereich gibt es noch weitergehende wissenschaftliche Arbeiten: Ein Auslaufmodell ist die Magisterarbeit,

---

5 Vgl. Aebli, Hans: Zwölf Grundformen des Lehrens. Eine allgemeine Didaktik auf psychologischer Grundlage. Medien und Inhalte didaktischer Kommunikation, der Lernzyklus. 12. Aufl., Stuttgart 2003, S. 114 f.

6 2. Auflage, Frankfurt/M 2011.

die inzwischen durch die Masterarbeit ersetzt wurde. Zu höheren Weihen – da sie üblicherweise erst nach Abschluss des Hochschulstudiums begonnen werden – verhelfen die Doktorarbeit (auch als Dissertation oder Promotionsarbeit bezeichnet) sowie die Habilitationsschrift.[7] Ohne die verschiedenen Formen gänzlich auszuschließen, steht im Mittelpunkt die wissenschaftliche Abschlussarbeit des Bachelor- und Masterstudiums bei der Polizei, weil sie auch für die Absolventen eine höhere Bedeutung haben und ihnen dadurch größere Probleme bereiten.[8]

11 Das Buch zeigt den Weg zur Themenfindung und erfolgreichen Literaturrecherche und gibt Auskunft über die Gestaltung von Gliederung, Fußnotenapparat, Zitiertechnik und Quellenangaben und erläutert die Kriterien für die Bewertung einer Abschlussarbeit. Außerdem stehen einige Tipps im Umgang mit WORD® im Buch. Der großzügig ausgestattete „Apparat" im Anhang mit verschiedenen Verzeichnissen, insbesondere einem umfänglichen Literaturverzeichnis, einem Glossar der Fachbegriffe rund um die wissenschaftliche Arbeit sowie dem ausführlichen Stichwortregister, sollen die Möglichkeit erweitern, mit dem Buch zu arbeiten. Für die Bearbeiter/innen gilt:

> „Man muß nie denken, dieser Satz ist mir zu schwer, der gehört für die großen Gelehrten, ich will mich mit den anderen hier beschäftigen, dieses ist eine Schwachheit, die leicht in eine völlige Untätigkeit ausarten kann. Man muß sich für nichts zu gering halten." [D 430][9]

Martin H. W. Möllers — Lübeck, im Oktober 2006

---

7 Zur akademischen Bedeutung dieser Formen wissenschaftlicher Arbeiten s. Möllers, Martin H. W.: Business-Knigge. Internationales Lexikon des guten Benehmens. Praxis & Erfolg, Bd. 3, Kiel 2005, S. 17 f.

8 Dies umso mehr, als die Deutsche Hochschule der Polizei (DHPol) für die nächsten Jahre kein Promotionsrecht mehr besitzt: Wissenschaftsrat: Stellungnahme zur Akkreditierung der Deutschen Hochschule der Polizei, Münster (Auszug); in: Möllers, Martin H. W. / van Ooyen, Robert Chr. (Hrsg.), Polizeiwissenschaft 3: Polizeihochschul-(Aus-)Bildung, 3. Aufl., Frankfurt a.M. 2013, S. 157-182.

9 Lichtenberg, Georg Christoph: Sudelbücher. Herausgegeben von Franz H. Mautner. Mit einem Nachwort, Anmerkungen zum Text, einer Konkordanz der Aphorismen-Nummern und einer Zeittafel, 14. Aufl., Frankfurt/Main 2007, S. 158.

1. Teil: Allgemeine Merkmale sowie unterschiedliche Formen und Strukturen von wissenschaftlichen Arbeiten bei der Polizei

An Hochschulen – selbstverständlich auch an solchen, welche die Polizeiaus- 12
bildung für den gehobenen und höheren Dienst durchführen und daher für den Managementbereich der Polizei qualifizieren – soll wissenschaftlich gearbeitet werden. Es ist deshalb zunächst festzustellen, was überhaupt „Wissenschaftlichkeit" ausmacht und welche allgemeinen Merkmale wissenschaftliche Arbeiten erfüllen müssen.[1]

1 Anforderungen an und Merkmale von wissenschaftlichen Arbeiten

„Wissenschaftliche Theorien im eigentlichen Sinn sind abstrakte, systematisierte Erkenntnisse. Damit sind sie von Alltagserfahrungen abgelöst. Sie werden unter methodisch kontrollierten und nachvollziehbaren Bedingungen gewonnen."[2]

Wissenschaftlichkeit bedeutet formal, dass nach festgelegten Methoden Er- 13
klärungsmodelle – so genannte Theorien – entwickelt werden. Ein Erklärungsmodell, eine Theorie, trifft im Ergebnis eine oder mehrere allgemeingültige Aussagen und bringt gegenüber dem bis dahin bestehenden Wissen einen Erkenntnisfortschritt.[3] Damit Wissenschaft zwischen einzelnen Subjekten überprüfbar ist, kommt es bei Wissenschaftlichkeit auf eine systematische Beschreibung, Untersuchung und eventuelle Begründung von Tatbeständen an.[4] Dabei verfügt Wissenschaft über ein Begriffs- und Ordnungsschema, re-

---

1 Zur Wissenschaftlichkeit allgemein vgl. die Einführung von Theimer, Walter: Was ist Wissenschaftlichkeit? Praktische Wissenschaftslehre, Tübingen 1985.

2 Spohrer, Hans-Thomas: Der Theorie-Praxis-Streit am Beispiel des Hochschulstudiums der Polizei – ein Beitrag aus sozialwissenschaftlicher Sicht. In: Möllers / van Ooyen / Spohrer (Hrsg.), Die Polizei des Bundes in der rechtsstaatlichen pluralistischen Demokratie, Opladen 2003, S. 61.

3 Vgl. Brauner, Detlef Jürgen / Vollmer, Hans-Ulrich: Erfolgreiches wissenschaftliches Arbeiten. Seminararbeit – Bachelor-/Masterarbeit (Diplomarbeit) – Doktorarbeit. 3. Aufl., Sternenfels 2008, S. 16.

4 Vgl. Speck, Josef: Handbuch wissenschaftstheoretischer Begriffe, 3 Bde., Göttingen 1980, Band 3, S. 726.

flektiert sowohl „Praxis“ als auch ihre eigene Methodik und gewinnt Erkenntnisse vor allem aus der Distanz! Wissenschaft zielt darauf, als Wirklichkeit erlebte (Praxis-)Erfahrungen systematisch und objektiviert anhand nachvollziehbarer und damit kontrollierbarer Kriterien zu verarbeiten.

14 Im Gegensatz dazu gibt es zweckorientierte Thesen, die von subjektiver Bedeutung sind. Sie stehen meistens in Zusammenhang mit Alltags- und Praxiserfahrungen (z. B.: „Auf unserer Polizeidienststelle ist es so ...“) und geben sich nur den Anschein von Wissenschaftlichkeit. Solche zweckorientierten Thesen werden daher als „Populärwissenschaft“ und/oder auch „Pseudowissenschaft“ bezeichnet. Bei solcher Pseudowissenschaft wird das subjektiv Empfundene bzw. persönlich Erlebte als allgemeingültige Wirklichkeit („... dann ist es immer so!“) präsentiert.

15 Zu erkennen sind derartige pseudowissenschaftliche Abhandlungen daran, dass sie auf das Zitieren wissenschaftlicher Literatur entweder gänzlich verzichten oder die Autorin bzw. der Autor nur eine einseitige Auswahl getroffen hat. Ihre Erkenntnisse beruhen subjektiv auf Erlebnisse oder bereits in Erscheinung getretene Personen (bzw. deren pseudowissenschaftliche Abhandlungen), von denen – häufig im dogmatischen Sprachstil, mitreißend oder einschwörend formuliert – visionäre Maßnahmen abgeleitet werden. Problematisch an diesen populär- und pseudowissenschaftlichen Traktaten ist vor allem, dass sie sich gegen Kritik abschotten und eine erhebliche Gefahr zur Ideologisierung bergen.

16 Wissenschaftliche Arbeiten, wie sie bei Diplom, Bachelor und Master an Polizeifachhochschulen verlangt werden, gründen dagegen auf den eingangs aufgeführten allgemeinen Merkmalen für Wissenschaftlichkeit. Das bedeutet: Wenn Wissenschaft einen Erkenntnisfortschritt bringen soll, dann kann dies nur für ein bestimmtes Fachgebiet gelten. Wissenschaftliche Arbeiten sind daher *nicht* für eine breite Leserschaft gedacht und wollen somit nicht den völlig Unwissenden erreichen, sondern sie zielen immer auf ein Fachpublikum. Wissenschaftliche Arbeiten sind einem speziellen Fachgebiet zuzuordnen und wenden die Terminologie dieses Fachgebietes korrekt an. Ein weiteres Merkmal ist es schließlich, dass wissenschaftliche Arbeiten bestimmte Richtlinien zu erfüllen haben, die sie von anderen schriftlichen Werken, wie z. B. Romanen, Lyrik, Erzählungen, Zeitungs- und Zeitschriftenartikel, unterscheiden:

17 Dazu gehört es vor allem, Eigen- und Fremdleistung deutlich für die Leserinnen und Leser durch entsprechende Kenntlichmachung im Text zu unterscheiden. Entsprechend sind wissenschaftliche Beiträge (sog. *Literatur*) aus Büchern, Fachzeitschriften und Sammelwerken, die von anderen Personen stammen, korrekt und nachvollziehbar zitiert und aufgestellte Behaup-

tungen durch Quellen und/oder Literatur[5] nachgewiesen worden. Da die wissenschaftliche Arbeit zu allgemeingültigen Aussagen mit Erkenntnisfortschritt kommen soll, ist es notwendig, einerseits an das vorhandene Wissen anzuknüpfen und andererseits die neuen Inhalte und Lösungswegen logisch-konstruktiv aufzubauen. Dafür ist jede wissenschaftliche Arbeit entsprechend zu gliedern (vgl. zusammenfassend nachstehendes Schaubild).

Anforderungen an und Merkmale von wissenschaftlichen Arbeiten	
Wissenschaftlichkeit	Anforderung an die Arbeiten
• Erklärungsmodell (Theorie) • Allgemeingültige Aussage(n) • Erkenntnisfortschritt	• Zuordnung zu einem Fachgebiet • Verwendung der Fachterminologie • Erfüllung der wissenschaftlichen Richtlinien
Wissenschaftliche Richtlinien sind:	
• Eigen- und Fremdleistung sind in der Arbeit für Dritte erkennbar, • Keine Verwendung von Literatur und Internetquellen unbekannter Urheber, • die Quellen und Hilfsmittel sind korrekt zitiert, • die Quellen und Literaturangaben sind in Verzeichnissen zusammengefasst und • die Arbeiten sind jeweils logisch-konstruktiv aufgebaut und entsprechend gegliedert.	

Abb. 1: Anforderungen an und Merkmale von wissenschaftlichen Arbeiten[6]

An Hochschulen für die Polizei sind diese Grundvoraussetzungen wie an anderen Hochschulen auch zu erfüllen. Im Mittelpunkt einer Arbeit steht also nicht nur das Thema, das zumeist einen Bezug zur Polizeipraxis aufweisen sollte, sondern auch sein theoretischer Bezug zu den vorhandenen Erklärungsmodellen. Die Vorgehensweise muss nachvollziehbar sein und die verwendeten Quellen, Literaturangaben und sonstigen Hilfsmittel sind konkret nachzuweisen. 18

Diese Merkmale gelten für alle Arten von wissenschaftlichen Arbeiten, die bereits heute an den (Fach-)Hochschulen für die Polizei in Bund und den Ländern zur Anwendung kommen. Weitere Darstellungsformen und Strukturen wissenschaftlicher Arbeiten an den Polizeihochschulen treten durch die Einführung von Bachelor- und Masterstudiengängen hinzu. Die wesentlichen Formen des wissenschaftlichen Arbeitens sollen mit ihren besonderen Funktionen im nächsten Abschnitt kurz vorgestellt werden. 19

5 Was in Abgrenzung zur Literatur zu den Quellen gehört, wird unten ab S. 174 sowie im Glossar erläutert.

6 Abb. 1 ist eigene Darstellungen.

2 Darstellungsformen und Funktionen wissenschaftlicher Arbeiten

20 In der Wissenschaft gibt es unterschiedliche Möglichkeiten der geistigen Auseinandersetzung bzw. der Beschäftigung mit einer bestimmten Thematik. Dazu gehört eine Reihe von mündlichen Formen, wie etwa die wissenschaftliche Diskussion oder Disputation, wie sie an Polizeihochschulen etwa in mündlichen Prüfungen vorkommen. Mündliche Formen beginnen aber auch schon vor Aufnahme des Studiums beim Eignungs-Auswahl-Verfahren (EAV). Hier sollen aber näher nur die schriftlichen Arbeiten untersucht werden.

21 In der polizeilichen Ausbildung – nicht nur im Hochschulbereich – sind verschiedene Formen wissenschaftlicher Arbeiten, die schriftlich vorgelegt werden müssen, vorgesehen und üblich. Dazu gehören vor allem (aber nicht ausschließlich) das Protokoll, der Bericht, das Thesenpapier, das Referat, die Klausur, die Hausarbeit als besondere Form der Examensarbeit sowie die Diplomarbeit. Der größte Teil dieser Formen wissenschaftlicher Arbeiten begleitet die Polizei zwangsläufig auch im späteren Berufsleben und muss daher von allen beherrscht werden. Nur die Form „Klausur“ wird im späteren Polizeiberuf in der Regel in ihrem typischen Ablauf der schriftlichen Wissensabgabe unter Aufsicht nicht mehr angefertigt. Allerdings wird kaum jemand leugnen können, dass zumindest mündliche „Wissensteste“ in der Polizeipraxis eine Rolle spielen, wenn etwa Vorgesetzte bestimmtes Fachwissen zum Beispiel in Dienstbesprechungen von einzelnen Mitarbeiterinnen und Mitarbeitern einfordern. Klassisch ist jedenfalls die Form „Bericht“: Zum Beispiel erfolgt die Wiedergabe eines tatsächlichen Geschehens durch einen Bericht in knapper, auf die Darlegung von Tatsachen beschränkter Form.

22 Auch die anderen Formen wissenschaftlicher Arbeiten gehören zum Polizeialltag, ohne dass sie allerdings – bis auf das Protokoll – immer konkret unter ihrer Bezeichnung auftreten. Sie sollen im Folgenden kurz mit ihren unterschiedlichen Funktionen sowie ihr Auftreten in der Polizeiausbildung und der späteren Berufspraxis vorgestellt werden.

2.1 Die Funktionen des Protokolls

23 Ein Protokoll hat die Grundfunktion zu dokumentieren, also die Wirklichkeit abzubilden. Ein wissenschaftliches Protokoll spiegelt die abgebildete Realität

genau wider, ist also eine empirische Analyse.[7] Daraus ergibt sich bereits, dass ein Protokoll in seiner allgemeinen Funktion nie selbst Inhalte produziert, sondern Wirklichkeit wiedergibt, meistens mündliche Aussagen, es können aber auch gelegentlich Handlungen sein. Da es sich lediglich um eine reine Dokumentation handelt, findet bei einem wissenschaftlichen Protokoll keine Bewertung, kein Vergleich und keine Beurteilung oder Interpretation statt. Bei einem Protokoll werden aber – zumeist in Form der Beobachtung – einzelne Aussagen sinnlich wahrgenommen und gedanklich-sprachlich verarbeitet, sodass es vor allem im Rahmen von empirisch-analytischen Verfahrensweisen zur Gewinnung von Erstinformationen dient.[8]

Funktionen des Protokolls als Dokumentation					
Wiedergabe	+	Problemlösung	–	Vergleich	–
Neuschaffung	–	Fachwissen/Kenntnisse	–	Beurteilung	–
Handlungen	±	Zusammenfassung	±	Ergebnisorientierung	–
Empfindungen	–	Auswahl	±	Verlaufsorientierung	+
Theorien/Meinungen	+	Interpretation	–	+ = ja; – = nein; ± = gelegentlich	

Abb. 2: Inhaltliche, methodische und sonstige Funktionen des Protokolls[9]

Bei der Polizei werden Protokolle im Hochschulstudium häufig als Ver- 24
laufsprotokolle eingefordert, in der Praxis werden sie intern regelmäßig anlässlich von Dienstbesprechungen aller Art angefertigt. Protokolliert werden können aber auch Handlungsabläufe und Ereignisse aller Art, bei denen Daten, Fakten und sonstige Hintergrundinformationen mittels der sog. *polizeilichen Beobachtung*[10] über *Personen* (z. B. Reisebewegungen), *Objekte* sowie *Tatabläufe*, festgestellt werden. Klassisch sind die Protokolle über den Hergang einer Tat durch Aufnahme von Aussagen Tatverdächtiger oder Zeugen bzw. Schilderung von Handlungen, Erlebnissen und Abläufen, die durch zusätzlich eingesetzte Protokollführer gesichert werden. Im letzten Fall kann aber das Beobachtete statt als Protokoll auch als Bericht festgehalten werden; insofern sind die Grenzen zum Bericht beim Protokoll fließend. Beim Protokoll kommt es darauf an, den Verlauf der Beobachtung zu dokumentieren und nicht ergebnisorientiert zu arbeiten. Das bedeutet, dass zwar Meinungen

7 Friedrich, Walter / Hennig, Werner: Der sozialwissenschaftliche Forschungsprozeß, Berlin (DDR) 1975, S. 594.

8 Vgl. Rückriem, Georg / Franck, Norbert / Stary, Joachim: Die Technik wissenschaftlichen Arbeitens. Eine praktische Anleitung. 9. Aufl., Paderborn 1995, S. 58. Vgl. jetzt Franck, Norbert / Stary, Joachim: Die Technik wissenschaftlichen Arbeitens. Eine praktische Anleitung. 16. Aufl., Paderborn 2011.

9 Modifizierte Tabelle nach Rückriem / Franck / Stary, a. a. O. (Fn. 8), S. 59.

10 Vgl. PDV 384.2 über die „polizeiliche Beobachtung".

und aufgestellte Theorien festgehalten werden, es wird beim Protokoll aber nur festgestellt, dass z. B. die Äußerung einer Person *als* Lösung eines Problems formuliert wurde, nicht jedoch, *ob* die geäußerte Meinung *tatsächlich* eine Problemlösung darstellt. Daher sind Fachkenntnisse in einem Protokoll nicht unterzubringen (siehe vorstehende Abb. 2).

25 Da aber fertige Protokolle Gegenstand von Interpretationen und Beurteilungen sein können, kommt es für die Anfertigung eines Protokolls besonders darauf an, exakt zu arbeiten. Aussagen sind möglichst wörtlich wiederzugeben, Handlungen sind vollständig und punktgenau – ohne Weglassungen, ohne Zusätze, ohne Umstellungen, ohne Bewertungen – festzuhalten. Bei der Polizeiarbeit gilt dies insbesondere bei Vernehmung eines Beschuldigten, die in wörtlicher Rede wiedergegeben werden und den tatsächlichen Ablauf der Vernehmung widerspiegeln muss. Bei der Dokumentation von Besprechungen werden häufig verschiedene Schwerpunkte gebildet, sodass einerseits *Verlaufs*protokolle andererseits *Ergebnis*protokolle angefertigt werden können. Zum Beispiel wollen juristische Protokolle vor allem den Verlauf dokumentieren, während Besprechungsprotokolle eher auf das Ergebnis (der Besprechung) hinzielen.[11] Die wissenschaftlichen Protokolle können somit durchaus auf bestimmte Aspekte reduziert sein, ohne dass aber dadurch eine Interpretation oder Bewertung einfließen darf.[12]

2.2 Die Funktionen des Berichts

26 Berichte haben bei der Polizeiarbeit eine gewisse Nähe zum Protokoll, wie bereits oben erwähnt. In der Polizeiausbildung haben berichte vor allem im Praktikum einen erhöhten Stellenwert, bei der theoretischen Ausbildung überwiegt meistens das Referat, das weiter unten behandelt wird. Berichte geben nicht nur Information, sondern sollen Rechenschaft ablegen, sodass sie in der Polizeipraxis von erheblicher Bedeutung sind. Sie sind aber nicht stereotyp gleich, sondern haben bei der Polizei insbesondere praktische Bedeutung als Eingangs-, Ermittlungs- und Festnahme-Berichte. Zu nennen sind hier zum Beispiel der Tatortbefundbericht, der Einsatzerfahrungsbericht, der Einsatzverlaufsbericht, der Erfahrungsbericht, der Lagebericht, der Schlussbericht und als Form der Unterrichtung einer vorgesetzten Dienststelle über ein wichtiges Ereignis die sog. WE-Meldung.

27

11 In der polizeilichen und richterlichen Arbeit sind die §§ 163a, 168, 168a und 168b StPO zu beachten; weitere Ausführungen zur Anfertigung und Gestaltung von Protokollen s. Franck, Norbert: Handbuch Wissenschaftliches Arbeiten. 2. Aufl., Frankfurt/M 2007, S. 163 ff.

12 Vgl. Rückriem / Franck / Stary, a. a. O. (Fn. 8), S. 61.

Gerade letztere wird an eine vorgesetzte Dienststelle gerichtet und bezweckt regelmäßig deren Information. Die WE-Meldung soll den Empfänger in die Lage versetzen, seinerseits auf Anfragen höherer Vorgesetzter oder der zuständigen Polizeipressestelle sofort und umfassend reagieren zu können.

Die besondere Funktion des Berichts ist damit die umfassende Informati- 28
on, die aber anders als das Protokoll nicht neutral ist, sondern im gewissen Sinne Rechenschaft beinhaltet, die der bzw. den Personen gegenüber abgelegt wird, die den Bericht einfordern.[13] Insofern fließt die Person des Berichtsverfassers in den Bericht mit ein, indem nicht nur Aussagen und Handlungen wiedergegeben werden, sondern auch über eigene und fremde Empfindungen, Eindrücke und Erlebnisse informiert wird. Die Informationen über Aussagen schließen Meinungen und Theorien mit ein, sie haben aber nicht das Ziel, Problemlösungen oder Fachkenntnisse zu vermitteln.[14]

Auch wenn jeder Bericht die Wiedergabe einer Wirklichkeit beinhaltet, 29
wird bei ihm nicht eine besondere Exaktheit verlangt. D. h. es müssen zum Beispiel Aussagen nicht wörtlich wiedergegeben werden. Außerdem ist der Bericht sowohl verlaufs- als auch ergebnisorientiert (vgl. nachfolgende Abb. 3).[15]

Funktionen des Berichts als Rechenschaftsabgabe					
Wiedergabe	+	Problemlösung	–	Vergleich	+
Neuschaffung	–	Fachwissen/Kenntnisse	–	Beurteilung	+
Handlungen	+	Zusammenfassung	+	Ergebnisorientierung	+
Empfindungen	+	Auswahl	+	Verlaufsorientierung	+
Theorien/Meinungen	+	Interpretation	+	+ = ja; – = nein; ± = gelegentlich	

Abb. 3: Inhaltliche, methodische und sonstige Funktionen des Berichts[16]

Das Abfassen von Berichten erfordert eine hohe Lesekompetenz. Denn wie 30
soll das Zusammenspiel der Kräfte im Polizeiapparat funktionieren, wenn mangels Lesekompetenz die schriftliche Meldung eines aus polizeilicher Sicht besonders wichtigen Ereignisses nicht oder nicht richtig wahrgenommen wird? Bei solchen wichtigen Ereignissen kann es sich um einen bereits geschehenen oder um einen noch bevorstehenden Vorgang handeln, wie z. B. Geiselnahme, terroristischer Anschlag, schwerer Unglücksfall, Straßenblockade, Großdemonstration. Nur das Sach- und Technikwissen, das ein Polizeiführer oder eine Polizeiführerin *erlesen* hat, kann er bzw. sie aus dem se-

13 Vgl. Rückriem / Franck / Stary, a. a. O. (Fn. 8), S. 63.
14 Rückriem / Franck / Stary, a. a. O. (Fn. 8), S. 64.
15 Zu Gliederung und Stil des Berichts vgl. Franck, a. a. O. (Fn. 11), S. 28 ff.
16 Modifizierte Tabelle nach Rückriem / Franck / Stary, a. a. O. (Fn. 8), S. 59.

mantischen Gedächtnis wieder erinnern und in einen für Dritte nachvollziehbaren verständlichen Text in Form eines Berichts kleiden.[17]

2.3 Die Funktionen des Thesenpapiers

31 Im Gegensatz zu Protokollen und Berichten ist das Thesenpapier eine Stellungnahme, die nicht die Realität widerspiegelt, sondern in der es um Beurteilung geht. In Thesenpapieren werden eigene Meinungen des Bearbeiters über Theorie und/oder Praxis neu geschaffen. In Thesenpapieren wird nicht dargestellt, über welches Fachwissen der Bearbeiter verfügt. Schwerpunkt ist vielmehr, eine schriftliche Aussage zu produzieren, in der Handlungen oder Empfindungen höchstens Objekte sein können, nicht aber neu geschaffen werden.[18] Thesenpapiere haben nicht nur in der theoretischen Ausbildung bei der Polizei eine besondere Bedeutung. Da es bei ihnen darum geht, eine Diskussionsgrundlage zu bieten,[19] werden sie auch in der Polizeipraxis angewandt, zum Beispiel um neue Einsatzschwerpunkte vorzubereiten.

Funktionen des Thesenpapiers als Stellungnahme					
Wiedergabe	–	Problemlösung	–	Vergleich	–
Neuschaffung	+	Fachwissen/Kenntnisse	–	Beurteilung	+
Handlungen	–	Zusammenfassung	–	Ergebnisorientierung	+
Empfindungen	–	Auswahl	–	Verlaufsorientierung	–
Theorien/Meinungen	+	Interpretation	–	+ = ja; – = nein; ± = gelegentlich	

Abb. 4: Inhaltliche, methodische und sonstige Funktionen des Thesenpapiers[20]

32 Thesenpapiere sind wie Protokolle methodisch einseitig: Die Information über den behandelten Gegenstand ist bei allen Adressaten schon vorhanden und wird nicht durch das Thesenpapier erst vermittelt. Das Thesenpapier will nur eine Beurteilung des Sachzusammenhangs geben. In einer Dienstbesprechung ist zum Beispiel die Information über die Zunahme bestimmter Delikte im Zuständigkeitsbereich allen bereits – meistens mittels einer Statistik – zugegangen. Das vom stellvertretenden DGL ausgearbeitete Thesenpapier liefert – eben als Diskussionsgrundlage – die begründeten Behauptungen, welche Ur-

17 S. Möllers, Martin H. W.: PISA und Polizei – Zur Lesekompetenz im Fachhochschulstudium als Schlüsselqualifikation für den Polizeiberuf. In: Möllers / van Ooyen (Hrsg.), Polizeiwissenschaft 3: Polizeihochschul-(Aus-)Bildung, JBÖS – Sonderband 7.3, Frankfurt/M 2011, S. 61-81.

18 Vgl. dazu Rückriem / Franck / Stary, a. a. O. (Fn. 8), S. 64.

19 Franck, a. a. O. (Fn. 11), S. 256.

20 Modifizierte Tabelle nach Rückriem / Franck / Stary, a. a. O. (Fn. 8), S. 59.

sachen die Zunahme hat und welche Maßnahmen zur Eindämmung zweckmäßig sein können.

Damit ist klar, dass Thesen ergebnisorientiert sind und es auf den Prozess 33
des Zustandekommens der Stellungnahme überhaupt nicht ankommt[21] (zu den Funktionen vgl. vorstehende Abb. 4).

2.4 *Die Funktionen der Posterpräsentation*

Ein wissenschaftliches Poster ist Zusammenfassung von Ergebnissen „auf ei- 34
nen Blick“ und umfasst sowohl eine sprachliche als auch grafische Elemente. Mit einem Satz lässt sich zusammenfassen, welche Funktion die Präsentation eines Posters hat, wenn man überlegt, welchem Zweck das Poster dient: Ein Poster ist ein *Plakat*. Damit muss es alle Merkmale eines Plakats umfassen, um ein gutes Poster zu sein. Ein Plakat soll das Interesse derjenigen, die es im Vorbeigehen betrachten, wecken und sie so fesseln, dass sie stehen bleiben, um es näher zu betrachten. Beim wissenschaftlichen Poster soll es die Vorübergehenden animieren, mit den Autorinnen und Autoren in Kontakt zu treten.

Funktionen der Posterpräsentation als Diskussionseinladung					
Wiedergabe	+	Problemlösung	–	Vergleich	–
Neuschaffung	+	Fachwissen/Kenntnisse	+	Beurteilung	–
Handlungen	±	Zusammenfassung	–	Ergebnisorientierung	–
Empfindungen	–	Auswahl	±	Verlaufsorientierung	±
Theorien/Meinungen	+	Interpretation	+	+ = ja; – = nein; ± = gelegentlich	

Abb. 5: Inhaltliche, methodische und sonstige Funktionen der Posterpräsentation[22]

Posterpräsentationen eignen sich gut zur bildlichen Darstellung wissenschaft- 35
licher Inhalte und sind wie Protokolle methodisch einseitig: Die Information über den behandelten Gegenstand ist bei allen Adressaten zumindest in der Basisversion schon vorhanden und wird nicht durch die Posterpräsentation erst vermittelt. Durch die Elemente Bild, Text und Struktur lassen sich komplexe Inhalte vereinfacht, schnell und angenehm lesbar abbilden. Die Posterpräsentation will keine Beurteilung des Sachzusammenhangs wie das Thesenpapier geben. Sie will vielmehr zur Diskussion über neue Sichtweisen an-

21 Dennoch meinen viele Verfasser von Thesenpapieren mitteilen zu müssen, wie sie im Einzelnen an ihre Informationen und anschließenden Überlegungen gelangt sind. Zu den Thesenpapieren vgl. Vgl. Rückriem / Franck / Stary, a. a. O. (Fn. 8), S. 64 f. sowie Franck, a. a. O. (Fn. 11), S. 256-259.

22 Modifizierte Tabelle nach Rückriem / Franck / Stary, a. a. O. (Fn. 8), S. 59.

regen, indem sie den Leserinnen und Lesern ermöglicht, sich in kurzer Zeit durch direkten Kontakt in komplexe Sachverhalte einzulesen. In einer Dienstbesprechung ist zum Beispiel die Information über die Zunahme bestimmter Delikte im Zuständigkeitsbereich allen bereits – meistens mittels einer Statistik – zugegangen. Die vom stellvertretenden DGL ausgearbeitete Posterpräsentation liefert – eben als Diskussionsgrundlage – die begründeten Behauptungen, welche Ursachen die Zunahme hat und welche Maßnahmen zur Eindämmung zweckmäßig sein können. Die Hauptaussage der Präsentation muss durch die Größe des Titels, die Struktur, in der einzelne Teile wie Herleitungen, Teilaussagen etc. angeordnet und platziert sind, sowie die Schlussfolgerungen verständlich kommuniziert werden.

36 Damit lässt sich feststellen, dass Plakate ergebnisorientiert sind und es auf den Prozess des Zustandekommens der Stellungnahme überhaupt nicht ankommt[23] (zu den Funktionen vgl. vorstehende Abb. 5).

2.5 Die Funktionen des Portfolios

37 Der aus dem Lateinischen[24] gebildete Begriff Portfolio bezeichnet ursprünglich eine Mappe mit losen Blättern oder Arbeiten. Ein Portfolio ist daher zunächst eine Künstlermappe und in der Kunst seit langer Zeit fester Bestandteil auch im Ausbildungswesen. Denn Bildende Künstler, Architekten und Fotografen sammeln in ihrem Portfolio Skizzen, Entwürfe und fertiggestellte Arbeiten sowie Reproduktionen ihrer Arbeiten in Form von Fotos, wenn es um große Gemälde, Skulpturen oder Gebäude geht. Mit Hilfe eines Portfolios, in dem Artefakte gesammelt werden, wird der künstlerische Schaffensprozess und seine Entwicklung dokumentiert. Daher verwenden auch Models in der Modebranche ein Portfolio, das dort engl. sed-cards genannt wird.[25] Denn mittels des Portfolios wird bei potenziellen Auftraggebern, Förderern oder Käufern Werbung platziert. Bei der Bewerbung zu einem Studienplatz an einer Kunsthochschule müssen Künstlermappen eingereicht werden. Mit Portfolio wird aber auch die Gesamtheit des Vermögens und der Verbind-

---

23 Dennoch meinen viele Verfasser von Thesenpapieren mitteilen zu müssen, wie sie im Einzelnen an ihre Informationen und anschließenden Überlegungen gelangt sind. Zu den Thesenpapieren vgl. Vgl. Rückriem / Franck / Stary, a. a. O. (Fn. 8), S. 64 f. sowie Franck, a. a. O. (Fn. 11), S. 256-259.

24 Portare = tragen und folium = Blatt; it. portfolio, frz. portefeuille = Brieftasche.

25 Möllers, Martin H. W.: Business-Knigge. Internationales Lexikon des guten Benehmens, Stichwort Sed-Karten, 3. Aufl., Kiel 2006, S. 202.

lichkeiten eines Wirtschaftssubjekts bezeichnet und gilt dort im engeren Sinn als der Bestand an Wechseln oder Wertpapieren von Anlegern und Banken.[26]

Außerhalb des wirtschaftlichen und künstlerischen Bereichs werden im 38
Bildungswesen Portfolios erst etwa seit Ende der 1980er Jahre populär. Die Vereinigten Staaten sind hier die Vorreiter. Für das Bildungswesen wird der Portfolio-Begriff erstmals 1991 von F. Leon Paulson, Pearl R. Paulson und Carol A. Meyer definiert:

> “A portfolio is a purposeful collection of student work that exhibits the student 's efforts, progress, and achievements in one or more areas. The collection must include student participation in selecting contents, the criteria for election, the criteria for judging merit, and evidence of Student self-reflection.”[27]

Daraus ergibt sich, dass es nicht das Portfolio gibt, sondern dass der Verwen- 39
dungszweck über die Form der Portfolioarbeit entscheidet. Im Grundsatz werden im Portfolio als Artefakte recherchierte Dokumente, Entwürfe und eigene Arbeiten gesammelt. In der Geographie und im Geschichtsunterricht werden schon seit vielen Jahren solche Sammlungen in vereinfachter Form durch Einkleben von Bildern, Texten und selbst gestalteten Grafiken in Hausheften angelegt. Eine solche Sammlung spiegelt die aktive Auseinandersetzung der Lernenden mit einem Thema wider. „Zu den Artefakten erstellt der Lernende Reflexionen, die ebenfalls Teil des Portfolios werden. Vor dem Anlegen eines Portfolios werden in der Regel gemeinsam Ziele und Kriterien formuliert, an denen sich die Lernenden für ihre Portfolioarbeit orientieren können. Am Ende oder bereits im Prozess einer Portfolioarbeit werden die gesammelten Artefakte in einem geeigneten Rahmen vor der Lerngruppe und dem Lehrenden präsentiert. Anhand des Portfolios finden sodann Gespräche über den Lernprozess und die Ergebnisse statt. Die in den Portfolios dokumentierten Ergebnisse können gegebenenfalls auch Grundlage für eine Bewertung durch den Lehrenden werden.“[28]

---

26 Möllers, Martin H. W.: Vermögensaufbau und Altersvorsorge. Lexikon zur finanziellen Freiheit, Stichwort Portfolio, Kiel 2007, S. 158.

27 „Ein Portfolio ist eine zielgerichtete und systematische Sammlung von Arbeiten, welche die individuellen Bemühungen, Fortschritte und Leistungen des Lernenden in einem oder mehreren Lernbereichen darstellt und reflektiert. Im Portfolioprozess wird der Lernende an der Auswahl der Inhalte, der Festlegung der Beurteilungskriterien sowie an der Beurteilung der Qualität der eigenen Arbeit beteiligt.“ Paulson, F. Leon / Paulson, Pearl R. / Meyer, Carol A.: What Makes a Portfolio a Portfolio? Eight thoughtful guidelines will help educators encourage self-directed learning, Educational Leadership February 1991, p. 60.

28 Scheibel, Michael: Grundlagen der Portfolioarbeit. Was bedeutet die Portfolioarbeit? Wozu werden Portfolios benötigt? Und welche Typen von Portfolios gibt es?; in: lehrer-online vom 23.02.2010; http://www.lehrer-online.de/815235.php?sid=77109599109587504138080518051290 (Abruf: 30.09.2014).

40 Wenn es um die Leistungsbeurteilung geht, werden Lernende durch Portfolios aus der rein reaktiven Rolle einer mündlichen oder schriftlichen Prüfung in eine aktive Rolle überführt: Sie sind nicht mehr „Prüflinge" sondern „Darsteller ihrer Kompetenzen".[29]

Funktionen des Portfolios als Beleg für den Lernfortschritt					
Wiedergabe	+	Problemlösung	±	Vergleich	±
Neuschaffung	–	Fachwissen/Kenntnisse	+	Beurteilung	+
Handlungen	+	Zusammenfassung	+	Ergebnisorientierung	–
Empfindungen	±	Auswahl	–	Verlaufsorientierung	+
Theorien/Meinungen	+	Interpretation	+	+ = ja; – = nein; ± = gelegentlich	

Abb. 6: Inhaltliche, methodische und sonstige Funktionen des Portfolios[30]

41 Es gibt somit verschiedene Typen von Portfolios. Sie unterscheiden sich vor allem in ihrer Intention als Entwicklungs- oder Bewertungsportfolio sowie der Zielvorstellung der Person, die das Portfolio einsetzt. Typisch sind zum Beispiel das „Personenportfolio, Reflexionsportfolio, Lernportfolio, Projektportfolio, Präsentationsportfolio, Bewerbungsportfolio".[31] (zu den Funktionen vgl. vorstehende Abb. 6).

2.6 Die Funktionen des Referats

42 Abgesehen vom Thesenpapier ist das Referat die Form der wissenschaftlichen Arbeit, die während des Hochschulstudiums bei der Polizei besonders häufig vorkommen sollte, weil sie analytisches Denken und Lesekompetenz im Vorfeld der wissenschaftlichen Abschlussarbeit schulen. Dabei gibt ein Referat[32] aber nur Informationen ab und reproduziert als Kurzfassung den Aussagegehalt von Texten. In einem Referat geht es keinesfalls um Beurteilungen. Soweit die wiedergegebenen Texte Problemlösungen enthalten, werden diese Lösungen nur als Meinung im Referat wiedergegeben.[33]

---

29 Vgl. Häcker, Thomas: Portfolio: ein Entwicklungsinstrument für selbstbestimmtes Lernen. Eine explorative Studie zur Arbeit mit Portfolios in der Sekundarstufe 1, 3. Aufl., Baltmannsweiler 2007, S. 86.

30 Modifizierte Tabelle nach Rückriem / Franck / Stary, a. a. O. (Fn. 8), S. 59.

31 Scheibel, Michael: Grundlagen der Portfolioarbeit. Was bedeutet die Portfolioarbeit? Wozu werden Portfolios benötigt? Und welche Typen von Portfolios gibt es?; in: lehrer-online vom 23.02.2010; http://www.lehrer-online.de/815235.php?sid=77109599109587504138080518051290 (Abruf: 30.09.2014).

32 Von lat. referre = zurückbringen.

33 Vgl. Rückriem / Franck / Stary, a. a. O. (Fn. 8), S. 62.

In der Polizeipraxis spielen Referate eine erhebliche Rolle schon deshalb, 43
weil Dienstvorgesetzte vor ihren Mitarbeiterinnen und Mitarbeitern zum Beispiel über einschlägige Gerichtsurteile und Gesetzesänderungen referieren müssen. Gerade dabei kommt es darauf an, das Wesentliche aus den Texten auszuwählen und zusammenzufassen, weniger Wichtiges wegzulassen. Die Auswahl trifft aber der wiederzugebende Text, nicht etwa der Referent oder die Referentin! Weggelassen werden darf also nur das, was der Text als unwesentlich einstuft.[34] Im wissenschaftlichen Referat darf nicht beurteilt oder gewertet werden, da es eben keine Stellungnahme wie das Thesenpapier ist. Kommt es doch zur eigenen Bewertung durch den Referenten, insbesondere bei Gegenständen, die in einem größeren Sachzusammenhang stehen, wird die Ebene des Referats verlassen und mindestens die Ebene der Hausarbeit im Sinne einer kleinen Diplomarbeit erreicht.[35]

Als Vorstufe zur wissenschaftlichen Abschlussarbeit sind solche Über- 44
gangsformen entsprechende Übung und daher sehr sinnvoll.[36] Soweit über Texte referiert wird, deren Aussagegehalte nicht immer eindeutig sind, ist die Interpretation in einem Referat zwar erlaubt, aber auch hier gilt: „Sie darf nicht von einem vorgefaßten Vorverständnis ausgehen und die Textauslegung nicht von vornherein durch den eigenen Sinnzusammenhang festlegen; vielmehr ist es die Funktion des Referates, insbesondere dort, wo es interpretieren muß, die Textaussage so exakt, so getreu wie möglich zu rekonstruieren."[37]

Funktionen des Referats als Information					
Wiedergabe	+	Problemlösung	–	Vergleich	±
Neuschaffung	–	Fachwissen/Kenntnisse	–	Beurteilung	–
Handlungen	–	Zusammenfassung	+	Ergebnisorientierung	–
Empfindungen	–	Auswahl	+	Verlaufsorientierung	+
Theorien/Meinungen	+	Interpretation	±	+ = ja; – = nein; ± = gelegentlich	

Abb. 7: Inhaltliche, methodische und sonstige Funktionen des Referats[38]

Gelegentlich werden zwei und mehr Texte miteinander verglichen; dennoch 45
kommt es nicht auf ein Ergebnis an. Vielmehr folgt das Referat der Argu-

34 Vgl. Rückriem / Franck / Stary, a. a. O. (Fn. 8), ebd.
35 Solche Übergangsformen stehen im Mittelpunkt bei Franck, a. a. O. (Fn. 11), S. 188 ff.
36 Diese Meinung teilen auch Rückriem / Franck / Stary, a. a. O. (Fn. 8), ebd.
37 Vgl. Rückriem / Franck / Stary, a. a. O. (Fn. 8), S. 62 f.
38 Modifizierte Tabelle nach Rückriem / Franck / Stary, a. a. O. (Fn. 8), S. 59.

mentationsfolge und dem logisch-konstruktiven Aufbau des Textes bzw. der Texte, sodass es verlaufsorientiert ist (vgl. dazu obige Abb. 7).[39]

2.7 Die Funktionen der Klausur

46 Klausuren sind Leistungsnachweise. Mit ihnen sollen die Bearbeiter belegen, dass sie Fachwissen erworben haben, das sie durch Reproduktion und Reorganisation auf einen polizeilichen Sachverhalt möglichst präzise, punktgenau und dennoch kurz wiedergeben können.[40] Darüber hinaus wird in den meisten Prüfungsordnungen verlangt, dass in der Klausur nicht nur bis zur Transferleistung von Modellen und Methoden vorgedrungen wird, sondern auch noch deren weitere Verarbeitung verlangt werden könnte durch die Ebene des Problemlösens von Theorien, also „in Form wissenschaftlich begründeter Einschätzungen, Bewertungen und Urteile“[41]. Abgesehen davon, dass solche Anforderungen selbst bei Klausuren an Universitäten unrealistisch und überzogen sind, ist festzustellen, dass sie auch nicht an Polizeihochschulen verlangt werden. Mit der Übertragung des Gelernten auf neue ähnliche Aufgaben (das ist Transfer!) ist bereits das Höchstmaß erreicht.

Funktionen der Klausur als Leistungsnachweis					
Wiedergabe	+	Problemlösung	–	Vergleich	–
Neuschaffung	–	Fachwissen/Kenntnisse	+	Beurteilung	±
Handlungen	–	Zusammenfassung	+	Ergebnisorientierung	+
Empfindungen	–	Auswahl	+	Verlaufsorientierung	±
Theorien/Meinungen	–	Interpretation	–	+ = ja; – = nein; ± = gelegentlich	

Abb. 8: Inhaltliche, methodische und sonstige Funktionen der Klausur[42]

47 Auch die „Beurteilung der Lage“ (BdL) in Einsatzlehre-Klausuren kommt zu keinem höheren Anforderungsprofil. Das wäre nur dann erreicht, wenn zur Aufgabe in einer EL-Klausur anstünde, zwei unterschiedliche BdL zu einer

39 Zur Methodik des Vortrags von Referaten und deren inhaltliche Struktur vgl. Franck, a. a. O. (Fn. 11), S. 179-198.

40 In den Curricula der Ausbildung an den Polizeihochschulen werden entsprechend bei den Lernzielen alle vier Stufen der Intensität (Kennen, Verstehen, Anwenden, Beurteilen) angeben, nicht aber alle vier Stufen der Komplexität (Einzelheiten, Regeln, Modelle, Theorien) des Lernprozesses. Vgl. im Einzelnen dazu Möllers, Martin H. W.: Lehren und Prüfen bei der Polizei. Ein Lehrbuch der Didaktik und ihrer Methoden. Blaue Reihe: Studienbücher für die Polizei. 2. Aufl., Frankfurt/M 2011, S. 110 f.

41 Rückriem / Franck / Stary, a. a. O. (Fn. 8), S. 65, Fn. 7.

42 Modifizierte Tabelle nach Rückriem / Franck / Stary, a. a. O. (Fn. 8), S. 59.

einzigen konkreten Lage miteinander zu vergleichen und unter wissenschaftlich begründeter Einschätzung unter Anwendung entsprechender Theorien zu bewerten, welche BdL als besser gewertet werden kann.

Im Wesentlichen kommt es bei der Klausur darauf an, eine Auswahl aus dem Kenntnisstoff zu treffen und diesen präzise wiederzugeben; zum Teil fließen auch Beurteilungen ein, etwa wenn es bei Grundrechtsprüfungen um die Frage geht, ob eine bestimmte im Sachverhalt vorgegebene Polizeimaßnahme für den Betroffenen als intensiv einzustufen ist oder nicht.[43] Zumeist kommt es bei der Klausur auf das Ergebnis an, allerdings fließt – vor allem in juristischen Klausuraufgaben – die Vorgehensweise als logisch-konstruktiver Aufbau mit in die Bewertung ein (vgl. vorstehende Abb. 8).[44] 48

2.8 *Die Funktionen der Hausarbeit*

Unter dem Begriff der „Hausarbeit“ sind grundsätzlich zwei verschiedene Typen zu subsumieren: Zum einen handelt es sich – und dies gerade an Fachhochschulen für die Polizei – um „kleine“ Diplomarbeiten bzw. Arbeiten, die ein Studium abschließen und dafür zwar formal und materiell in den Kernpunkten den gleichen Anforderungen wie die größeren Arbeiten unterliegen, aber regelmäßig von kleinerem zeitlichen Umfang sind und daher auch nicht so viele Seiten umfassen. Ihre Funktionen sind letztlich im nächsten Abschnitt zu den Funktionen der Diplom- und sonstigen Studiumabschlussarbeiten näher beschrieben. 49

Zum anderen findet der Begriff „Hausarbeit“ in der Rechtswissenschaft Anwendung für wissenschaftliche Arbeiten, die nicht zu einem bestimmten Thema eine Abhandlung beinhalten, sondern sich mit konkreten Sachverhalten beschäftigen, die ein oder mehrere rechtswissenschaftliche Probleme beinhalten, zu denen die Hausarbeit im logisch-konstruktiven Aufbau Lösungswege und konkrete Ergebnisse liefert. 50

Dieser Hausarbeitstyp unterscheidet sich also vom Typ der diplomarbeitsmäßigen Hausarbeiten. Die juristische Hausarbeit enthält große Anteile eines Referats, weil sie Aussagen anderer in Form von Meinungen und Theorien reproduziert. Aus diesen Meinungen und Stellungnahmen entwickeln aber die Bearbeiter von Hausarbeiten eigene Beurteilungen und Thesen. In einer juristischen Hausarbeit an Polizeifachhochschulen wird regelmäßig keine eigene wissenschaftliche Leistung im Sinne einer Theorieproduktion ver- 51

43 Vgl. dazu Möllers, Martin H. W.: Polizei und Grundrechte. Ein Lehrbuch zu den Menschenrechten in der polizeilichen Praxis. Blaue Reihe: Studienbücher für die Polizei. 2. Aufl., Frankfurt/M 2011, S. 78.

44 Vgl. Rückriem / Franck / Stary, a. a. O. (Fn. 8), S. 65-66.

langt. Vielmehr geht es darum, aus den vorhandenen Theorien und Aussagen aus der Literatur und vor allem aus der Rechtsprechung in einen größeren Zusammenhang zu der vorgegebenen Fragestellung des Sachverhalts zu stellen. Damit erscheint diese Form der Hausarbeit als eine Art Referat mit eigener Stellungnahme. Dieser Hausarbeitstyp ist grundsätzlich ergebnisorientiert (s. unten Abb. 9).

Funktionen der Hausarbeit als Leistungsnachweis					
Wiedergabe	+	Problemlösung	±	Vergleich	+
Neuschaffung	±	Fachwissen/Kenntnisse	–	Beurteilung	+
Handlungen	–	Zusammenfassung	+	Ergebnisorientierung	+
Empfindungen	–	Auswahl	+	Verlaufsorientierung	–
Theorien/Meinungen	+	Interpretation	+	+ = ja; – = nein; ± = gelegentlich	

Abb. 9: Inhaltliche, methodische und sonstige Funktionen der Hausarbeit[45]

52 Dabei kommt es aber auch auf die forschungslogische Struktur der juristischen Hausarbeit an,[46] die nicht nur die Anwendung der einschlägigen Rechtsnormen und ihrer Tatbestandsmerkmale verlangt, sondern den logischen Aufbau der Hausarbeit nach einem bestimmten Schema, das sich je nach Rechtsmaterie – z. B. Staatsrecht / Verwaltungsrecht / Strafrecht / Zivilrecht – unterscheidet.

53 In der polizeilichen Praxis spielen diese juristischen Hausarbeitsformen eine größere Rolle vor allem bei den Führungsaufgaben, wenn zu bestimmten Fallkonstellationen, die in der Praxis als neues oder zumindest als nunmehr ständig wiederkehrendes Phänomen auftreten, handhabbare Lösungen gefunden werden müssen.

2.9 Die Funktionen der wissenschaftlichen Arbeiten, die das Studium abschließen (z. B. Diplom- und Bachelorarbeiten)

54 Die Diplomarbeiten und alle anderen wissenschaftlichen Arbeiten, die das Studium zum Bachelor oder Master abschließen, haben die komplexeste Form wissenschaftlichen Arbeitens, die nur noch von den Dissertationen und unter Umständen den Habilitationen übertroffen wird.[47] Das Besondere an diesen Arbeiten, die ich der Einfachheit halber nur noch als Diplomarbeiten

45 Modifizierte Tabelle nach Rückriem / Franck / Stary, a. a. O. (Fn. 8), S. 59.

46 Vgl. dazu Vgl. Rückriem / Franck / Stary, a. a. O. (Fn. 8), S. 67, die aber eine fünfstündige Examensklausur im Blickpunkt haben.

47 Vgl. Vgl. Rückriem / Franck / Stary, a. a. O. (Fn. 8), S. 67.

bezeichnen werde, ist es, dass ihr Augenmerk auf die Neuschaffung von Erkenntnissen abzielt. Dies wird an den Hochschulen für die Polizei in den Prüfungsordnungen und Richtlinien zur Anfertigung solcher wissenschaftlicher Arbeiten bereits deutlich:

„Wissenschaft erschöpft sich nicht in der Aufnahme, Ordnung und Wiedergabe vorhandenen Wissens, sondern erfordert die Überprüfung und auch ggf. Widerlegung, Differenzierung und Ergänzung bekannter Erkenntnisse. Zudem beinhaltet der wissenschaftliche Anspruch einer Diplomarbeit auch einen Beitrag zur Forschung. Das verlangt über die Erfassung und Darstellung bekannter Überlegungen hinaus die Erarbeitung neuer Sichtweisen und Erkenntnisse zur Themenstellung. Hierbei spielt die Kreativität der Studierenden eine besondere Rolle."[48]

Funktionen der Diplomarbeit als Leistungsnachweis					
Wiedergabe	±	Problemlösung	+	Vergleich	+
Neuschaffung	+	Fachwissen/Kenntnisse	–	Beurteilung	+
Handlungen	–	Zusammenfassung	+	Ergebnisorientierung	+
Empfindungen	–	Auswahl	+	Verlaufsorientierung	–
Theorien/Meinungen	±	Interpretation	+	+ = ja; – = nein; ± = gelegentlich	

Abb. 10: Inhaltliche, methodische und sonstige Funktionen der Diplomarbeit[49]

Das Schwergewicht liegt daher bei Diplomarbeiten auf der Produktion von Problemlösungen (s. obige Abb. 10).[50] Mit Hilfe wissenschaftlicher Methoden sollen in einer Diplomarbeit zu einem konkreten Problem aus einem Fachgebiet Lösungsstrategien entwickelt werden. Dabei sind bereits gesicherte Erkenntnisse, die in der wissenschaftlichen Literatur in Fachzeitschriften, Sammelwerken und Monographien manifestiert sind, zu verarbeiten und zugrunde zu legen. Inhaltlich kommt es auch darauf an, praktische Probleme des polizeilichen Berufsfeldes zu bearbeiten. Das vorhandene Wissen ist aufzuarbeiten und in die theoretischen Lösungsstrategien des in der Diplomarbeit anstehenden Problems zu integrieren.[51] 55

Diese grundlegenden Gesichtspunkte werden in der Praxis der Hochschulen für die Polizei zusätzlich angereichert mit Erwartungen, Ansprüchen und Standpunkten der jeweiligen Prüferinnen und Prüfer. Diese konkreten Hin- 56

48 Nr. 3 der Richtlinie für die Anfertigung von Diplomarbeiten am Fachbereich Bundespolizei der Fachhochschule des Bundes für öffentliche Verwaltung (DiplRL – FB BPOL). Derzeit wird wegen der Umstellung auf einen modularisierten Studiengang die DiplRL – FB BPOL überarbeitet.

49 Modifizierte Tabelle nach Rückriem / Franck / Stary, a. a. O. (Fn. 8), S. 59.

50 S. Vgl. Rückriem / Franck / Stary, a. a. O. (Fn. 8), S. 67 f.

51 Vgl. allgemein dazu Vgl. Rückriem / Franck / Stary, a. a. O. (Fn. 8), S. 68.

weise im Einzelfall sind unbedingt zu berücksichtigen, wenn ein Diplomand Wert darauf legt, eine möglichst gute Benotung zu erhalten.

3 Die äußere Form von Bachelor-, Master- oder Diplomarbeiten

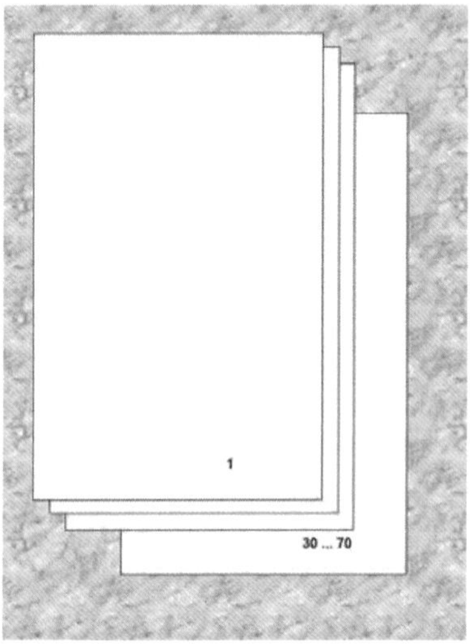

Abb. 11: Der Seitenumfang

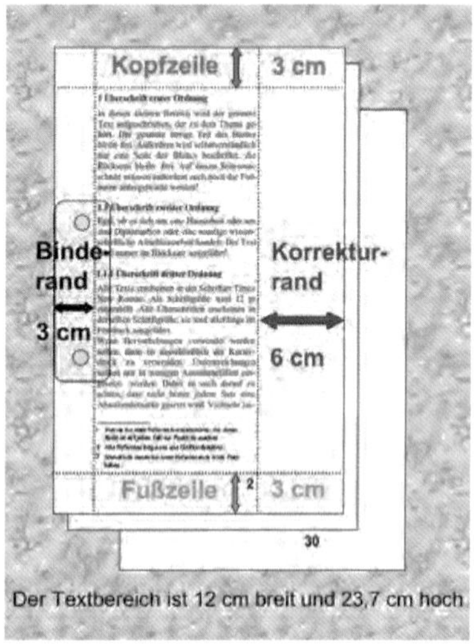

Abb. 12: Die Seiteneinteilung[52]

57 Die großen wissenschaftlichen Arbeiten (z. B. Diplomarbeit) müssen maschinell erstellt werden. Schreibmaschine ist längst nicht mehr Standard, sondern nur noch ein mittels Computer und Drucker erstelltes Typoskript, das in gebundener Form vorzulegen ist. Die Kosten für die Erstellung der Arbeit ist nicht Angelegenheit des Steuerzahlers, sondern werden, wie an allen Hochschulen üblich[53], von den Studierenden selbst getragen. Bei der Bindung ist darauf zu achten, dass die Bindungsart den Leser der Arbeit nicht behindert. Bindungen, die es nicht ermöglichen, die Abschlussarbeit offen auf den Tisch zu legen, um die Hände für das Schreiben des Gutachtens frei zu haben, sind ungeeignet. Am praktischsten ist deshalb die Spiralbindung, die aber nicht bei jeder Prüferin und jedem Prüfer gut ankommt. Hier hilft vorherige Nachfrage. Für einfache Hausarbeiten genügt regelmäßig ein

---

52 Abb. 11 und 12 sind eigene Darstellungen.

53 Selbst an den Hochschulen, bei denen eine Semestergebühr sowie eine Studiengebühr anfallen und die Studentinnen und Studenten nicht von einem Dienstherrn finanziert werden!

Schnellhefter; die Arbeit selbst ist mit einer Klarsichtfolie als Deckblatt Schmutz abweisend geschützt.

Jede Arbeit ist mit Seitenzahlen, einem Inhaltsverzeichnis sowie einem 58
Verzeichnis der benutzten Literatur, ggf. verwendeter Quellen und Hilfsmittel zu versehen. Der Umfang der Arbeit bestimmt sich nach den Vorgaben in der jeweiligen Prüfungsordnung. In der Regel wird sie bei Arbeiten an Polizeifachhochschulen 20 DIN-A4-Seiten nicht unterschreiten. Gelegentlich wird auch eine Obergrenze festgelegt, damit nicht „Masse" statt „Klasse" geliefert wird (Abb. 11, S. 38). Diese Vorgaben betreffen nur den Text und schließen Deckblatt, Abstracts, Verzeichnisse und Anhänge nicht ein. Ebenso ersetzen Grafiken, Bilder und mit Hilfe anderer Medien erstellte Präsentationen den Text normalerweise nicht. Dafür gehören aber die Fußnoten am jeweiligen Seitenende zum Text (sog. Endnoten sind nicht mehr aktuell).

Die meisten Prüfungsordnungen und Richtlinien geben zusätzlich feste 59
Größenangaben bezüglich der Schrifttype, der Schriftgröße und des Zeilenabstands vor. Üblich ist als Schrifttype die gut lesbare Proportionalschrift „Times New Roman", die zum Beispiel beim weit verbreiteten Textverarbeitungsprogramm WORD® voreingestellt ist.[54] Die Größe der Schrift beträgt 12 pt. Der Zeilenabstand wird bei den meisten Hochschulen mit 1½-zeilig vorgegeben, kann aber im Einzelfall auch in der Einstellung „einfach" gehalten sein. Als Randmaße sind üblich (Abb. 12, S. 38): ein Korrekturrand von 6 cm außen und ein Heftrand von 3 cm innen für die Bindung, selbst wenn es sich nur ein Heftstreifen ist.

Dem Text ist eine Gliederung als *Inhaltsverzeichnis* voranzustellen. Dabei 60
ist darauf zu achten, dass jede angefangene Gliederungsebene immer mindestens zwei Gliederungspunkte hat (wer „A" sagt, muss auch „B" sagen). Jede Gliederungsebene im Inhaltsverzeichnis muss immer auf die genaue Seitenangabe der Bearbeitung im Text hinweisen. Modern ist die heute allgemein übliche *dekadische Struktur* (Abb. 13). Das besondere daran ist, dass hinter der jeweils letzten Zahl kein Punkt steht.

In der ersten Gliederungsebene heißt es daher nicht „1." („erstens"), son- 61
dern „1" („eins"). Selbst wenn im Text noch weitere Gliederungsebenen angegeben sind, werden sie aber im Inhaltsverzeichnis nur bis zur dritten Gliederungsebene aufgeführt. Es ist darauf zu achten, dass der Text der Überschriften immer linksbündig beginnt. Bei Juristen immer noch beliebt ist die traditionelle *alphanumerische* Gliederungsstruktur, die aus kleinen und großen Buchstaben, römischen und arabischen Ziffern besteht und auch mal in runde oder eckige Klammern gesetzt wird.

54 Ist die Schrifttype nicht vorgegeben, lässt sich mit entsprechender Auswahl noch optisch der Text verlängern oder verkürzen. Näheres dazu in Teil 4.

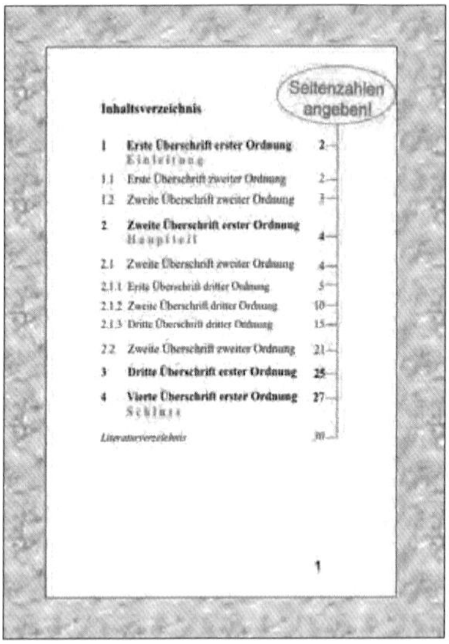

Inhaltsverzeichnis

Seitenzahlen angeben!

1 Erste Überschrift erster Ordnung 2
Einleitung
1.1 Erste Überschrift zweiter Ordnung 2
1.2 Zweite Überschrift zweiter Ordnung 3
2 Zweite Überschrift erster Ordnung 4
Hauptteil
2.1 Zweite Überschrift zweiter Ordnung 4
2.1.1 Erste Überschrift dritter Ordnung 5
2.1.2 Zweite Überschrift dritter Ordnung 10
2.1.3 Dritte Überschrift dritter Ordnung 15
2.2 Zweite Überschrift zweiter Ordnung 21
3 Dritte Überschrift erster Ordnung 25
4 Vierte Überschrift erster Ordnung 27
Schluss
Literaturverzeichnis 30

I

Abb. 13: Das Inhaltsverzeichnis mit dekadischer Gliederung

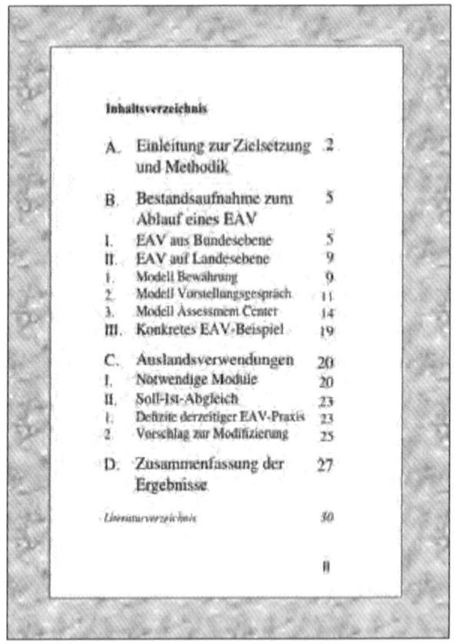

Inhaltsverzeichnis

A. Einleitung zur Zielsetzung und Methodik 2
B. Bestandsaufnahme zum Ablauf eines EAV 5
I. EAV aus Bundesebene 5
II. EAV auf Landesebene 9
1. Modell Bewährung 9
2. Modell Vorstellungsgespräch 11
3. Modell Assessment Center 14
III. Konkretes EAV-Beispiel 19
C. Auslandsverwendungen 20
I. Notwendige Module 20
II. Soll-Ist-Abgleich 23
1. Defizite derzeitiger EAV-Praxis 23
2. Vorschlag zur Modifizierung 25
D. Zusammenfassung der Ergebnisse 27
Literaturverzeichnis 30

II

Abb. 14: Konkretisiertes Inhaltsverzeichnis mit alphanumerischer Gliederung[55]

62 In Abb. 14 sind die ersten drei Gliederungsebenen angegeben; es folgen danach (jeweils das erste Glied der weiteren Unterebenen): a. / (1) / aa. / (a) / (aa) etc. Bei der letzten ist man bereits auf der achten Ebene! Eine Mischung aus moderner dekadischer Gliederung und überkommener alphanumerischer Gliederung ist jedenfalls falsch! Diplomanden sollten sich der Gliederungsvorliebe der jeweiligen Erstkorrektorin bzw. des Erstkorrektor anpassen.

63 Das *Literaturverzeichnis* (Abb. 15, S. 41) gehört allgemein nach hinten. Aber auch hier nehmen vor allem die Juristen die Sonderrolle für sich in Anspruch, ihre Verzeichnisse – entgegen einer besseren Handhabung – nach vorne hinter das Inhaltsverzeichnis und vor den Text zu setzen. Da sie dies bereits seit dem Studium so gewohnt sind, werden sie ihre Verzeichnisplatzierung als erheblich praktischer einschätzen. Wo das Literaturverzeichnis letztlich stehen wird, ist daher am besten in Absprache mit den Betreuerinnen und Betreuern der wissenschaftlichen Arbeit zu festzulegen.

64

55 Abb. 13 und 14 (zum Thema: „Evaluation des EAV bei der Polizei für Auslandsverwendungen") sind eigene Darstellungen. Die einzelnen Überschriften sollten noch etwas ausführlicher und dadurch aussagekräftiger sein. Hier ist die Kurzform gewählt, weil sonst mit dem Buch eine Lupe gereicht werden müsste.

Für die Anfertigung des Literaturverzeichnisses ist noch ein eigenes Kapitel gewidmet.[56] Für das äußere Erscheinungsbild gilt aber zunächst Folgendes: Grundsätzlich ist das Literaturverzeichnis nach den Nachnamen der Verfasserinnen und Verfassern zu sortieren. Eine eigene Gliederung nach „Monographien", „Zeitschriften- und Sammelwerkbeiträgen", „Internetquellen" etc. ist nicht notwendig und würde sich auch nur anbieten, wenn zu jedem Unterabschnitt mindestens fünf Titel eingefügt werden können.

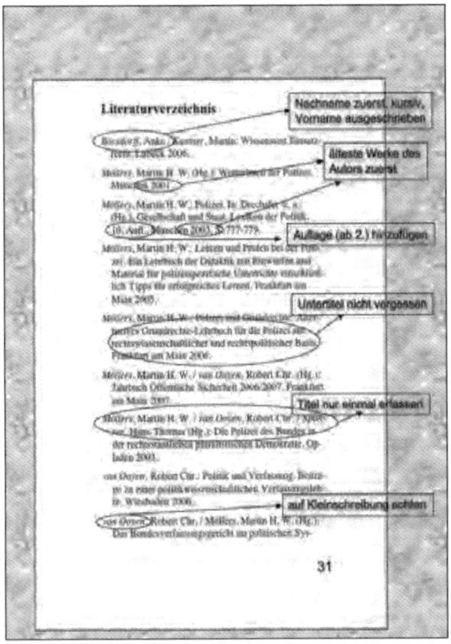

Abb. 15: Das Literaturverzeichnis

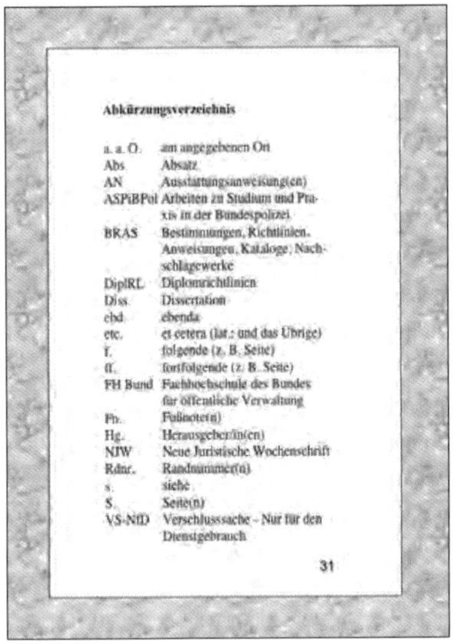

Abkürzungsverzeichnis

a. a. O.	am angegebenen Ort
Abs.	Absatz
AN	Ausstattungsanweisung(en)
ASPiBPol	Arbeiten zu Studium und Praxis in der Bundespolizei
BRAS	Bestimmungen, Richtlinien, Anweisungen, Kataloge, Nachschlagewerke
DiplRL	Diplomrichtlinien
Diss.	Dissertation
ebd.	ebenda
etc.	et cetera (lat.: und das Übrige)
f.	folgende (z. B. Seite)
ff.	fortfolgende (z. B. Seite)
FH Bund	Fachhochschule des Bundes für öffentliche Verwaltung
Fn.	Fußnote(n)
Hg.	Herausgeber/in(en)
NJW	Neue Juristische Wochenschrift
Rdnr.	Randnummer(n)
s.	siehe
S.	Seite(n)
VS-NfD	Verschlusssache - Nur für den Dienstgebrauch

31

Abb. 16: Das Abkürzungsverzeichnis[57]

Zuerst erscheinen die Nachnamen der Verfasser, danach die Vornamen, die ausgeschrieben werden sollen. Sind es Herausgeber, folgt in Klammern das Kürzel „(Hrsg.)" oder „(Hg.)", danach der Doppelpunkt, ansonsten schließt der Doppelpunkt unmittelbar am Vornamen an. Es folgt der (Haupt-) Titel, der mit Punkt endet, danach ggf. der Untertitel. Dieser schließt mit einem Komma ab und es müssen wenigstens Erscheinungsort (Sitz des Verlags) und Erscheinungsjahr folgen. Ab der 2. Auflage wird auch diese hinzugefügt. **65**

Zitate aus dem Internet und/oder Intranet sind mit Webadresse und Datum **66**
zu belegen, da es sich vor allem beim Internet um ein schnelllebiges Netzwerk handelt. Gelegentlich wird in den polizeilichen Richtlinien auch die

56 S. u. ab S. 171.

57 Abb. 15 und 16 sind eigene Darstellungen.

Uhrzeit und ein Ausdruck als Anlage verlangt. Es bietet sich in diesen Fällen an, die Internetabfragen zunächst auf Festplatte zu sammeln und anschließend auf eine DVD zu speichern.

67 In Gesellschaftswissenschaften und Polizeiführungswissenschaft ist ein *Abkürzungsverzeichnis* (Abb. 16, S. 41) optional, also nur dann beizufügen, wenn es hinreichenden Grund dazu gibt. Keinen Grund bieten die gängigen Abkürzungen wie etwa „z. B.“, „etc.“, „usw.“, „s. u.“, „i. S. d.“. Nur wenn fachlich spezielle Abkürzungen hinzutreten, ist ein Abkürzungsverzeichnis anzufertigen, dem dann die umgangssprachlichen Abkürzungen hinzugesetzt werden können. Es genügt aber auch, auf ein gängiges Abkürzungswerk für diese Abkürzungen hinzuweisen und nur die fachlich speziellen aufzuführen.[58] Soweit in der jeweiligen Fachdisziplin bestimmte Abkürzungen eingeführt sind, müssen diese verwendet werden; mit eigenen „Erfinden“ ist äußerst zurückhaltend umzugehen. Das Abkürzungsverzeichnis ist in diesen o. g. Studienbereichen in der Regel nach hinten unmittelbar hinter den Text vor das Literaturverzeichnis zu setzen (daher im Beispiel „S. 31“).

68 Bei wissenschaftlichen Arbeiten im Studienbereich Rechtswissenschaft wird regelmäßig die Beifügung eines Abkürzungsverzeichnisses verlangt. Dieses ist im Übrigen vorne hinter das Inhaltsverzeichnis zu platzieren und nicht ans Ende der Arbeit. Es würde dann die römische Seitenzahl „III“ bekommen, da für das Inhaltsverzeichnis „II“ (Deckblatt gilt als 1. Seite, wird aber nicht beziffert) vorgesehen ist. Der eigentliche Text ist in arabischen Zahlen nummeriert und beginnt mit „1“. Sollten nach dem Text noch Anlagen folgen, werden sie weiter in arabischen, nicht etwa wieder in römischen Zahlen nummeriert.

69 Ohne Seitenzahlen bleiben neben dem Deckblatt auch die „Eidesstattliche Versicherung“ sowie – falls verlangt – eine kurze Übersicht (sog. Abstract), die den zentralen Inhalt der wissenschaftlichen Arbeit auf einer halben DIN-A-4-Seite darstellt.

70 Hinsichtlich weiterer Details sind die an den jeweiligen Polizeifachhochschulen vorgegebenen Grundsätze zu beachten. Sie werden üblicherweise im Studienfach „Technik wissenschaftlichen Arbeitens“ (TWA) vermitteltet.

71 Welche konkreten inhaltlichen Aspekte Einleitung, Hauptteil und Schluss einer wissenschaftlichen Abschlussarbeit enthalten müssen, ist im 7. Teil, der die Kriterien für die Bewertung von wissenschaftlichen Arbeiten behandelt, ausführlich dargelegt (s. u. ab S. 209).

---

58 Z. B. auf Steinhauer, Anja: Duden: Das Wörterbuch der Abkürzungen. Rund 50.000 nationale und internationale Abkürzungen und Kurzwörter mit ihren Bedeutungen. 6. Aufl., Dudenverlag : Mannheim 2011.

2. Teil: Möglichkeiten der Themenfindung für Bachelor-, Master- oder Diplomarbeiten mit Polizeibezug

In diesem 2. Teil soll den Leserinnen und Lesern aufgezeigt werden, wie an eine geeignete Themenfindung heranzugehen ist, da zumeist ja auch berufspraktische Erkenntnisse in den Curricula und Richtlinien an den Polizeifachhochschulen eingefordert werden.[1] 72

1 Allgemeine Hinweise zum Anforderungsprofil der Arbeiten an Polizeihochschulen

Die Berufserfahrung lehrt, dass sehr häufig bei den Studierenden der Wunsch besteht, eine empirische Arbeit anzufertigen. Dies kann nur denjenigen empfohlen werden, die bereits ausreichend – zum Beispiel in einem vorherigen Studium oder anlässlich eines Fernstudiums an der FernUniversität Hagen – in Seminaren und Vorlesungen zu sozialwissenschaftlichen Methodenlehren Kenntnisse erworben haben. Denn empirische Untersuchungen (z. B. über die Entwicklung des Frauenanteils bei den illegal nach Deutschland Einreisenden) sind nicht einfach nur durch Verteilen von Fragebögen zu erreichen. Vielmehr gehört ein genaues Hintergrundwissen zu den Forschungsmethoden unbedingt hinzu. Dieses wird aber an Polizeifachhochschulen und auch an der Hochschule der Polizei in Münster üblicherweise nicht vermittelt. Auch in diesem Buch kann das Thema nicht „mal eben" mit abgearbeitet werden. Um einen Einblick in die Komplexität des Themas Forschungsmethoden zu geben, werden im nächsten Unterabschnitt überblicksmäßig die Zusammenhänge und Problemfelder aufgeführt. 73

---

1 Vgl. mit kritischer Anmerkung Möllers, Martin H. W.: Vom Nutzen einer Diplomarbeit für den Polizeiberuf – ein Essay zur Einführung der Diplomarbeit an der Hochschule des BGS. In: Möllers / van Ooyen / Spohrer (Hrsg.), Die Polizei des Bundes in der rechtsstaatlichen pluralistischen Demokratie, Opladen 2003, S. 29-33.

1.1 Überblick zu den Forschungsmethoden für empirische Arbeiten

74 Forschungsmethoden sind die Basis der *empirischen Sozialforschung*. Sie werden in allen wissenschaftlichen Disziplinen als wissenschaftliche Instrumente zur Gewinnung von Erfahrungen und Erkenntnissen über aktuelle gesellschaftliche Situationen mit dem Ziel eingesetzt, *allgemeingültige* Aussagen zu Einzelthemen mit Bezug zu dem jeweiligen Fachgebiet zu finden. Diese Aussagen können sich auf vielfältige Ereignisse in der Natur oder im menschlichen Zusammenleben beziehen. Mit Hilfe der Forschungsmethoden werden die gefundenen Gegebenheiten geordnet und ggf. nachgewiesen, welche inneren Zusammenhänge es gibt. Mit Hilfe der Forschungsmethoden wird somit die Grundlage des Wissens über die Vielfalt, Ordnung und Verbundenheit von empirisch erhobenen Fakten geschaffen. Erst dieses gewonnene Wissen ermöglicht eine planende Gestaltung des Lebens. Erst wenn z. B. empirisch belegt ist, welche Kriminalitätsart an welchen Orten zu welcher Zeit aktuell ist, kann eine konkrete Planung der Arbeit der Polizei einschließlich Bereitstellung und Schulung geeigneten Personals erfolgen.

75 Die Anwendung bestimmter Forschungsmethoden unterscheidet sich zunächst nicht von üblichen alltäglichen Handlungsabläufen. Erst die Ergebnisse aus ihrer Anwendung bahnen den Weg zur Wissenschaft, die diese Ergebnisse für alle Beteiligten und Interessierten akzeptierbar machen, also als „wahr“ erkannt haben will. Wenn z. B. in der Kriminologie oder allgemein in den Sozialwissenschaften, die in höchstem Maße von der Anwendung von Forschungsmethoden abhängig sind, Aussagen *über* die Wirklichkeit gemacht und als „wahr“ erklärt werden, dann haben nicht nur die Forschungsmethoden diese Aussagen erst ermöglicht, sondern die „Wahrheit“ bedeutet die *Übereinstimmung* dieser Aussagen *mit* der Wirklichkeit.[2] Forschungsmethoden dienen z. B. dazu, Alltagstheorien zu überprüfen, wobei im Mittelpunkt die Frage von Kriterien zur Überprüfung des Irrtumsausschlusses steht. Dabei können an solchen Forschungen auch Vertreter verschiedener wissenschaftlicher Fachrichtungen beteiligt sein: entweder untersuchen Vertreter unterschiedlicher Grundlagenwissenschaften unabhängig voneinander denselben Untersuchungsgegenstand (sog. *Multidisziplinarität*) oder arbeiten konkret zusammen an einem Forschungsobjekt und integrieren gleichzeitig ihre unterschiedlichen wissenschaftlichen Ansätze (Interdisziplinarität). Zum Beispiel sind bei Untersuchungen zwischen Täter und Opfer (Viktimologie)

---

2 Schnell, Rainer / Hill, Paul B. / Esser, Elke: Methoden der empirischen Sozialforschung, 9. Aufl., München 2011, S. 37 f.

sowohl Psychologen als auch Soziologen beteiligt. Untersuchungen, die sich auf die Vollstreckung und den Vollzug staatlicher Sanktionen und ihrer Auswirkungen (Pönologie) erstrecken, bedürfen nicht nur Vertreter der Psychologie und der Sozialwissenschaften, sondern auch der Rechtswissenschaft.

Zu den wesentlichen Forschungsmethoden der empirischen Sozialfor- **76**
schung gehören einerseits die *Befragung*, die mündlich (auch über Telefon) oder schriftlich z. B. in Form eines standardisierten Fragebogens (vgl. dazu nachfolgende Abb. 17) erfolgt, ferner die Beobachtung, die offen, verdeckt und/oder unter Teilnahme oder Nichtteilnahme des Forschers durchgeführt werden kann. Auch ist das – gerade bei der Polizei beliebte – *Experteninterview*, das besondere Ergebnisse aus der Befragung oder – z. B. in Form des *Gruppeninterviews* – der Diskussion von Sachverständigen erbringen soll.[3]

Frage 2.4: **In welchem Umfang werden die folgenden Tätigkeiten bei Ihrer künftigen Tätigkeit nach bestandener Laufbahnprüfung vorkommen und welche Bedeutung haben sie für eine bürgernahe Verwaltung?**

	Tätigkeit			**Bedeutung von Bürgernähe**		
	selten	manchmal	oft	gering	etwas	hoch
V1/5☐ Auswertungsarbeiten mittels EDV	1☐	2☐	3☐	1☐	2☐	3☐
V2/6☐ Ausarbeitungen von Stellungnahmen	1☐	2☐	3☐	1☐	2☐	3☐
V3/7☐ Studium von Akten und Vorschriften	1☐	2☐	3☐	1☐	2☐	3☐
V4/8☐ Öffentlichkeitsarbeit und Repräsentation	1☐	2☐	3☐	1☐	2☐	3☐

Abb. 17: Beispiel eines Fragebogenteils[4]

3 Als Beispiel solcher Gruppeninterviews vgl. etwa Eilles-Matthiessen, Claudia / Büttner, Christian: Polizei in der multikulturellen Gesellschaft – Das Frankfurter Trainingskonzept des EU Projektes 'NGOs and Police Against Prejudice'. In: Möllers / van Ooyen (Hrsg), Europäisierung und Internationalisierung der Polizei, Frankfurt/M 2006, S. 267-282.

4 Modifiziert nach Möllers, Martin H. W.: Bürgernähe der Verwaltung als Thema der Ausbildung von Beamten des gehobenen nichttechnischen Dienstes. Deutsche Hochschulschriften, Band 556 (Microfiche), Egelsbach 1992, S. 85 sowie Anlagenband S. 28 f.; die vor den Ankreuzkästchen angebrachten Ziffern und Buchstaben dienen der späteren computergestützten Auswertung. Vgl. auch Möllers, Martin H. W.: Ist das Ausbildungsthema ‚Bürgernahe, kundenorientierte Verwaltung' erfolgreich? – Entwurf eines Fragebogens zur Lernzielerfolgskontrolle, Frankfurt/M 2012.

77 Andererseits zählt zu den einzelnen Arten von Forschungsmethoden das *Experiment*, das als sog. Laborexperiment in einer künstlich geschaffenen Umgebung durchgeführt wird oder als Feldversuch, bei dem innerhalb der natürlichen Umgebung bestimmte Voraussetzungen geschaffen werden. Bei der Polizei sind Experimente zum Beispiel zur Ermittlung von Verhaltensweisen einsetzbar, um etwa Stressbelastungen oder Einstellungen zu bestimmten Situationen zu ermitteln. Schließlich kann als Forschungsmethode auch die *Sekundäranalyse* angeführt werden, bei der unabhängig vom ursprünglichen Zweck einer fremden Forschung deren Material (z. B. bereits ausgefüllte standardisierte Fragebögen) oder deren Ergebnisse mit einem neuen wissenschaftlichen Ziel analysiert werden. Ebenso gehört die Inhaltsanalyse zu den Forschungsmethoden, bei der aus bestimmten vergleichbaren Texten (bei der Polizei z. B. WE-Meldungen oder Ermittlungsakten) die Inhalte in Bezug zu einer vorgegebenen Fragestellung analysiert werden.

78 Unterschieden werden bei den Forschungsmethoden grundsätzlich *quantitative* und *qualitative* sowie *reaktive* und *nichtreaktive* Forschungsmethoden:

1.1.1 Überblick zu den quantitativen Forschungsmethoden

79 Bei den quantitativen Forschungsmethoden werden Informationen gesammelt, die direkt aus Zahlen bestehen. Dazu gehören zum Beispiel statistische Angaben (z. B. aus der PKS, der polizeilichen Kriminalstatistik) oder solche Informationen, die in Zahlen konvertiert werden können. Letztere werden überwiegend mit Hilfe eines standardisierten Fragebogens in Umfrage- und Wahlforschungen (Demoskopie) eingesetzt, indem jeder vorgegebenen Antwort des Fragebogens eine bestimmte Zahl zugeordnet wird. Bei der anschließenden Auswertung können dann umfangreiche statistische Verfahren und Analysen zur Beantwortung der zu Beginn der Untersuchung aufgestellten Fragestellung durchgeführt werden.

1.1.2 Überblick zu den qualitativen Forschungsmethoden

80 Bei den qualitativen Forschungsmethoden werden die Abläufe innerhalb der untersuchten sozialen Gegebenheit durch die beteiligten Subjekte und Objekte nicht beschränkt, beschnitten oder z. B. durch eine Befragung unterbrochen. Vielmehr steht der ganze komplexe Geschehensverlauf und wird nicht in maschinenlesbare Daten konvertiert. Typische Form einer qualitativen Forschungsmethode ist die verdeckte teilnehmende Beobachtung. Da im Mittelpunkt jeder qualitativen Forschungsmethode nur der eine komplexe Geschehensablauf steht, ergibt sich daraus ihr Nachteil, dass nämlich größere Forschungseinheiten für sie nicht in Betracht kommen sondern nur kleine.

Allerdings sind dafür die Ergebnisse qualitativer Forschung in der Regel umfassender.

Die einzelnen Forschungsmethoden selbst lassen sich nicht in quantitative oder qualitative Formen unterteilen. Mit Ausnahme der *teilnehmenden Beobachtung*, die nur zu den qualitativen Forschungsmethoden zählt, lassen sich alle anderen Forschungsmethoden je nach Ausgestaltung sowohl der einen als auch der anderen zuordnen. 81

1.1.3 Überblick zu den reaktiven und nichtreaktiven Forschungsmethoden

Bei der Anwendung *reaktiver* Forschungsmethoden tritt der Forscher mit dem oder den Betroffenen unmittelbar in Kontakt und ist bei der Gewinnung der Informationen beteiligt. Eine klassische Form reaktiver Methoden ist daher die Befragung. Wegen des Kontakts mit den Probanden, der ausnahmslos psychische Prozesse in Gang bringt, bergen alle reaktive Verfahren deshalb immer die Gefahr der Beeinflussung der Ergebnisse. Dies gilt auch für standardisierte Fragebögen, die mit der Post verschickt werden, weil auch sie eine entsprechende Beeinflussung bedingen. Als entsprechende Faktoren seien nur genannt: 82

- momentane Stimmung,
- Fähigkeit zur Selbstbeobachtung,
- Fähigkeit zur Übersetzung von Erlebnissen in Sprache,
- generelles Sprachverständnis,
- individuelle Interpretation mehrdeutiger Begriffe,
- individuelle Bedeutsamkeit des Frageinhaltes,
- Tendenz zum Ja- oder Nein-Sagen,
- Tendenz, Extremwerte zu bevorzugen oder zu vermeiden,
- Tendenz, im Sinne sozialer Erwünschtheit zu antworten,
- Tendenz, im vermuteten Sinne des Fragenautors zu antworten,
- generelle Normen der Selbstdarstellung,
- Einstellung gegenüber dem Verfahren (Fragebogen an sich; Zeitaufwand; Aussteller und Austeiler des Fragebogens etc.).[5]

Bei der Anwendung *nichtreaktiver* Forschungsmethoden tritt der Forscher mit dem oder den Betroffenen nicht unmittelbar in Kontakt, sodass grundsätzlich die gewonnenen Daten und Informationen unbeeinflusst sind. Typisch für eine solche Forschungsmethode ist die Inhaltsanalyse. Hier werden die Informationen aus Akten oder aus anderen Dokumenten gewonnen. Bei 83

5 Faktoren nach Vagt, Gerhard: Wer viel fragt..., in: Psychologie heute, 1978, S. 50 ff.

der Polizei könnte man zum Beispiel eine Inhaltsanalyse bei gesammelten WE-Meldungen durchführen.

84 Für empirische Arbeiten ist also mehr Hintergrundwissen zu den Forschungsmethoden anzuschaffen.[6] Darüber hinaus empfiehlt es sich bzw. ist es inzwischen unumgänglich, auch im Umgang mit geeigneter Auswertungssoftware am Computer geübt zu sein.[7] Nur so lassen sich innerhalb des Zeitrahmens die soziodemographischen Auswertungen der durchgeführten Stichprobe mit „Chi-Quadrat-Test“ auf Unabhängigkeit und Irrtumswahrscheinlichkeit sowie „Cramers V“ zur Stärke der Korrelation errechnen.

85 Neben dem bei den meisten Studierenden der Polizei eher nur marginal vorhandenen Kenntnissen zu den Forschungsmethoden kommt aber außerdem hinzu, dass es inzwischen durch Vereinbarung auf Ministerebene Beschränkungen für empirische Arbeiten gibt und die Einforderung von Hilfestellungen bei anderen Polizeibehörden für die Erstellung wissenschaftlicher Arbeiten untersagt ist:

1.2 Polizeibehördliche Beschränkungen für empirische Arbeiten

86 Regelmäßig werden Befragungsaktionen durch Fragebögen im Rahmen der Erstellung von wissenschaftlichen Arbeiten bei der Polizei untersagt, soweit es sich um Befragungen von Mitarbeiterinnen und Mitarbeitern handelt. Ausnahmen in besonders begründeten Einzelfällen müssen in aller Regel ausdrücklich über den Dienstweg bei der zuständigen Innenbehörde beantragt werden.

87 Auf Erlasswege ist inzwischen in Bund und Ländern untersagt, selbstständig andere Behörden des Bundes, der Länder oder einer Gemeinde zwecks Hilfestellung (z. B. Anforderung von definierten Statistiken) für die wissenschaftliche Abschlussarbeit anzuschreiben. Wegen der inzwischen bundesweit enormen Menge an anzufertigen Haus-, Diplom- sowie anderen wissenschaftlichen Arbeiten haben sich die Polizeibehörden auf Grund einer Konferenz der Innenminister/-senatoren des Bundes und der Länder darauf geeinigt, dass solche Anfragen wegen des viel zu hohen Verwaltungsaufwandes grundsätzlich nicht mehr beantwortet werden. In einigen Richtlinien wird

---

6 Als Buchempfehlung für Interessierte kann aus dem Literaturverzeichnis angegeben werden: Stier, Winfried: Empirische Forschungsmethoden, 2. Aufl., Berlin 1999 und Schnell / Hill / Esser: Methoden der empirischen Sozialforschung, a. a. O. (Fn. 2).

7 Einschlägig dafür ist etwa SPSS 13.0 für Windows von Prentice Hall International, die es auch als Studenten-Version auf CD-ROM für Windows gibt; vgl. Prentice Hall International (Hrsg.): SPSS 18.0 Integrated Student Version [Englisch] [DVD-ROM], Chicago Illinois, USA 2010.

es außerdem ausdrücklich verboten Ministerien anzuschreiben. Empirische Erhebungen müssen die Verfasserinnen und Verfasser deshalb selbst durchführen und dürfen dabei allenfalls allgemeine Hilfe der jeweils *eigenen* Behörde in Anspruch nehmen. Aber auch dies ist in der Regel noch mit den jeweiligen Betreuer/innen der wissenschaftlichen Arbeit und den Dienstvorgesetzten *vorab* abzuklären! Sollten auf Grund besonderer Umstände aber Schreiben an Behörden (nochmals: keinesfalls an Ministerien!) notwendig werden, so wird bei Polizeihochschulen auch schon mal vorgegeben, diese nicht mit Privatabsender, sondern immer mit Stempel und Anschrift der Hochschule zu versehen.

Natürlich sind Polizistinnen und Polizisten auch Privatleute und zwar aufs **88**
Jahr gesehen – bei einer 41-Stunden-Woche Dienst – etwa 80 % (!) und PVB nur etwa 20 %.[8] Insofern steht es auch ihnen zu, sich als Privatperson an alle möglichen Einrichtungen des Staates zu wenden. Voraussetzung ist, den Status eines PVB nicht über zu bewerten und seine eigene Person zurückzunehmen. Konkret heißt dies, weder den Dienstgrad anzugeben noch die Leitungsfunktion, sondern nur mit Vor- und Zunamen einschließlich Privatanschrift sich an die Exekutive zu wenden. Dabei ist es im Übrigen kontraproduktiv, anzugeben, die Informationen dringend für eine wissenschaftliche Arbeit zu benötigen. Dies interessiert in der Regel Dritte nämlich nicht.

Die formalen Verfahren zur Themenfindung und Ingangsetzung wissen- **89**
schaftlicher Abschlussarbeiten bei der Polizei sind nicht für alle Bundes- und Landespolizeihochschulen gleich geregelt, daher dazu nur ein kurzer Überblick:

1.3 Überblick zum formalen Verfahren zur Themenfindung und Ingangsetzung wissenschaftlicher Arbeiten

Für die Themenfindung zur wissenschaftlichen Abschlussarbeit gibt es grund- **90**
sätzlich an Polizeihochschulen zwei Modelle. Sie basieren letztlich auf dem Grundrecht der Freiheit der Wissenschaft, das den Grundrechtsinhabern garantiert, zu *selbst gewählten* Themen wissenschaftlich zu forschen. An Universitäten (mit Ausnahme der Hausarbeiten in der Rechtswissenschaft[9]) und Fachhochschulen, die den Kultus- bzw. Bildungsministerien zugeordnet sind

8 Berechnet unter Berücksichtigung von Urlaubs- und durchschnittlichen Krankheitstagen.

9 Hier ist überhaupt alles anders: Das Thema der Abschlussarbeit wird in Form eines Sachverhalts vorgegeben, die Beurteilerin bzw. der Beurteiler der Arbeit wird vor- und erst mit der Bekanntgabe der Note preisgegeben und die Bearbeitungszeit ist bis auf die Minute genau einzuhalten.

und nicht den Innenbehörden wie die Fachhochschulen der öffentlichen Verwaltung in Bund und Ländern, zu denen die Polizeihochschulen gehören, werden die Themen für die Magister- oder Diplomarbeit, das Staatsexamen oder die Abschlussarbeiten für Bachelor und Master von den Kandidatinnen und Kandidaten in Absprache mit den Betreuenden selbst entwickelt. Daher ist es bei den Polizeihochschulen mindestens üblich – erstes Modell –, dass die Verfasserinnen und Verfasser der Abschlussarbeit das Grobthema selbst wählen. Das endgültige Thema, das dann die Betreuerinnen und Betreuer formulieren, wird für alle PVB eines Studienlehrgangs gleichzeitig an einem *Stichtag* öffentlich ausgehängt. Dieses Verfahren hat sich wenig bewährt, da nicht alle Betreuenden die Grenze zwischen Grobthema und Feinthema an die gleiche Stelle setzen bzw. die Themen auch nicht immer eine eindeutige Grenze ziehen.

91 Soweit Diplomarbeiten oder andere große Arbeiten im Rahmen des Bachelors oder des Masters geschrieben werden, ist es die Regel und hochschulüblich, dass die Bearbeitenden das Thema komplett selbst wählen. Da aber an jeder Polizeihochschule bestimmte Kriterien Voraussetzung sind, ist es immer sinnvoll, bei der endgültigen Themenfindung aufgrund ihres Erfahrungswertes die Betreuer/innen mit einzubeziehen. Ein wesentliches Kriterium ist zum Beispiel die Praxisfixiertheit, die es häufig an Polizeihochschulen gibt.[10] Es müssen deshalb die in den Innenministerien (bzw. Innensenaten) ansässigen Mitarbeiter/innen der Prüfungsämter schon bei der Themenformulierung häufig von der Praxisrelevanz des gewählten Themas überzeugt werden.

92 Dennoch: Wer sich früh um die Abschlussarbeit kümmert, hat mehr Zeit zu ihrer Erstellung! Es ist also sinnvoll, sich rechtzeitig mit der Themenfindung auseinander zu setzen.

2 Themenfindung von der ersten Idee bis zur konkreten Fragestellung

93 „Am Anfang einer wissenschaftlichen Arbeit steht die Idee."[11] Was aber ist, wenn es nicht einmal zu einer ersten Idee reicht? Es gibt Wege, überhaupt an

---

10 Vgl. dazu Spohrer, Hans-Thomas: Studium ohne Wissenschaft? Das Primat der Praxis am Beispiel des Hochschulstudiums der Polizei aus sozialwissenschaftlicher Sicht. In: Möllers / van Ooyen (Hrsg.), Polizeiwissenschaft 3: Polizeihochschul-(Aus-)Bildung, JBÖS – Sonderband 7.3, Frankfurt/M 2011, S. 47 ff.

11 Esselborn-Krumbiegel, Helga: Von der Idee zum Text. Eine Anleitung zum wissenschaftlichen Schreiben. 3. Aufl., Paderborn 2008, S. 36.

Ideen zu kommen. Dies ist im Rahmen der Aufgaben der öffentlichen Sicherheit sogar mit einfachen Mitteln möglich.

2.1 Die erste Idee entwickeln

Bereits vor Aufnahme des Studiums an einer Polizeihochschule, spätestens aber mit ihr lassen sich über unterschiedliche Kontakte, die zwangsläufig auf alle Studierenden zukommen, die ersten Eindrücke sammeln. Dafür könnte zum Beispiel ein „wissenschaftliches Tagebuch" eröffnet werden, in dem alle Problemfelder zum Thema öffentliche Sicherheit, die über Zeitungsartikel oder auch nur in Randbemerkungen und Werbetexten, aus Beiträgen in Polizeizeitschriften einschließlich ihrer Fußnoten, Abbildungen und Kommentaren, in TV-Reportagen, Film- und Videoszenen, Nachrichten aus diversen Medien, in Begegnungen mit anderen Menschen, während des Einführungspraktikums oder in anderen polizeiberuflichen Zusammenhängen, in Fachzeitschriften, in den ersten Seminaren und Vorlesungen usw. auftauchen, notiert werden. 94

Als wissenschaftliches Tagebuch, das auch als wissenschaftliches Journal bezeichnet wird[12], können einfache Merkhefte verwendet werden. Am besten eignen sich aber Ringbücher mit losen Blättern, weil sich leichter eine nachträgliche Ordnung erreichen lässt. Für den täglichen Gebrauch empfiehlt sich ein kleiner sog. Filofax, der in feinstem italienischen Leder auch noch chic aussieht und Staufächer für Kreditkarten sowie verschiedene Einlagen enthält, z. B.: Kalender, Adressen mit Register A-Z, Ferientermine etc. Sich nur auf den Computer zurückzuziehen und dort Eintragungen vorzunehmen, ist unpraktisch, weil dann viele Eindrücke – vor allem die, die unterwegs auftreten – gar nicht erst aufgenommen werden. Es spricht aber nichts dagegen, einmal in der Woche die gesammelten Aufzeichnungen in den Computer einzutragen. Wird erst einmal mit der Ideensammlung begonnen, entwickelt sich aus den eingetragenen Impulsen nahezu automatisch das eigene Forschungsinteresse, weil der Blick sich immer mehr auf bestimmte Themenbereiche konzentriert und gleichzeitig auch schärft. D. h., aus der Umwelt werden viel gezielter die Eindrücke wahrgenommen, die zur Ergänzung der notierten Wissensgebiete zu gebrauchen sind. 95

Es kommt aber darauf an, ein Thema zu wählen, das die notwendige Distanz für seine Bearbeitung erlaubt. Deshalb darf es nicht mit der eigenen Lebensgeschichte zu eng verknüpft sein. Denn eine wissenschaftliche Abschlussarbeit, in der ein gerade anstehendes Lebensproblem gelöst werden 96

12 Z. B. bei Esselborn-Krumbiegel, a. a. O. (Fn. 11), ebd.

soll, wird regelmäßig die für Wissenschaftlichkeit notwendige Distanz vermissen lassen und wenig objektiv sein.

97 Wer die Idee des wissenschaftlichen Tagebuchs nicht aufgegriffen hat und gleichwohl in den Prozess der Themenfindung einsteigen muss, aber keine Idee für irgendein Thema hat, der bzw. die muss sich zunächst fragen, welches Fach aus dem Spektrum der Fachgebiete an Polizeihochschulen am ehesten in Betracht kommt. Überlegungen, welche Person als Betreuerin der Abschlussarbeit in Betracht kommt, sind eher kontraproduktiv und sollten zumindest nicht an die erste Stelle gerückt werden. Personelle Entscheidungen sind wenig hilfreich, da ein Thema nicht vernünftig bearbeitet werden kann, das einem nicht liegt. Man sollte sich von vermeintlich „scharfen Zensierern" nicht abschrecken lassen.

98 Das Themenspektrum an Polizeifachhochschulen umfasst allgemein – wobei die hier angegebene Zuordnung zu den einzelnen Studienbereichen in den jeweiligen Hochschulen variieren kann[13] – im Bereich der *exekutiven Aufgaben der Polizei*, deren Themen oft im Grundstudium vermittelt werden, die Fächer

- Volkswirtschaftslehre,
- Öffentliche Finanzwirtschaft und
- Betriebswirtschaftslehre der öffentlichen Verwaltung,

im Studienbereich *Polizeiführungswissenschaft* die Fächer

- Einsatzlehre,
- Führungslehre,
- Kriminalistik,
- Kriminologie und
- Verkehrslehre.

Außerdem sind hier auch die vor allem in den Praktika vermittelten Fächer

- Sport,
- Waffentechnik einschließlich Schießausbildung sowie
- Ethik

zu nennen. Den größten Umfang hat der Studienbereich *Rechtswissenschaft* mit den Fachgebieten Einsatzrecht und Öffentliches Dienstrecht. Das Einsatzrecht umfasst wiederum

- Allgemeines Verwaltungsrecht,

---

13 Hier folgt die Einteilung nach dem aktuellen Curriculum der Bundespolizei an der Fachhochschule des Bundes.

- Allgemeines Polizeirecht und

als Besonderes Polizeirecht die Fächer

- Aufenthaltsrecht,
- Betäubungsmittelrecht,
- Polizeirecht,
- Verkehrsrecht,
- Versammlungsrecht und
- Waffenrecht.

Es kommt ferner hinzu

- Strafrecht,
- Strafprozessrecht,
- Ordnungswidrigkeitenrecht und
- Bürgerliches Recht.

Schließlich gehören zum Öffentlichen Dienstrecht die Fächer

- Beamtenrecht,
- Arbeitsrecht im öffentlichen Dienst,
- Disziplinarrecht und
- Personalvertretungsrecht.

Umfänglich bzw. sehr ausdifferenziert ist der Fächerkanon im Studienbereich *Staats- und Gesellschaftswissenschaften*, zu dem die Fächer

- Staats- und Verfassungsrecht (Staatsorganisationsrecht und Grundrechte),
- Einführung in das Völkerrecht,
- Politisches System der Europäischen Union,
- Politikwissenschaft,
- Psychologie,
- Soziologie,
- Pädagogik und
- Technik wissenschaftlichen Arbeitens

gehören. Diese Vielfalt insgesamt bietet dem „Ideenlosen“ einen ersten Anhaltspunkt, sich ein geeignetes Fach herauszusuchen, das es wert ist, bearbeitet zu werden.

Ist diese Fächereinteilung noch zu grob, lohnt ein Blick in den aktuellen 99
Studienplan der eigenen Polizeihochschule. Der Studienplan, akademisch auch als Curriculum bezeichnet, bringt beim Lesen – besser gesagt Überfliegen – geeignete erste Ideen zur Themenfindung: Wer zum Beispiel Computerfreak ist, das aber eher als Freizeitbeschäftigung angesehen hat, wird erst im Curriculum feststellen, dass das Thema Computer und Software Teil der

„Betriebswirtschaftlichen Grundlagen des Verwaltungshandelns" ist, sodass sich hier eine Themenfindung leicht erschließen lässt. Gleiches gilt für „Techniker", die sich bei der Waffen- und Funktechnik thematisch gut aufgehoben fühlen. Denn auch diese gehört zur Ausbildung. Wer in seiner Freizeit zum Beispiel beim DLRG ist, wird sich „wiederentdecken" beim Stichwort „Schwimmerische Grundlagen" als Ausbildungsziel. Wer privat in der örtlichen Kirchgemeinde engagiert ist, entdeckt als Studienfach die Berufsethik. Dies sind nur Beispiele dafür, wie eigene private Interessen sich gerade auch bei den Studieninhalten an Polizeifachhochschulen thematisch wieder finden lassen, um eine erste Idee für das Thema der anzufertigenden wissenschaftlichen Arbeit zu begründen. Aus dieser Idee lässt sich im Folgenden die konkrete Fragestellung entwickeln.

2.2 Aus der Idee die Fragestellung entwickeln

100 Es gibt mehrere Wege, aus einer anfänglichen Idee zu einer konkreten Fragestellung, die in der anvisierten Abschlussarbeit bearbeitet werden soll, zu gelangen. Wer gut belesen ist und sein Gehirn eben nicht durch jahrelanges „Reinziehen" von „Blödzeitungen" zum Erschlaffen gebracht hat, kann sich moderner Methoden der Literaturwissenschaft bedienen, wie etwa das Erstellen von Clustern, Strukturbäumen oder Analogierädern.

2.2.1 Das Erstellen von Clustern, Strukturbäumen oder Analogierädern zur Entwicklung der konkreten Fragestellung

101 An Stelle des wissenschaftlichen Tagebuchs, das zu führen ja eher eine längerfristige Angelegenheit ist, wenn es der Themenfindung dienen soll, lassen sich für kurzfristige Themenfindungsgelegenheiten verschiedene Verfahren anwenden, um zu einem konkreten Thema zu gelangen. Drei dieser Verfahren werden hier in Anlehnung an Helga Esselborn-Krumbiegel[14] vorgestellt: Themenermittlung durch Cluster, Strukturbaum oder Analogierad.

102 Der Begriff Cluster kommt aus dem Englischen und bedeutet so viel wie Büschel. Wie ein Büschel sieht nämlich am Ende das Bild nach dem Prozess des Clusterns aus. Dafür wird in der Mitte eines weißen Blattes, das quer liegt, ein zentraler Begriff gesetzt, nämlich die ursprüngliche Idee, die spontan auftaucht oder – wie im vorigen Kapitel beschrieben – bewusst entwickelt wird. Dieser Begriff wird umrahmt. Es könnte zum Beispiel der Begriff „Computer" sein. Strahlenförmig werden nun weitere Begriffe angeordnet, die faktisch in irgendeinem Zusammenhang mit dem Urbegriff stehen bzw.

14 Esselborn-Krumbiegel, a. a. O. (Fn. 11), S. 38-47.

beim Nachdenken über weitere Begriffe eingefallen sind. Dafür ist allein die eigene Kreativität ausschlaggebend und die eigene Lebenserfahrung. Dabei kommt es aber darauf an, die einzelnen Zweige des Clusters nach und nach bis zur jeweiligen Erschöpfung des geistigen Impulses zu entwickeln. Wenn der erste Zweig von „Computer“ z. B. den Begriff „Software“ enthält, wird dieser Zweig zunächst so lange weiterverfolgt, bis einem die Ideen ausgehen. Erst danach folgt der zweite Begriff, der ebenfalls wieder bis zum letzten Impuls bearbeitet wird, usw. (Abb. 18).

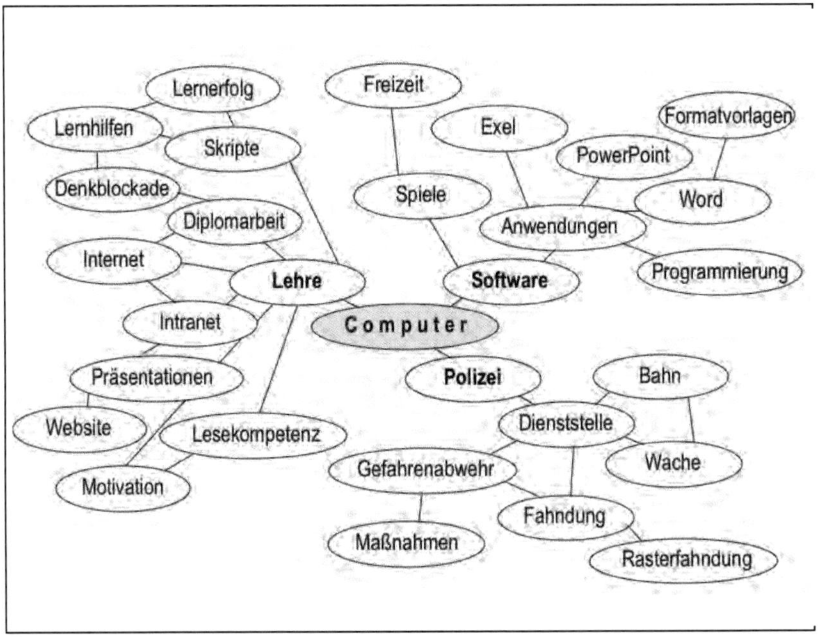

Abb. 18: Beispiel für ein angefangenes Cluster[15]

Aus dem entstandenen Cluster werden nun die Begriffe herausgefunden, die 103
am meisten interessieren. Das könnten zum Beispiel neben dem Hauptbegriff „Computer“ noch der Unterbegriff „Lehre“ sowie die Zweigbegriffe „Denkblockade“ und „Lernhilfen“ sein. Aus ihnen lässt sich schließlich ein Arbeitsthema erschließen, das etwa

- „Einsatz des Computers in der Lehre als Lernhilfe und zur Überwindung von Denkblockaden“

15 Eigene Darstellung.

lauten könnte. Alternativ zu dieser Vorgehensweise können auch weitere Cluster entwickelt werden, aus denen durch Verbindung neue Ideen erwachsen und so zur Themenfindung beitragen.[16] Ein Cluster ist durch den ersten Impuls bereits auf ein bestimmtes Ziel ausgerichtet, sodass es kaum dazu kommt, von der einmal eingeschlagenen Denkrichtung abzuweichen. Neue Denkrichtungen können aber durch den Strukturbaum entstehen.

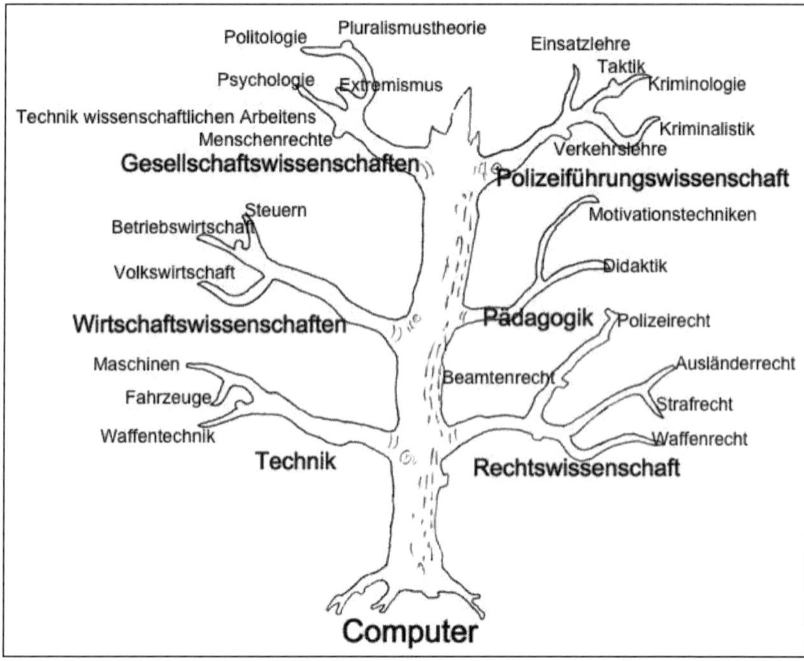

Abb. 19: Beispiel für einen angefangenen Strukturbaum[17]

104 Beim Strukturbaum (Abb. 19) ist Ausgangspunkt – ähnlich wie beim Cluster – ein Zentralbegriff. In unserem Beispiel ist es also der Begriff „Computer“. Die weitere Vorgehensweise gestaltet sich aber anders: Beim Strukturbaum wird überlegt, in welchen Bereichen sich der Zentralbegriff wiederfinden lässt. Computer kommen nahezu überall vor, sodass sich daraus eine Menge an Kategorien finden lassen, die assoziativ mit dem Begriff „Computer“ in Verbindung gebracht werden können: Technik, Pädagogik, Polizeiführungs-

16 Vgl. dazu Esselborn-Krumbiegel, a. a. O. (Fn. 11), S. 40-42.
17 Der Baum ist gemalt von Maximilian Möllers.

wissenschaft, Rechtswissenschaft, Wirtschaftswissenschaften, Gesellschaftswissenschaften, etc. Es wären aber auch andere und noch viel mehr Kategorien möglich. Jeder Zweig des Strukturbaums kann dann zusammen mit dem Kernbegriff ein Thema ergeben, zum Beispiel:

- „Führt der Einsatz des Computers bei der Polizei zu Menschenrechtsverletzungen?“ oder
- „Möglichkeiten der Computerunterstützung bei taktischen Maßnahmen“.

Abb. 20: Beispiel für einen Zweig eines fortgeführten Strukturbaums[18]

Sollte der angefangene Strukturbaum zur Themenfindung noch nicht genügen, dann kann jede gefundene Kategorie – gedanklich losgelöst vom Urbegriff – weiter untergliedert werden, sodass sich daraus „ein differenziertes Strukturgefüge mit vielen unterschiedlichen Einfällen“ ergibt, die sich an die Oberbegriffe anlagern.“[19] Am Beispiel des Unterbegriffs „Aufenthaltsrecht“ aus der vorigen Abb. 19 lässt sich eine solche fortgesetzte Untergliederung 105

18 Eigene Darstellung; der Zweig ist gemalt von Maximilian Möllers.
19 Esselborn-Krumbiegel, a. a. O. (Fn. 11), S. 44.

weiter verfolgen (s. dazu obige Abb. 20). Daraus ließen sich dann weitere Themen entwickeln:

- „Möglichkeiten der Verhinderung des Missbrauchs von Ausweispapieren durch den Einsatz des Computers" oder
- „Auswirkungen des computergestützten Polizeilichen Auskunfts- und Vorgangsbearbeitungssystems PAVOS-Zentral – Fortschritt für die Arbeitsorganisation in der BPOL oder faktische Mehrbelastung?".

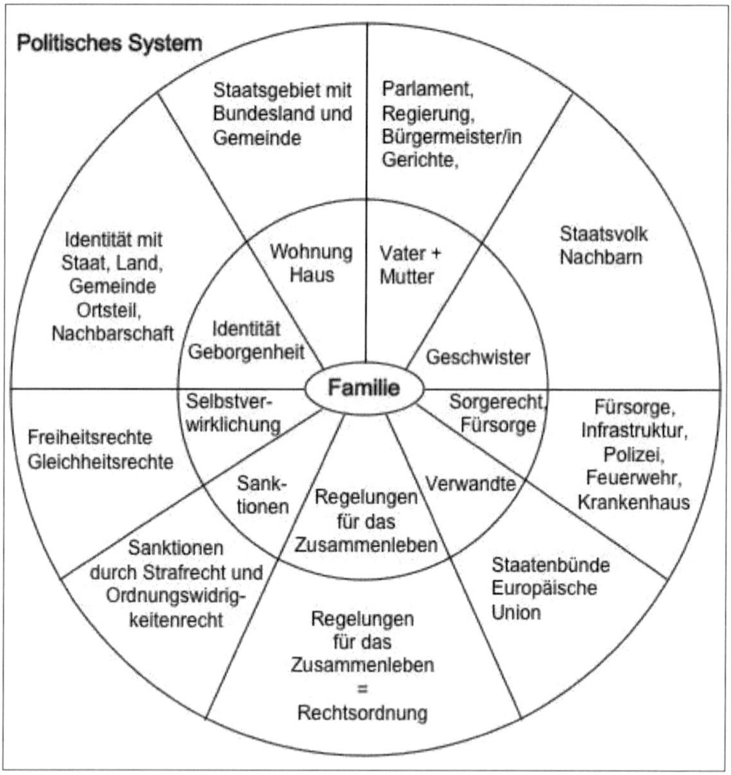

Abb. 21: Beispiel für ein angefangenes Analogierad mit dem Begriffspaar ‚Familie – Politisches System'[20]

20 Die Grundstruktur des Analogierads ist entnommen aus Esselborn-Krumbiegel, a. a. O. (Fn. 11), S. 47.

Es ließen sich auch aus angefangener und fortgeführter Strukturierung Themen für eine wissenschaftliche Arbeit herausfiltern, wobei dann der Urbegriff (hier „Computer“) schließlich keine Rolle mehr spielt, z. B.: 106

- „Die Aufhebung des Kirchenasyls als Eingriff in die Menschenrechte, insbesondere in die Glaubensfreiheit nach Art. 4 Abs. 1 u. 2 GG“ oder
- „Konfliktmanagement bei der Polizei am Beispiel des Abbruchs der Rückführung wegen ‚unüberwindbarer Renitenz und Gewalttätigkeit‘ des Rückzuführenden“.

Auch wenn die Idee, dass in der anzufertigenden Arbeit auch der Computer eine Rolle spielen sollte, jetzt nicht mehr verfolgt wird, ist das Hauptziel – „Thema gefunden“ – erreicht. 107

Eine andere Vorgehensweise bietet schließlich das Analogierad (Abb. 21, S. 58). Grundlage dafür ist, dass bereits bekannte Ideen genutzt werden, um auf neue Einfälle zu kommen. Bestimmte Merkmale eines bekannten Sachgegenstands werden dabei auf einen anderen Sachgegenstand übertragen, soweit eine Vergleichbarkeit möglich erscheint. Diese Herstellung von Verbindungen aktiviert den Denkungsprozess mit der Folge, die jeweils eigenständigen, typischen Merkmale für beide Vergleichspaare herauszuarbeiten. Daraus lassen sich dann Themen für die wissenschaftliche Abschlussarbeit entwickeln. In der obigen Abb. werden typische Merkmale der „Familie“, die sich im Innenkreis befinden, auf das „Politische System“ übertragen. Dabei ist im Einzelnen festzustellen, dass nicht alle Wesensmerkmale der „Familie“ sich analog und deckungsgleich auf das „Politische System“ übertragen lassen. Hier könnten sich zum Beispiel bei der anschließenden Durchforstung des Analogierads folgende Themen ergeben: 108

- „Die Zulässigkeit hoheitlicher Maßnahmen der Polizei im Verhältnis zu anderen Hoheitsträgern – dargestellt am Beispiel der Feuerwehr“ oder
- „Zuständigkeitsprobleme bei der Strafverfolgung zwischen Bundes- und Landespolizei“.

Wer mit Cluster, Strukturbaum und Analogierad nichts anfangen kann, dem sei die aktuelle Literatur empfohlen, aus der ebenfalls Themen zu finden sind. 109

2.2.2 Das Durchforsten von einschlägiger Literatur zur Entwicklung der konkreten Fragestellung

Der Gang in die Bibliothek ist unausweichlich. Nur hier kann man fündig werden! Inzwischen gibt es an allen wissenschaftlichen und sogar bei den meisten Stadtbibliotheken die Möglichkeit des Recherchierens nach Büchern. Dazu muss man aber von Anfang an wissen, wonach man sucht. Alternativ 110 ist es natürlich möglich, den Begriff der ersten Idee einfach mal in die Suchroutine einzugeben. Beim Stichwort „Computer" wirft zum Beispiel der Katalog der Zentralbibliothek der Fachhochschule des Bundes für öffentliche Verwaltung in Brühl/Rheinland, die auch die Bundespolizei nutzen kann, mehr als 200 Werke aus. Daher ist diese Vorgehensweise etwas mühselig, nun alle Titel zu durchforsten, um an ein geeignetes Thema zu gelangen. Besser ist daher der Weg über Fachzeitschriften. Diese sind bereits optisch an ihrem wissenschaftlichen Apparat (Fußnoten, Endnoten oder sonstige Literaturbelegung) zu erkennen und daran, dass sie in den Fachbeiträgen keine Bilder haben, wenn es nicht thematisch um Naturwissenschaft und Technik geht. Wissenschaftliche Fachzeitschriften werden in der Regel auch von wissenschaftlichem Personal (meistens Professoren) herausgegeben, nicht von Behördenleitern.

111 Für die Polizei gibt es eine Reihe von Zeitschriften und anderen regelmäßig erscheinenden Publikationen. Den größten Umfang hat der Zeitschriftenmarkt für den Studienbereich Rechtswissenschaft, aber auch die Studienbereiche Polizeiführungswissenschaft und Gesellschaftswissenschaften werden von zahlreichen Fachzeitschriften und anderen Publikationsreihen (vor allem Jahrbücher) unterstützt. Eine umfängliche Auflistung nach den Studienbereichen enthält das nächste Kapitel.[21]

112 Bei den Zeitschriften muss – vor allem im Studienbereich Polizeiführungswissenschaft – nach wissenschaftlicher Qualität und vor allem Neutralität differenziert werden. Im Polizeibereich gibt es eine Reihe von Zeitschriften, die eher den Charakter einer Illustrierten haben. Für die Themenfindung ist das aber unschädlich. In der Bibliothek sollten zunächst von Zeitschriftenständer die aktuellen Hefte durchgeblättert und nach geeigneten Themen durchforstet werden. Erst für die Bearbeitung kommt es darauf an, Fachzeitschriften von sonstigen zu unterschieden.

113 Viele dieser Zeitschriften werden in den Bibliotheken der Polizeihochschulen geführt. Hier lohnt es sich also, an den Zeitungsständer zu gehen und sich die neuesten Hefte anzuschauen. Manchmal reicht es schon, sich die Themen der Aufsätze anzusehen und nur die interessanten (zumindest die, die einem als lesenswert erscheinen) genauer unter die Lupe zu nehmen. Genauer unter die Lupe zu nehmen bedeutet zweierlei: Zunächst wird der Beitrag gelesen, notfalls unter Verwendung eines Fremdwörterbuchs, das es übrigens auch in der Bibliothek gibt. Danach wird der Beitrag mit Blick auf die Autorin bzw. den Autor, auf den Text sowie auf die Leser/innen analysiert mit Hilfe des folgenden, leitenden Fragesatzes:

---

21 S. u. S. 116 ff.

Wer sagt *was* mit welcher *Absicht* in welcher *Form* zu *wem* mit welcher *Wirkung*?[22] 114

Dieser Fragesatz ist in seinen einzelnen – hier kursiv gedruckten – Elementen aufzuschlüsseln und weitere Einzelfragen zu stellen. Bezüglich der Autorin bzw. des Autors ergeben sich die Fragen: 115

- Wer ist die Autorin / der Autor?
- Wo steht sie / er politisch bzw. wissenschaftstheoretisch?

Recherchen im Internet (einfach den vollen Namen bei Google eingeben) lassen möglicherweise rasch herausfinden, welche Person den Text verfasst hat. In Fachzeitschriften sind die Autorinnen und Autoren der Beiträge üblicherweise entweder zu Beginn des Beitrags oder am Ende, manchmal in der Fußnote, genannt; oft stehen auch weitere Publikationen von ihnen mit im Heft und ihre berufliche Tätigkeit. Bei Sammelbänden ist oftmals ein Autorenverzeichnis am Ende des Buchs aufgeführt, aus dem alle Einzelheiten zu entnehmen sind.[23] Bei Monographien hilft es nach einer Buchbesprechung (Rezension) Ausschau zu halten. (Fach-)Lexika können zumindest bei Kapazitäten Hinweise geben; ansonsten könnte man aber auch eine Dozentin oder einen Dozenten befragen, in deren Fach das Thema fällt. 116

Bezüglich des Textes ergibt sich eine ganze Reihe von Fragen. Für die *Inhaltsanalyse* könnten es zum Beispiel folgende Fragen sein: 117

- Welches Problem steht im Mittelpunkt?
- Welche Fragestellung wird bearbeitet?
- Welche Kernaussagen werden getroffen?
- Gibt es zentrale Begriffe und/oder Definitionen?
- Welche Motive, Interessen und Absichten hat die Autorin/der Autor?
- An wen richtet sich der Text?

Die Antworten sind im Titel des Beitrags, in den Überschriften der einzelnen Kapitel und Unterabschnitte, teilweise auch in den Abbildungen zu erhalten. Auch das Inhaltsverzeichnis, das aber bei Fachzeitschriftenbeiträgen unüblich ist, kann erheblichen Aufschluss geben, wenn es wissenschaftlich korrekt logisch-konstruktiv aufgebaut ist und aussagekräftige Überschriften (und nicht 118

---

22 Die hermeneutische Frage zur Textanalyse ist entnommen aus Stary, Joachim / Kretschmer, Horst: Umgang mit wissenschaftlicher Literatur. Eine Arbeitshilfe für das sozial- und geisteswissenschaftliche Studium. 5. Aufl., Frankfurt/M 1999, S. 75. Sie ist – zusammen mit den Antworten auf S. 76 – für die nachstehenden Ausführungen leitend.

23 So z. B. bei allen Ausgaben vom Jahrbuch Öffentliche Sicherheit; vgl. Möllers, Martin H. W. / van Ooyen, Robert Chr. (Hrsg.): Europäisierung und Internationalisierung der Polizei, Frankfurt/M 2006, S. 333 ff.; van Ooyen, Robert Chr. / Möllers, Martin H. W. (Hrsg.): Das Bundesverfassungsgericht im politischen System, 2. Aufl., Wiesbaden 2015, S. 767 ff.; van Ooyen, Robert Chr. / Möllers, Martin H. W. (Hrsg.): Der Bundespräsident im politischen System, Wiesbaden 2012, S. 309 ff.

nur Stichworte) hat. In Fachzeitschriften gibt es gelegentlich auch Abstracts, mit deren Hilfe die oben gestellten Fragen beantwortet werden können. Die vom Autor verfolgten Absichten lassen sich speziell auch bei Büchern in Vor- und Nachworten oder im sog. Klappentext sowie bei den Zeitschriftenbeiträgen in der Einleitung verfolgen.

119 Für die *Form- und Sprachanalyse* des Textes könnten zum Beispiel zwei weitere Fragen aufschlussreich sein:

- Welche Argumentationsformen werden eingesetzt?
- Welche sprachlichen Mittel wendet die Autorin/der Autor an?

120 Bei der Frage der Argumentationsformen soll insbesondere auf Strategien der Manipulation geachtet werden: Typische Beispiele sind etwa „Literaturdrohungen" wie

- „Nach einhelliger Meinung in der neueren Literatur...",

mit denen der Eindruck erweckt werden soll, mit seiner Meinung nicht allein zu stehen, oder klassische „Expertendemonstrationen" folgender Art

- „Wie sich aus umfänglichen Recherchen ergibt, ...",

mit denen den Lesern unbewusst eingeredet werden soll, trotz umfänglicher Anstrengungen keine Gegenargumente gefunden zu haben und daher richtig zu liegen, und vor allem „Sprachnebel" wie

- „Die Komplexität der Zusammenhänge lässt unter Berücksichtigung ihrer dynamischen Entwicklung nur dann eine präzise Aussage zu, wenn die kommunikative Präponderanz zu spezifischen Ergebnissen kommt...",

mit denen die Leser/innen insbesondere durch Anhäufung überflüssiger Fremdwörter verblüfft werden sollen. In diese Kategorie fällt auch das sog. „Soziologendeutsch" das immer wieder anzutreffen ist und eigentlich platte Argumente durch Bandwurmsätze, Fremdwörter und Substantive („Hauptwörterei"[24]) zu vertuschen sucht, um so eine geistige Tiefe vorzutäuschen, die nicht vorhanden ist. Dazu noch ein weiteres Beispiel aus der Medizin[25]:

„Laien, d. s. im gegebenen Fall Personen ohne medizinisch fachliche Kompetenz, diagnostizieren ihre eigene Krankheit oder die anderer Personen im Sinne eines überwiegend intersubjektiv angenommenen Krankheitsverständnisses, das in einem wach-

24 Begriff nach Krämer, Walter: Wie schreibe ich eine Seminar-, Examens- und Diplomarbeit. Eine Anleitung zum wissenschaftlichen Arbeiten für Studierende aller Fächer an Universitäten, Fachhochschulen und Berufsakademien. 4. Aufl., Stuttgart 1998, S. 101.

25 Beispiel für Soziologendeutsch und Normaldeutsch wörtlich entnommen aus: Krämer, a. a. O. (Fn. 24), ebd.

senden Umfang kognitiv begründet, jedoch im Kern auch sozial kodeterminiert ist. Jede von Laien gestellte Krankheitsdiagnose über ein Kranksein ist milieugebunden und reicht von der Bagatellisierung bis zur Hypersensibilisierung."

Normaldeutsch:

„Medizinische Laien beurteilen Krankheit je nach Person und sozialem Umfeld verschieden, wobei sie »echte« Krankheiten sowohl verharmlosen als auch übertreiben."

Die Liste der manipulativen Argumentationsstrategien ist mit obigen Beispielen längst nicht abgeschlossen.[26] Bezüglich der Adressaten des Textes ergeben sich ebenfalls Fragen, die einerseits auf den Leserkreis abzielen und zum anderen die mögliche Wirkung berücksichtigt, zum Beispiel: 121

- An wen wendet sich der Beitrag?
- Welche Motive könnte es geben, diesen Text zu lesen?
- Was wissen die Leser/innen schon über den Gegenstand des Beitrags?
- Ist beim anvisierten Leserkreis mit Vorurteilen zu rechnen?
- Wie beurteile ich persönlich Inhalt und Form des Beitrags?
- Reicht mein Vorwissen zum Textverständnis aus?

Mit diesen Leitfragen wird bei den Beiträgen in Fachzeitschriften und Sammelbänden herausgefunden, welche fachlichen Gegenstände bei der Polizei derzeit aktuell diskutiert werden. Aus diesen Themen kann für die eigene Abschlussarbeit das Thema entwickelt werden. 122

Ob dann die gefundene konkrete Fragestellung der eigenen Untersuchung überhaupt im vorgegebenen Zeitrahmen bearbeitbar und das Mindestmaß der Kriterien für Wissenschaftlichkeit erfüllt ist, bedarf einer abschließenden Kontrollprüfung, die sich durch richtungsweisende Gegenfragen durchführen lässt. 123

3 Überlegungen zur Standfestigkeit der konkreten Fragestellung

Das gewählte Thema kann mit einigen wenigen Fragen überprüft werden. Es kommt nämlich darauf an, sich für die Bearbeitung eines Gegenstands Machbarkeitsgrenzen aufzuerlegen und Kernbereiche konkret festzulegen. Außerdem sollte auch festgestellt werden, ob das gewählte Thema überhaupt ein 124

26 Weitere Klassifikationen der manipulativen „Wissenschafts-Sprache" sind nachzulesen bei Stary / Kretschmer, a. a. O. (Fn. 22), S. 145 f.

wissenschaftliches Forschungsinteresse hat. Um das herauszufinden, bietet sich ein Raster an Gegenfragen an[27]:

- Welche zentrale Frage soll beantwortet werden?
- Welche Unterfragen müssen gestellt werden, um die zentrale Frage zu beantworten?
- Besteht eine Ähnlichkeit zu anderen Themen oder gibt es sogar eine Übereinstimmung?
- Sollte man an dem Thema noch etwas ändern?
- Was muss an dem Thema unbedingt so bleiben?
- Könnte das Thema auch für andere ein Forschungsinteresse haben?

Diese Fragen werden im Folgenden abgearbeitet:

3.1 Überlegungen zur zentralen Frage der Forschungsarbeit

125 Grundsätzlich ist nur *eine einzige* zentrale Frage zu formulieren und kein „Sammelsurium" an Interessenlagen. Allerdings könnte die zentrale Frage als Ergebnis der wissenschaftlichen Untersuchung auch die – von Anfang an erwartete – Antwort enthalten, dass diese zentrale Frage nicht beantwortbar ist. Zum Beispiel könnte das Thema der wissenschaftlichen Abschlussarbeit lauten:

- „Die Delinquenz von Personen türkischer Herkunft nach der PKS im Vergleich zur Straffälligkeit von deutschen Staatsangehörigen".

126 Darin ist als zentrale Frage enthalten, ob sich anhand der PKS nachweisen lässt, dass türkische Landsleute im Vergleich zu deutschen Staatsbürgern mehr oder weniger oder gleich straffällig sind. Tatsächlich lässt sich diese Frage aber mittels der PKS gar nicht klären, weil die PKS die einzelnen Gruppen nicht nach ethnischer Herkunft, Geschlecht, Alter, Schichtzugehörigkeit etc. ausdifferenziert. Außerdem werden ebenfalls nicht die inzwischen eingebürgerten Personen gesondert von der PKS erfasst.

3.2 Überlegungen zu den Unterfragen, welche die zentrale Frage beantworten

127 Eine direkte Beantwortung der zentralen Frage gibt es nicht. Vielmehr lässt sich das Hauptproblem nur dann erreichen, wenn verschiedene Unterfragen

---

27 Die Fragen sind an die „7 W-Fragen" bei Esselborn-Krumbiegel, a. a. O. (Fn. 11), S. 64 ff. angelehnt.

zielgerichtete beantwortet werden. Beim gerade formulierten Thema zur Delinquenz verschiedener Gruppen gibt es eine Reihe von Unterfragen: Zum Beispiel stellen sich die Unterfragen, ob die sozialen Strukturen der zu vergleichenden Gruppen mindestens ähnlich sind, ob die PKS die tatsächlich vorhandenen Differenzen in den sozialen Zusammensetzungen von türkischen und deutschen Gruppen in ihrer Statistik berücksichtigt oder ob es Straftaten gibt, die faktisch nur eine der Vergleichsgruppen begehen können (z. B. Straftaten – wie etwa die unerlaubte Einreise –, deren Tatbestand nur Nichtdeutsche erfüllen können). Erst die Summe der Antworten auf die Unterfragen führt schließlich zur Beantwortung der zentralen Frage, – im Beispielsfall – dass die PKS keine Auskunft darüber gibt, ob Personen türkischer oder deutscher Herkunft im Durchschnitt mehr, weniger oder gleich viel Delinquenz aufzeigen.

3.3 Überprüfung der Ähnlichkeiten und Übereinstimmungen zu anderen Themen

Abgesehen davon, dass oft von Prüfungsämtern nicht erlaubt wird, dass dasselbe Thema mehrfach bearbeitet wird, sodass eine entsprechende Nachforschung schon innerhalb des eigenen Studienjahrgangs sinnvoll erscheint, ist die Entdeckung von Ähnlichkeiten zu anderen Themen oder zu anderen Bearbeitern (nicht unbedingt nur aus den eigenen Reihen, sondern vor allem in der Sekundärliteratur[28]) für die eigene Bearbeitung sehr hilfreich. Bei ähnlichen Fragestellungen könnten andere Bearbeiter/innen zum Beispiel anderes Material zugrunde gelegt haben. In diesen Fällen kann der Aufbau der anderen Forschungsarbeit den Blick auf die eigene logische Vorgehensweise schärfen. Auch wenn in der anderen wissenschaftlichen Arbeit umgekehrt zwar das gleiche Material verwendet, aber unter einer anderen Fragestellung untersucht wurde, wird dies helfen, den Zugang zur eigenen Abschlussarbeit zu erleichtern. 128

3.4 Überlegungen, ob an dem Thema noch etwas geändert werden sollte

Bei dieser Überlegung zur Themenänderung steht das Profil der eigenen wissenschaftlichen Arbeit auf dem Prüfstand. Zum einen ist hier zunächst kritisch zu hinterfragen, ob das Thema in Anbetracht der zur Verfügung stehenden Zeit so wie festgelegt bearbeitbar ist oder ob es wegen seiner Weit- 129

28 S. dazu den nächsten Teil.

schweifigkeit eher weiter eingegrenzt werden muss. Gelegentlich ist auch zu erkennen, dass die Thematik sogar ausgeweitet werden muss, weil die Materialbasis zu schmal ist.

130 Zum anderen könnte anlässlich der Beantwortung der vorigen Frage bereits eine zu nahe Ähnlichkeit bis hin zur Identität mit einer anderen Abschlussarbeit festgestellt worden sein, sodass möglicherweise das Thema noch geändert bzw. der Untersuchungsschwerpunkt verschoben werden müsste. Dazu ist das Besondere der eigenen Arbeit herauszufiltern und in die Themenformulierung mit einzuarbeiten. Das Besondere – und damit der entscheidende Unterschied zu anderen Arbeiten – könnte z. B. das untersuchte Material oder die Art der Fragestellung sein. Oder hervorstechend ist das methodische Vorgehen, bei dem etwa Textanalysen eine besondere Rolle spielen oder der Vergleich von verschiedenen untersuchten Merkmalen.

3.5 Nachforschung, was an dem Thema unbedingt so bleiben muss

131 Bei der Überlegung, was an dem Thema unbedingt so bleiben sollte, müssen die Bearbeiter/innen – nochmals – darüber nachdenken, was an der eigenen Arbeit besonders wichtig ist und warum.[29] Denn die Anfertigung der wissenschaftlichen Arbeit bringt nur dann die entscheidende Lust, wenn das, was man zu sagen hat und unbedingt sagen will, auch in der Arbeit steht. Dazu muss einem aber auch bewusst geworden sein, welche Aussage man treffen bzw. welchen Beweis man antreten möchte.

132 Dieser Punkt steht mit der vorigen Überlegung im engen Kontext. Will man einen bestimmten Beweis antreten, zum Beispiel dass das Bundesverfassungsgericht in seinen Urteilen zum Asylrecht politische Aussagen trifft und nicht nur rechtlich objektiv seine Entscheidungen fällt, dann darf ein solcher Beweis als zentrale Frage beibehalten bleiben, auch wenn es dazu bereits Forschungsarbeiten gibt.[30] Entscheidend ist nur, dass der gleiche Beweis aus einer anderen Sicht oder mit anderen bzw. ergänzenden Begründungen geführt wird.

29 Vgl. Esselborn-Krumbiegel, a. a. O. (Fn. 11), S. 65.

30 Im Beispielsfall: van Ooyen, Robert Chr.: Rechtsprechung, politische Philosophie oder bloße Macht der Dezision? Das Bundesverfassungsgericht und das Asylrecht. In: Möllers / van Ooyen / Spohrer (Hrsg.), Die Polizei des Bundes in der rechtsstaatlichen pluralistischen Demokratie, Opladen 2003, S. 67 ff.

3.6 Analyse, ob das Thema auch für andere ein Forschungsinteresse haben könnte

Diese letzte Frage dient der abschließenden Überprüfung der Wissenschaftlichkeit. Erst wenn angenommen werden kann, dass auch andere ein Interesse am Ergebnis der Arbeit haben könnten, ist ein Platz in der Forschungslandschaft erobert. Bei Arbeiten an Polizeihochschulen, denen regelmäßig die Praxisnähe abverlangt wird, spielt deshalb der Anwendungsbezug der wissenschaftlichen Abschlussarbeit eine entscheidende Rolle. Daher sollte die Praxisrelevanz in Einleitung und Schlusskapitel nicht zu kurz kommen. 133

Zur Orientierung und als Assoziation für neue Ideen werden Beispiele zu Themen für eine wissenschaftliche Abschlussarbeit an einer Polizeihochschule im nächsten Teil formuliert. Zur besseren Übersicht sind sie nach Studienbereichen und Fächern geordnet. 134

3. Teil: Darstellung einer Auswahl von Themenbeispielen aus der Fächervielfalt der Polizeihochschulen

In diesem Teil sollen konkrete Themen für eine wissenschaftliche Abschlussarbeit an einer Polizeifachhochschule genannt werden. Für eine schnellere Orientierung bietet sich dafür zum einen eine Einteilung in die Studienbereiche Polizeiführungswissenschaft, Rechtswissenschaften und Gesellschaftswissenschaften an. Innerhalb der Kapitel wird dann zum anderen nach den in den jeweiligen Studienbereichen angesiedelten Fächern unterteilt. **135**

1 Themen aus dem Studiengebiet Polizeiführungswissenschaft

Zum Studiengebiet Polizeiführungswissenschaft gehören die Fächer Einsatzlehre, Führungslehre, Kriminalistik, Kriminologie und Verkehrslehre. **136**

1.1 Themen aus dem Fach Einsatzlehre

Vierzehn Themen aus dem Gebiet der Einsatzlehre werden vorgestellt. **137**

- Einsatztaktische Analyse eines CASTOR-Transports – Optimierungsansätze aus Sicht der begleitenden Polizei für die Zukunft
- Einsatzkonzeption der Bundespolizei an den Grenzen der Bundesrepublik Deutschland zur Verhinderung der Einreise gewaltbereiter Fans aus dem Ausland
- Einsatzkonzeption der Polizei aus Anlass eines Regionalspiels rivalisierender Fußballfans im Stadion in Cottbus
- Probleme bei der Funktionswahrnehmung des „Führungsassistenten" in Bezug auf verschiedene Führungsebenen und Einsatzanlässe
- Unterschiedliche Konzepte für Methoden und Analysen problemorientierter Polizeiarbeit
- Taktische Aspekte im Zusammenhang mit Demonstrationen nach dem Versammlungsgesetz im Zuständigkeitsbereich der Landespolizei
- Umsetzbare Bekämpfungsansätze für das Anlassfeld „Transportdiebstahl" bei der DB Cargo AG unter Berücksichtigung der lagerelevanten Örtlichkeiten (konkrete Dienststelle)

- Möglichkeiten der Zusammenarbeit zwischen Polizei und zivilen Sicherheitsunternehmen in Stadtzentren zur Bekämpfung von Attentaten
- Aufgaben, Zuständigkeiten und Organisation der deutschen Küstenwache unter besonderer Betrachtung der Seenotrettung und der sich daraus ergebenden Probleme der Zusammenarbeit mit anderen Behörden
- Der Diensthund als Einsatzmittel zur Bewältigung von polizeilichen Lagen unter besonderer Betrachtung der Wirkung in der Öffentlichkeit
- Probleme bei der Durchführung von Rückführungen auf dem Luftweg und mögliche Lösungsansätze am Beispiel des Flughafens Frankfurt (Main)
- Exekutivrechte von Gastbeamtinnen und Gastbeamten sowie Teammitgliedern bei Einsätzen der EU-Agentur Frontex
- Aufgaben und Probleme bei Auslandseinsätzen von PVB der Bundespolizei im Rahmen von UN-Missionen
- Projektpatenschaften im Luftsicherheitsbereich und ihre Auswirkungen auf die Innere Sicherheit am Beispiel der Partnerschaft Flughafen Köln/Bonn mit dem Flughafen Kabul International

138 Teilweise könnten die hier vorgestellten Themen auch in anderen Fächern mit deren Schwerpunkt als Abschlussarbeit bearbeitet werden. Zum Beispiel könnte das Thema „Aufgaben und Probleme bei Auslandseinsätzen von PVB der Bundespolizei im Rahmen von UN-Missionen“ innerhalb der Gesellschaftswissenschaften in Politikwissenschaft vergeben werden. Das Thema „Probleme bei der Funktionswahrnehmung des ‚Führungsassistenten‘ in Bezug auf verschiedene Führungsebenen und Einsatzanlässe“ könnte auch im nachfolgenden Unterkapitel zu den Themen aus der Führungslehre hinzugenommen werden.

1.2 Themen aus dem Fach Führungslehre

139 Vierzehn Themen sind aus dem Gebiet der Führungslehre ausgewählt.

- Dienstleistungsorientierung als Qualitätsmerkmal polizeilichen Handelns
- Erkenntnisse aus der Anwendung neuer Steuerungselemente in der Polizeidirektion (Name) – eine kritische Betrachtung.
- Zu erwartende Konflikte für Polizeikommissarinnen und -kommissare innerhalb ihrer ersten Führungsverwendung und ihre Folgerungen für das künftige Führungsverhalten.
- Akzeptanzprobleme junger Vorgesetzter im Spannungsfeld zwischen Vorgesetztenfunktion und Mitarbeiterrolle

- Vergleich zwischen kalkulierter Kooperativer Führung und gefühlsbetonter Intuitiver Führung vor dem Hintergrund der Führungsanforderungen an junge Führungskräfte im gPVD
- Präsentation als besondere Möglichkeit zur Informationsgewinnung und Informationsweitergabe
- Totales Qualitätsmanagement – eine Herausforderung an Führungskräfte oder überholtes Konzept?
- Steuerungsmodelle im Vergleich – Vom Nutzen neuer Konzeptionen für die polizeiliche Führung
- Quantität vor Qualität? Eine Analyse der Personalgewinnung für den gehobenen Polizeivollzugsdienst, dargestellt an ...
- Soziale Kompetenz als wesentliche Grundlage erfolgreicher Führung in der Polizeipraxis
- Moderne Managerschulung als Ansatz für die Fortbildung von Polizeiführungskräften am Beispiel von „Wilderness Experience“
- Die Bedeutung der kommunikativen Elemente des deeskalierenden Einsatzmodells (NRW)
- Auswirkungen von Personalmaßnahmen gegen den Willen des betroffenen Beamten sowie Lösungsansätze zur Vermeidung negativer Folgen
- Die Rolle des Vorgesetzten im Vorfeld von Alkoholismus sowie nach dem Erkennen des Alkoholproblems Nachgeordneter

Auch hier könnte das ein oder andere Thema anderen Fächern zugeordnet **140**
werden. Das Thema „Soziale Kompetenz als wesentliche Grundlage erfolgreicher Führung in der Polizeipraxis“ ließe sich zum Beispiel der Soziologie zuordnen. Auch die nachfolgenden Themen der Kriminalistik haben nicht nur bei diesem Fach ihren Stellenwert.

1.3 Themen aus dem Fach Kriminalistik

Vierzehn Themen betreffen das Gebiet der Kriminalistik. **141**

- Kriminalitätsentwicklung in den USA: Wer oder was ist für den Rückgang der Straftaten verantwortlich?
- Kriminalität im Lebenslauf
- Das Erstellen psychologischer Täterprofile als Instrumentarium in der Kriminalitätsbekämpfung
- Trends und Möglichkeiten zur Bekämpfung von BTM-Kriminalität auf Grund abgesicherter Prognosen
- Der Nutzen der DNA-Analyse in der kriminalistischen Praxis
- Genügen die gegenwärtige Kriminalaktenhaltung und ihr Nachweis im IT-Verfahren den Anforderungen an die kriminalistische Arbeit?

- Sind Dokumentendatenbanken im polizeilichen Intranet ein polizeiliches Hilfsmittel oder nur eine unnütze Informationsflut?
- Probleme bei der Befragung von Kindern und Jugendlichen aus kriminalistischer Sicht im Zusammenhang mit der Durchführung von Strafverfahren
- Möglichkeiten der Prävention bei jugendlichen Graffiti-Tätern – Fallanalysen und Strategien
- Probleme bei der Bewertung von Sach- und Personalbeweisen in der Praxis aus Sicht von Ermittlungs- und Prozessparteien
- Die Erkennung von Fälschungsmerkmalen bei Dokumenten mit grenzpolizeilichem Bezug
- Optimierungsmöglichkeiten für die erkennungsdienstliche Behandlung
- Neue Konzepte zur Bekämpfung von USBV-Bedrohungen an Orten mit viel Publikumsverkehr
- Entwicklung einer Konzeption zur Schaffung einer kriminalistischen Lehrmittelsammlung bei der Bundespolizei

142 Das Thema „Optimierungsmöglichkeiten für die erkennungsdienstliche Behandlung" lässt sogar eine polizeitechnische Untersuchung zu. Zum Teil können die anderen angeführten Themen auch als kriminologische Phänomene untersucht werden und daher in der nachfolgenden Liste Platz finden.

1.4 Themen aus dem Fach Kriminologie

143 Zehn Themen sind aus dem Gebiet der Kriminologie ausgewählt.

- Community Policing und lokale Problembearbeitung
- Kriminologische Einzeldeliktanalyse zum Menschenhandel mit Frauen aus Osteuropa
- Die Entstehung von Kriminalität unter besonderer Berücksichtigung sozialpsychologischer Ansätze
- Frauen als Täterinnen: Der sexuelle Missbrauch von Mädchen und Jungen als kriminologische Einzeldeliktanalyse
- Untersuchung, ob genetische Defekte spezielles kriminelles Verhalten auslöst
- Gewalt gegen Kinder – ein Phänomen der sozialen Unterschicht?
- Gewaltkriminalität in urbanen Großsiedlungen und mögliche Lösungen, dargestellt an einem selbstgewählten Beispiel
- Organisation und „Kultur" der Graffiti-Täter und Phänomenologie ihrer Aktionen
- Analyse des Labeling-Ansatzes zur Klärung der Frage, ob Kriminalität ein Randgruppen- bzw. Unterschichtphänomen ist

- Jugendliche Intensivtäter – ein spezielles kriminologisches Handlungsfeld für die Polizei?

Kriminologische Themen haben einen starken Bezug zur Soziologie einschließlich Politikwissenschaft (z. B. „Community Policing und lokale Problembearbeitung“) und zur pädagogischen Psychologie, sodass sich daraus bereits ergibt, dass der Schwerpunkt eines Themas in diesen Fachgebieten liegen könnte. Da außerdem ein kriminologisches Aufbaustudium häufig im Zusammenhang mit der Rechtswissenschaft steht, kann ein Arbeitsthema auch hauptsächlich juristisch untersucht werden. 144

Ähnliches ergibt sich für die nachfolgenden Themen der Verkehrslehre, da eine Abgrenzung zum Verkehrsrecht ohnehin schwer ist. 145

1.5 Themen aus dem Fach Verkehrslehre

Elf Themen werden zum Gebiet der Verkehrslehre vorgeschlagen. 146

- Aktive und passive Systeme einschließlich automatisierter Grenzkontrollen zur Verhinderung von Kfz-Verschiebung
- Aggression als Verhaltensphänomen im Straßenverkehr
- Amtliche Kennzeichen im Wandel der Zeit und deren Fälschungssicherheit zur Verhinderung von Fahrzeugverschiebungen
- Anwendung straßenverkehrsrechtlicher Befugnisse für die Polizei, insbesondere bei der Anwendung der Sondervorschriften
- Aufgaben- und Zuständigkeitsverteilung zwischen Bundes- und Landespolizei bei Verkehrsunfällen auf Bahnübergängen
- Ältere Menschen im Straßenverkehr – eine Zielgruppe für besondere Schulungsmaßnahmen?
- Führen Lenk- und Ruhezeiten zur Beeinträchtigung der Einsatzbereitschaft der Polizei?
- Rechtslage, Erscheinungsformen und Hintergründe zur Kriminalitätslage „Manipulierte Verkehrsunfälle“
- Aufgaben und Befugnisse der Bundespolizei nach geltenden gefahrgutverkehrsrechtlichen Vorschriften für ihre polizeiliche Kontrolle des grenzüberschreitenden Gefahrgutstraßenverkehrs
- Analyse zu Stauursachen und Staugefahren sowie Vorschläge zur Stauvermeidung im Straßenverkehr
- Polizeiliche Zuständigkeiten im Zusammenhang mit dem Transport von Tieren mit Straßenfahrzeugen

Das Thema „Aggression als Verhaltensphänomen im Straßenverkehr“ trägt eindeutig auch einen psychologischen Schwerpunkt, das Thema „Rechtslage, 147

Erscheinungsformen und Hintergründe zur Kriminalitätslage ‚Manipulierte Verkehrsunfälle'" könnte aus kriminalistischer oder kriminologischer Sicht analysiert werden. Schließlich könnte „Aktive und passive Systeme einschließlich automatisierter Grenzkontrollen zur Verhinderung von Kfz-Verschiebung" auch als polizeitechnisches Thema (s. u. Kap. 4.1) konzipiert werden.

148 Wie bereits eingangs angesprochen, könnten einige Themen auch einzelnen nachfolgenden Fächern der Rechtswissenschaft zugeordnet werden. Zum Beispiel ist das Thema „Aufgaben- und Zuständigkeitsverteilung zwischen Bundes- und Landespolizei bei Verkehrsunfällen auf Bahnübergängen" eindeutig auch ein Rechtsthema, das dem Fach Allgemeines und Besonderes Polizeirecht zugeschlagen werden könnte.

2 Themen aus dem Studiengebiet Rechtswissenschaft

149 Das Studiengebiet Rechtswissenschaft teilt sich in das besonders umfangreiche Fachgebiet Einsatzrecht sowie in das Fach Öffentliches Dienstrecht.

2.1 Themen aus dem Fachgebiet Einsatzrecht

150 Das Einsatzrecht setzt sich zusammen aus dem Allgemeinen Verwaltungsrecht, dem Allgemeinen und Besonderen Polizeirecht, Strafrecht, Strafprozessrecht, Ordnungswidrigkeitenrecht und dem Bürgerlichen Recht.

2.1.1 Themen zum Fach Allgemeines Verwaltungsrecht

151 Zwölf Themen sind zum Fach Allgemeines Verwaltungsrecht ausgewählt.

- „Pflichtgemäßes Ermessen" als Grundlage polizeilicher Entscheidungen und seine Grenzen
- Ausbildung und Einsatz von Angehörigen der Bundespolizei im internationalen Rahmen
- Die Verhältnismäßigkeit des finalen Rettungsschusses
- Einsatzrechtliche Betrachtungen der präventivpolizeilichen Vorladung
- Rechtliche Probleme des polizeilichen Schusswaffengebrauchs an Bord von Flugzeugen
- Rechtliche und praktische Probleme beim Einsatz besonderer technischer Observationsmittel wie dem Global Positioning Systems (GPS)

- Rechtliche und praktische Probleme von Aussteiger- und Zeugenschutzprogrammen
- Rechtsprobleme beim Einsatz von Bundespolizeibeamten nach § 11 BPolG und das Verhältnis zur allgemeinen Amtshilfe
- Rechtsprobleme des Schusswaffengebrauchs gegen Tiere und Sachen
- Die Zuständigkeiten von Bundes- und Landesbehörden in der Nordsee
- Voraussetzungen und Grenzen für den Schutz privater Rechte durch die Polizei
- Zur Bedeutung der „öffentlichen Ordnung" im Polizeirecht

Einzelne Themen können auch anderen Fächern zugeordnet werden, insbesondere dem nachfolgenden Katalog zum Fach Allgemeines und Besonderes Polizeirecht. 152

2.1.2 Themen zum Fach Allgemeines und Besonderes Polizeirecht

Zwanzig Themen werden zum Fach Allgemeines und Besonderes Polizeirecht aufgeführt. 153

- Rechtliche Aspekte im Zusammenhang mit Versammlungen nach dem Versammlungsgesetz im Zuständigkeitsbereich der Bundespolizei
- Die Unterstützung der Länder durch die Bundespolizei nach geltendem Recht mit typischen Anwendungsbeispielen aus der polizeilichen Praxis
- Rechtliche Problematik des Einsatzes von „verdeckten Ermittlern" und „V-Leuten" durch die Polizei
- Rechtliche Probleme bei der bahnpolizeilichen Aufgabenerfüllung in präventiver als auch in repressiver Hinsicht
- Rechtsprobleme auf der Polizeiwache, wenn Raucher und Nichtraucher Dienst tun
- Rechtliche Schnittstellenproblematik bei Sicherheitskooperationen der Polizei mit privaten Sicherungsunternehmen
- Rechtliche und praktische Probleme bei Einreisebegehren mit erschlichenen Visa
- Rechtsproblematik zwischen dem Verweis nach Hausrecht und dem Platzverweis nach dem Polizeigesetz (z. B. § 38 BPolG)
- Abgrenzungsprobleme von präventivem und repressivem Tätigwerden der Polizei unter Berücksichtigung der einschlägigen Vorschrift aus dem Polizeigesetz
- Die Befugnisse des Generalbundesanwalts im System des landespolizeilichen Ermittlungs- und Strafverfolgungssystems
- Die Bekämpfung der Internet-Kriminalität als polizeiliche Aufgabe
- Untersuchung der datenschutzrechtlichen Schranke polizeilicher Datenerhebung im Polizeigesetz (SH)

- Rechtsprobleme des Verbringungsgewahrsams als polizeiliche Eingriffsmaßnahme
- Die Zukunft der bayerischen Grenzpolizei
- Rechtliche Analyse der Aufenthaltserlaubnis nach dem Aufenthaltsrecht und der Visa-Erteilung nach den Schengener Abkommen
- Die polizeiliche Zusammenarbeit an der deutsch-niederländischen Grenze: Rechtliche Grundlagen und Polizeipraxis
- Theorie und Praxis der Zusammenarbeit zwischen Landespolizei, Bundespolizei und Zoll bei der Ein- und Ausfuhr von Waffen und Betäubungsmitteln
- Problemfeld „Entschädigungsansprüche“ gegen die Landespolizei
- Abgrenzungsprobleme bei freiheitsbeschränkenden und freiheitsentziehenden Maßnahmen im Aufenthaltsrecht
- Die förmlichen und nichtförmlichen Rechtsbehelfe gegen präventive polizeiliche Maßnahmen

154 Auch in dieser Auflistung könnten einzelne Themen anderen Fächern zugeordnet werden, insbesondere der nachfolgenden Liste zum Fach Strafrecht.

2.1.3 Themen zum Fach Strafrecht

155 Zehn Themen sind zum Fach Strafrecht ausgestellt.

- Die Abgrenzung von Raub gegen räuberische Erpressung
- Die Jugendstrafe nach dem JGG und die Alternativen zum Strafvollzug
- Die Strafbarkeit verabredeter Kampfhandlungen zwischen Hooligans mit Inkaufnahme von Körperverletzungen
- Rechtliche Bewertung und Einordnung von schwerer, mittlerer und leichter Kriminalität
- Rechtliche Bewertung der möglichen Verletzung von Strafnormen durch Graffiti auf Eisenbahnwaggons
- Die strafrechtliche Irrtumsproblematik aus der Sicht ermittelnder PVB
- Rechtlicher Vergleich der Straftaten gegen die Sicherheit des Bahn- und Luftverkehrs (§§ 315, 315a StGB) gegenüber der Straftaten gegen die Sicherheit des Straßenverkehrs (§§ 315b, 315c StGB)
- Möglichkeiten und Probleme der Beweiserhebung bei Erscheinungsformen der Gewässerverunreinigungen gem. §§ 324 ff. StGB
- Erscheinungsformen von Straftaten im Bereich der Autobahnpolizei am Beispiel einer selbst erwählten Organisationseinheit
- Rechtliche Würdigung der Strafbarkeit der Fälschung von Ausweispapieren anhand konkreter Fallbeispiele

Die aufgelisteten Themen zum Fach Strafrecht haben teilweise Bezug zu anderen Fächern, z. B. „Die Jugendstrafe nach dem JGG und die Alternativen zum Strafvollzug“ zur Kriminologie. Das Thema „Möglichkeiten und Probleme der Beweiserhebung bei Erscheinungsformen der Gewässerverunreinigungen gem. §§ 324 ff. StGB“ könnte auch im nachstehenden Katalog zum Fach Strafprozessrecht aufgenommen werden. 156

2.1.4 Themen zum Fach Strafprozessrecht

Zehn Themen betreffen das Fach Strafprozessrecht. 157

- Die Genomanalyse als Maßnahme der Strafverfolgungsvorsorge unter besonderer Berücksichtigung der sog. DNA-Analyse-Datei des Bundeskriminalamtes
- Die Pflicht von Polizeivollzugsbeamtinnen und -beamten zur Strafverfolgung außerhalb des Dienstes
- Die rechtlichen Problematiken der Einsatzmöglichkeiten von nicht offen ermittelnden Polizeibeamten (NoeP) im repressiven Bereich
- Die zwangsweise Anwendung von Brech- und Abführmitteln oder Magensonden im Rahmen repressiver Maßnahmen
- Die strafprozessuale Überwachung des Fernmeldeverkehrs in der polizeilichen Praxis unter Berücksichtigung der neueren Urteile des BVerfG
- Rechtliche Betrachtung der Vermummung unter dem Aspekt der Strafverfolgung von Straftätern und der Informationsgewinnung von PVB
- Rechtliche, kriminalistische und psychologische Aspekte bei der Vernehmung von Beschuldigten durch die Polizei im Strafverfahren
- Die Verwertung von Erkenntnissen aus präventiven Lauschangriffen der Polizei im Rahmen der Strafverfolgung
- Die Problematik sog. „Begleiteingriffe“ beim Einsatz „technischer Mittel“ als „implizierte Eingriffsbefugnisse“ im Rahmen von Ermittlungsverfahren
- Fallgruppen, Rechtsgrundlagen und Verfahrensweisen bei Freiheitsentziehungen durch die Bundespolizei aufgrund von Ausschreibungen im INPOL und SIS

Weitere Themen für wissenschaftliche Abschlussarbeiten aus dem Polizeibereich sind denkbar. Dagegen sind Themen zum nachfolgenden Fach Ordnungswidrigkeitenrecht schwerer zu finden. 158

2.1.5 Themen zum Fach Ordnungswidrigkeitenrecht

Acht Themen werden zum Fach Ordnungswidrigkeitenrecht vorgeschlagen. 159

- Rechtliche Bewertung einer Eilzuständigkeit der Bundespolizei bei der Verfolgung von Ordnungswidrigkeiten
- Praktische und rechtliche Probleme bei der Verfolgung von Ordnungswidrigkeiten im bahnpolizeilichen Aufgabenbereich
- Sanktionen bei Ordnungswidrigkeiten im Straßenverkehr: Ein Vergleich zu anderen EU-Staaten unter Berücksichtigung ihrer Wirkung auf die Verkehrsteilnehmer
- Rechtliche Betrachtung von Ordnungswidrigkeiten im Zusammenhang mit der Missachtung eines Haltegebots an einer Kontrollstelle
- Die „Verunstaltung" im Zusammenhang mit Graffiti und „wilder" Plakatierung als neuer Tatbestand im Ordnungswidrigkeitenrecht
- Zur Frage der praktischen Durchsetzung des Leinenzwangs bei Hunden nach der Landes-Hundeverordnung mit den Mitteln des Ordnungswidrigkeitenrechts
- „Pflichtgemäßes Ermessen" als Grundlage polizeilicher Entscheidungen bei geringen Höchstgeschwindigkeitsüberschreitungen von weniger als 8 km/h
- Theorie und Praxis der Ahndung von Ordnungswidrigkeiten durch Schiffsführer auf Binnengewässern

160 Das Thema „Die ‚Verunstaltung' im Zusammenhang mit Graffiti und ‚wilder' Plakatierung als neuer Tatbestand im Ordnungswidrigkeitenrecht" könnte mit anderem Schwerpunkt zum nachfolgenden Fach Bürgerliches Recht aufgelistet werden.

2.1.6 Themen zum Fach Bürgerliches Recht

161 Sechs Themen betreffen das Fach Bürgerliches Recht. Zwar können allgemeine Themen zu diesem Fach relativ leicht gefunden werden. An Hochschulen für die Polizei wird aber die Herstellung des Polizeibezugs gewünscht, sodass sich die Themenfindung schwieriger gestaltet.

- Die sachenrechtliche Bewertung von Eigentum und/oder Besitz des Diensthundeführers an seinem Diensthund in Bezug auf außerdienstliche Hundeausbildung im Bereich der privaten Hundevereine und des Jagdwesens
- Rechtsprobleme bei der Verwendung privater Personalcomputer (PC) im Dienst
- Grenzen des Schutzes privater Rechte durch die Polizei
- Die Bedeutung der Amtspflichtverletzung nach § 839 BGB in der polizeilichen Praxis

- Sachbeschädigungen durch Polizeibeamte als „Geschäftsführung ohne Auftrag“ bei Unglückfällen
- Systematische Darstellung zivilrechtlicher Entschädigungsansprüche gegen die Landespolizei

Das Thema „Die Bedeutung der Amtspflichtverletzung nach § 839 BGB in der polizeilichen Praxis“ könnte einerseits auch innerhalb der Gesellschaftswissenschaften im Fach Staats- und Verfassungsrecht vergeben werden, wenn die Problematik des Art. 34 GG stärker betont würde. Andererseits könnte dieses Thema, da Amtspflichtverletzungen Dienstvergehen sind, auch dem nachfolgenden Themenbereich des Öffentlichen Dienstrechts zugefügt werden. **162**

2.2 Themen aus dem Fachgebiet Öffentlichen Dienstrecht

Das Öffentliche Dienstrecht wird an Polizeihochschulen vom Einsatzrecht abgegrenzt und selbstständig geführt. Es kann in drei Bereiche gegliedert werden, nämlich in das Beamtenrecht, das Disziplinarrecht und das Personalvertretungsrecht. **163**

2.2.1 Themen zum Fach Beamtenrecht

Zehn Themen werden zum Beamtenrecht vorgestellt. **164**

- Die Systematik der Rechtsschutzmöglichkeiten im Beamtenrecht
- Die Geschichte des Berufsbeamtentums unter besonderer Berücksichtigung des Polizeiberufs
- Rechtliche Stellung, Aufgaben und Befugnisse der grenzpolizeilichen Unterstützungskräfte (GUK)
- Verfassungsrechtliche Untersuchung zur Pflicht des Beamten zur Verfassungstreue nach § 60 Abs. 1 BBG
- Beamtenrechtliche Probleme bei der Versetzung von PVB nach § 28 BBG (bzw. landesrechtlicher Vorschrift)
- Theorie und Praxis der Remonstration in Polizeiorganisationen, dargestellt an einer selbst gewählten Dienststelle
- Die Wahrheitspflicht im Beamtenrecht
- Vergleich der Entwicklung und Rechtsstellung der Freiwilligen Feuerwehr und der Berufsfeuerwehr
- Leistungsbescheid, Klage und Rechtsweg bei der Haftung des Beamten
- Die Haftung des Dienstherrn gegenüber dem Beamten in der polizeilichen Praxis

165 Die aufgeführten Themen haben teilweise inhaltlich eine Nähe zum nachfolgenden Disziplinarrecht.

2.2.2 Themen zum Fach Disziplinarrecht

166 Zehn Themen sind dem Disziplinarrecht zuzuordnen.

- Disziplinarrechtliche Grenzen parteipolitischer Aktivitäten von Polizeivollzugsbeamten
- Disziplinarrechtliche Würdigung eines Polizeivollzugsbeamten bei außerdienstlicher Kenntnis von Straftaten
- Dienstvergehen bei alltäglichen Amtshandlungen der Polizei, die Entschädigungsansprüche auslösen können
- Die Verjährung im Disziplinarrecht
- Welche Kosten verursachen Disziplinarverfahren? Eine rechtliche Würdigung anhand des Bundesdisziplinargesetzes
- Theorie und Praxis der disziplinarrechtlichen Ahndung „Radikaler" im öffentlichen Dienst
- Handlungsmöglichkeiten und Grenzen des Dienstvorgesetzten im vordisziplinaren Raum.
- Rechtliche Möglichkeiten der Anwendung verwaltungsprozessualer Rechtsschutzmöglichkeiten im Disziplinarrecht
- Kriterien der Auswahl und Bemessung von Disziplinarmaßnahmen unter besonderer Berücksichtigung der Situation in der Bundespolizei
- Rechtliche und praktische Probleme zur Frage der Angemessenheit von Disziplinarmaßnahmen nach erfolgter strafgerichtlicher Verurteilung

167 Nach der Auflistung von Themen zum Beamten- und Disziplinarrecht sind im Rahmen des Öffentlichen Dienstrechts Themen zum Personalvertretungsrecht abschließend aufzuführen.

2.2.3 Themen zum Fach Personalvertretungsrecht

168 Sieben Themen sind zum Personalvertretungsrecht ausgewählt. Auch hier gestaltet sich die Themenfindung schwieriger.

- Rechtliche und politische Würdigung der Rolle der Gleichstellungsbeauftragten in Prüfungskommissionen an Polizeihochschulen
- Die Mitwirkung der Personalvertretung bei der Privatisierung polizeilicher Aufgaben
- Rechtsprobleme im Zusammenhang mit der Einstellung von Personen in den öffentlichen Dienst, die „HIV positiv" sind

- Rechtliche Würdigung der Frage einer Bildung von Personalräten bei Auslandseinsätzen der Polizei
- Die Mitwirkung von Personalvertretungen zur Bekämpfung von Mobbing auf polizeilichen Dienststellen
- Die Kompetenzen von Führungskräften von Polizeibehörden in Personalentscheidungen
- Die Erstellung eines Konzepts zur Einführung von regelmäßigen, strukturierten Mitarbeitergesprächen durch die Personalvertretung

Nach den Themen aus dem Studiengebiet Rechtswissenschaft sind solche aus 169
dem Studiengebiet Gesellschaftswissenschaften aufzuführen.

3 Themen aus dem Studiengebiet Staats- und Gesellschaftswissenschaften

In Anlehnung an die Prüfungsordnung für den gehobenen Polizeivollzugs- 170
dienst bei der Bundespolizei sind zu Gesellschaftswissenschaften die Fächer Staats- und Verfassungsrecht, Politikwissenschaft, Völkerrecht, Politisches System der Europäischen Union, Psychologie, Didaktik als Teil der Pädagogik sowie Technik Wissenschaftlichen Arbeitens zu nennen. Dazu müssen weitere wissenschaftliche Disziplinen hinzutreten, die in wissenschaftlichen Abschlussarbeiten an Polizeihochschulen eine Rolle spielen können. Dies sind insbesondere die Sozialwissenschaften, die etwa im Fall der Soziologie eine Nähe zur Kriminologie aufweist.

3.1 Themen aus dem Fachgebiet Staats- und Verfassungsrecht

Vierzehn Themen sind zum Fach Staats- und Verfassungsrecht aufgeführt. 171

- Der finale Rettungsschuss aus verfassungsrechtlicher Sicht
- Polizeiliche Zuständigkeitsprobleme durch die bundesstaatliche Ordnung der Bundesrepublik Deutschland
- Die Funktion der Freiheitsgrundrechte als Ausdruck einer „objektiven Werteordnung“ im historischen Prozess
- Die Kommunikationsgrundrechte der Bevölkerung im polizeilichen Alltag
- Die Verfassungsgerichtsbarkeit in der deutschen Gesellschaft und seine Bedeutung für die Aufgaben der Polizei
- Der Einfluss der Staatsrechtslehre auf die Rechtsprechung des Bundesverfassungsgerichts

- Zwischen Bürgerfreiheit und Sicherheitsgefühl – ausgewählte Grundrecht-Rechtsprechung im Bereich „Innere Sicherheit“
- Indemnität und Immunität nach Art. 46 GG aus polizeipraktischer Sicht
- Ausgewählte präventive polizeiliche Maßnahmen bei Großereignissen wie die Fußballweltmeisterschaft und ihre Vereinbarkeit mit den Grundrechten
- Die Vereinbarkeit eines lebenslangen Freiheitsentzugs mit der Würde des Menschen
- Die Vereinbarkeit der Errichtung einer Gen-Datenbank, in die vorsorglich alle Neugeborenen aufgenommen werden, mit der Verfassung
- Verfassungsrechtliche Probleme des Einsatzes der Bundeswehr zur polizeilichen Gefahrenabwehr im Sinne des § 14 Luftsicherheitsgesetz
- Verfassungsrechtliche Untersuchung, ob die „Sicherheit auf Bundesautobahnen“ als polizeiliche Aufgabe der Bundespolizei zugeordnet werden sollte
- Gilt das „Folterverbot“ für die Polizei absolut? Darstellung des Für und Wider in der Literatur mit Schlussfolgerung für die polizeiliche Praxis

172 Die einzelnen Themen könnten teilweise auch in den nachfolgenden Katalog der Themen zum Fach Politikwissenschaft aufgeführt werden.

3.2 Themen aus dem Fachgebiet Politikwissenschaft

173 Fünfzehn Themen werden zum Fach Politikwissenschaft vorgeschlagen.

- Die Verwendung der Bundeswehr außerhalb ihres Verteidigungsauftrages für polizeiliche Aufgaben
- Auswirkungen des weltweiten islamistischen Terrors auf die Arbeit der Polizei in Deutschland
- Mögliche Auswirkungen von Auslandseinsätzen der Bundeswehr mit sog. „robustem Mandat“ auf die innere Sicherheit der Bundesrepublik Deutschland
- Die Entwicklung des Rechtsextremismus und seines Gewaltpotentials von 2002 bis 2007 und seine Auswirkungen auf die Tätigkeit der Polizei
- Die Auswirkungen von Menschenrechtsverletzungen in China auf die Innere Sicherheit in Deutschland
- Der Einfluss der Massenmedien auf politische Entscheidungen, die Auswirkungen auf die Polizeiarbeit haben können
- Geschichte der Polizei in Sachsen-Anhalt im 20. und 21. Jahrhundert
- Möglichkeiten präventiver Maßnahmen der Polizei zur Verhinderung rechtsextremer Gewalt

- Möglichkeiten und Grenzen der Entwicklungshilfe als Instrument zur Eindämmung weltweiter Migration
- Der Einfluss von Sekten auf die innenpolitische Lage der Bundesrepublik Deutschland
- Die aktuelle Bedrohungslage durch den Linksextremismus aus polizeilicher Sicht
- Politische Bildung bei der Polizei im Vergleich der Studienpläne der Polizeihochschulen des Bundes und der Länder
- Wer ist al-Qaida? Eine aktuelle Bestandsaufnahme zum Internationalen Terrorismus
- Zur Frage der Multikulturalisierung der Personalstruktur der Polizei als Spiegelbild der Gesellschaft und Antwort auf die Globalisierung der Kriminalität
- Der Wandel von innerer und äußerer Sicherheit seit dem 11. September 2001

Weitere Themen zur Politikwissenschaft sind denkbar; hier spielen aktuelle 174
Lagen der inneren und/oder äußeren Sicherheit eine Rolle für neue Themen. Ähnliches kann auch für Themen aus dem nachfolgenden Fach Völkerrecht gelten.

3.3 Themen aus dem Fachgebiet Völkerrecht

Neun Themen sind zum Fach Völkerrecht ausgewählt, das in den Studienplä- 175
nen an Polizeihochschulen oft nur ein kleines Lehrstundenkontingent hat.

- Das Lagebild Piraterie im Völkerrecht
- Das Krisengebiet östlich des Kaspischen Meeres: Ursachen der Krise, Lagebild und Ausblick auf zukünftige Entwicklungen
- Voraussetzungen für die zwangsweise Überstellung eines deutschen Polizeibeamten zum Internationalen Strafgerichtshof nach Völkerrecht
- Die NATO – Ein Verteidigungsbündnis im Wandel
- Die Transformation von völkerrechtlichen Verträgen in innerstaatliches deutsches Recht sowie deren Bindungswirkung für die Polizei
- Politische, verfassungs- und völkerrechtliche Aspekte für Auslandseinsätze der Bundespolizei in afrikanische Krisengebiete
- Theorie und Praxis der Nutzung personenbezogener Daten im Polizeibereich nach den Empfehlungen des Ministerkomitees des Europarats
- Die nachträgliche Anordnung der Sicherungsverwahrung zwischen BGH, BVerfG und EGMR – Problem und Lösungsweg
- Bilaterale Völkerrechtsverträge in der polizeilichen Praxis im Vergleich am Beispiel des Deutsch-Französischen Vertrags über die Zusammenar-

beit der Polizei- und Zollbehörden sowie dem Deutsch-Schweizer Polizeivertrag

176 Einige der genannten Themen können auch anderen Fächern zugeordnet werden. Ähnliche Themen wie hier zum Völkerrecht können auch zum nachfolgenden Fach Politisches System der Europäischen Union entwickelt werden.

3.4 Themen aus dem Fachgebiet Politisches System der Europäischen Union

177 Elf Themen betreffen das Politische System der Europäischen Union.

- Auswirkungen des Schengener Durchführungsübereinkommens (SDÜ) auf die bundespolizeiliche Aufgabe „Grenzschutz“
- Die Bedeutung von Europol für die grenzüberschreitende europaweite Verbrechensbekämpfung
- Theorie und Praxis gemeinsamer Ermittlungsgruppen in der EU nach dem Rahmenbeschluss des Rates
- Politisches Ziel von Eurojust unter Berücksichtigung des Beschlusses des Rates über seine Errichtung zur Verstärkung der Bekämpfung der schweren Kriminalität
- Wirkungen von OLAF auf die europäische Betrugsbekämpfung
- Die Grundrechtscharta der Europäischen Union im Vergleich zum Grundrechtskatalog des Grundgesetzes
- Die Errichtung einer Europäischen Grenzschutzagentur: Politisches Ziel und aktuelle Entwicklung
- Die Vereinbarkeit der Übermittlung von personenbezogenen Daten durch Europol an Drittstaaten mit deutschem Verfassungsrecht
- Die Urteile des Bundesverfassungsgerichts zur Europäischen Integration
- Die Vereinbarkeit der „Schleierfahndung“ als Ausgleichsmaßnahme zum Wegfall von Grenzkontrollen mit dem Abkommen über die Reisefreiheit in Europa
- Maßnahmen der Europäischen Union zur Bekämpfung des Terrorismus seit Ende 2001

178 Weitere Themen lassen sich zu diesem Fachgebiet aus den weiteren Entwicklungen der Institutionen herleiten, als Beispiel sei nur der Europäische Haftbefehl genannt.

3.5 Themen aus dem Fachgebiet Psychologie

179 Fünfzehn Themen sind zum Fach Psychologie aufgeführt.

- Anlässe, Möglichkeiten und Grenzen der Vorbereitung und Betreuung, wenn Polizeibeamte Todesnachrichten überbringen
- Untersuchungen zur Geschlechtergerechtigkeit in der Polizeidirektion ...
- Diskrepanzen zwischen Persönlichkeitskonzepten beim Selbst- und Fremdbild von Polizeivollzugsbeamten
- Führt der Laufbahnaufstieg in der Polizei notwendig zu affektiven Veränderungen der Beamtin bzw. des Beamten
- Angst im Polizeiberuf – Möglichkeiten zu ihrer Überwindung bei typischen Gelegenheiten für Angst
- Zur Frage der Zusammenhänge zwischen gesunder Lebensführung und Belastungserleben als Faktoren der Saluto- oder Pathogenese im Schichtdienst
- Ursachen, Erscheinungsbild und Möglichkeiten zum Abbau von Aggression bei Polizeivollzugsbeamten
- Handlungsmöglichkeiten von Polizeiführungskräften bei Absentismus, der auffällig häufigen Abwesenheit von Mitarbeitern
- Ausmaß und Intensität langfristiger Veränderungen in der Persönlichkeit als Indikator für psychische Nachsorgemaßnahmen nach Großschadensereignissen
- Die Bedeutung der Kinesik für das Konfliktmanagement im polizeilichen Alltag
- Typische Verhaltensmerkmale zum frühzeitigen Erkennen individueller und kollektiver Gewaltbereitschaft beim polizeilichem Gegenüber
- Analyse und Weiterentwicklung von Handlungskonzepten im polizeilichen Umgang mit schizophrenen Personen
- Möglichkeiten primärer Prävention durch die Methodik des „Profilings" für „Sprayer"
- Zur Frage des Zusammenhangs von „Familie" und „Kriminalität"
- Die „Critical Incident Technique" als Element eines Assessment Center zur Verbesserung der Eignungsprognose für Bewerber/innen zum gehobenen Polizeivollzugsdienst

Gerade zu Psychologie lassen sich weitere Themen für wissenschaftliche Ab- **180**
schlussarbeiten leicht finden, da die Polizeipsychologie einen hohen Stellenwert bei den Vollzugsaufgaben hat. Wenn auch nicht ganz so leicht, lassen sich didaktische Themen mit Polizeibezug – wie nachfolgend zehn aufgelistet – deshalb gut formulieren, weil didaktische Prozesse in der Polizeipraxis an der Tagesordnung sind.

3.6 Themen aus dem Fachgebiet Pädagogik, insbesondere Didaktik

181 Zwölf Themen sind zum Fach Pädagogik ausgewählt, insbesondere aus dem Bereich der Didaktik.

- Urheberrechtliche Probleme bei der Verwendung privat aufgezeichneter Fernsehsendungen in der dienstlichen Aus- und Fortbildung
- Gemeinsamkeiten und Unterschiede von Lerntheorien in den Laufbahnen der Landespolizei von Brandenburg
- Didaktisches Konzept eines Bachelor-Studiengangs für den Führungskräftenachwuchs der Polizei
- Effekte des Trainings zum Ausbau sozialer Kompetenz für die polizeiliche Aufgabenerfüllung im mittleren Polizeivollzugsdienst
- Merkmale für eine handlungsorientierte Didaktik des Rechtskundeunterrichts in der Ausbildung zum mittleren Polizeivollzugsdienst
- Kriminalitätsprävention an Schulen: Dargestellt an einer ausgearbeiteten Projektarbeit zum Thema Graffiti an Bahnhöfen
- Darstellung lernbiologischer Voraussetzungen als Grundlage zur Effektivierung des Lernprozesses
- Die Bedeutung der Adressatenanalyse zur Optimierung des Ausbildungsunterrichts im mittleren Polizeivollzugsdienst
- Zur Frage der Optimierung des Lernerfolgs durch den Einsatz neuer Medien
- Der Einsatz von Kreativtechniken (z. B. „Brainstorming", „Mind-Mapping" oder „Methode 635") bei Lehrveranstaltungen an Polizeihochschulen
- Möglichkeiten der Verbesserung des Verfahrens der Laufbahnprüfung für den gehobenen Polizeivollzugsdienst in der Bundespolizei
- Die Frage der Vereinbarkeit der Absolvierung des Masterstudiengangs Kriminologie und Polizeiwissenschaft in Bochum als Fernstudium in 4 Semestern unter der Bedingung des polizeilichen Schichtdienstes

182 Den genannten elf Themen aus dem Bereich Pädagogik folgen abschließend einige Themen aus den Sozialwissenschaften, insbesondere der Soziologie und Nachbarwissenschaften.

3.7 *Themen aus den Fachgebieten Sozialwissenschaften, insbesondere Soziologie und Nachbarwissenschaften*

Fünfzehn Themen sind aus dem sozialwissenschaftlichen Bereich im weiten **183**
Sinne ausgewählt.

- Auswirkungen einer problematischen Sozialstruktur in benachteiligten Wohngebieten auf die Kriminalitätsrate
- Das Leitbild als Auslaufmodell bei gesellschaftlichen Entwicklungen, dargestellt an „The Dutch Dilemma", dem problematischen Paradigmenwechsel in der Niederländischen Polizei
- Das Kommunikationstrainingsprogramm „Verbal Judo" zur Optimierung der Polizeiarbeit
- Das Bundesmodellprogramm „Entwicklung und Chancen junger Menschen in sozialen Brennpunkten" als Nutzen für die Polizei
- Was ist „Nachbarschaft"? Potenziale von nachbarschaftlichen Beziehungen für Ausbrüche von Gewalt
- Der Einfluss des Familienstands auf den berufsbedingten Stress bei Polizeibeamten
- Bewohnerbeteiligung, Problemorientierung und institutionenübergreifende Kooperation zur stärkeren Vernetzung der polizeilichen Arbeit mit den Nachbarschaften
- „Einmal Verbrecher, immer Verbrecher?" Eine Jungtäter-Vergleichs-Untersuchung zur Kriminalität im Lebenslauf
- Der Zusammenhang der Sichtbarkeit von Polizeibeamten und Kriminalitätsfurcht
- Der Einfluss von Vergeltung als Mechanismus sozialer Kontrolle
- Das Für und Wider den Platzverweis bei Gewalt in der Familie
- Untersuchungen zur sog. „Armutskriminalität"
- Die Bedeutung der wahrgenommenen Emotionalität in Aussagen für die Beurteilung der Glaubhaftigkeit
- Der britische Plan von Hilfen und Strafen zur Ausrottung „antisozialen Verhaltens" – Ein Modell für Deutschland?
- Anforderungen an die Qualität der Planung, Durchführung und Bewertung kriminalpräventiver Projekte

Weitere Themen ließen sich finden.[1]

---

1 Aktuelle Themenideen bietet zum Beispiel der „Polizei-Newsletter", der kostenlos im Internet bestellt werden kann. Zurückliegende Newsletter können außerdem online im Web unter http://www.polizei-newsletter.de (Abruf: 10.10.2014) eingesehen werden.

184 Nicht unmittelbar den bisher genannten Studienbereichen Polizeiführungswissenschaft, Rechtswissenschaft und Gesellschaftswissenschaften des Studiums an Polizeihochschulen zugerechnet sind die Polizeitechnik und der Polizeisport, die aber dennoch eine wesentliche Rolle in der polizeilichen Praxis spielen. Daher sind Themen zu diesem Bereich auch für wissenschaftliche Abschlussarbeiten geeignet.

4 Themen aus den Bereichen Technik und Sport

185 Für die Bereiche Technik und Sport kommen für wissenschaftliche Abschlussarbeiten als Korrektorinnen und Korrektoren speziell ausgebildete Fachlehrer/innen in Betracht, insbesondere Ingenieure und Diplom-Sportlehrer. Wenn sie im Einzelfall nicht zur Verfügung stehen, sollten Studierende den Schwerpunkt ihrer Arbeit in die Geisteswissenschaft verlagern (besonders bei den Sportthemen geeignet) oder sich an Dozentinnen oder Dozenten der Einsatzlehre wenden, soweit es um technische Arbeitsthemen geht.

4.1 Themen zur Polizeitechnik

186 Zehn Themen sind zur Polizeitechnik beispielhaft aufgelistet.

- Probleme bei der Einführung des „3-Liter-Autos“ als Einsatzfahrzeug für die Polizei
- Technische Weiterentwicklung der Deformationsgeschosse als zukünftige Munition der Polizei
- Die Herstellung von Ausweispapieren unter besonderer Berücksichtigung sich abzeichnender sicherheitsrelevanter Entwicklungen
- Die Entwicklung des Global Positioning Systems (GPS) als technisches Observationsmittel
- Das digitale Funksystem „TETRA“ als polizeiliches Einsatzmittel
- Die Verbesserung des Sprechfunks durch die Abkehr von der Analog- zur Digitaltechnik
- Anforderungen gemäß technischer Richtlinie, Nachweis durch Erprobung und Bewertung von Erprobungsergebnissen an modernen Pistolen in der polizeilichen Verwendung
- Analyse der elektromagnetischen Verträglichkeit beim Umgang mit Hochfrequenztechnik durch die Verwendung moderner Informations- und Kommunikationstechnik im polizeilichen Einsatz

- Neuentwicklungen der Wärmebildtechnik als Einsatzmittel bei der Polizei
- Der aktuelle Entwicklungsstand moderner Luftschifftechnik vor dem Hintergrund ihres Nutzens zur Bewältigung konkreter polizeilicher Einsatzlagen

Neben diesen technischen Themen für wissenschaftliche Abschlussarbeiten 187
bei der Polizei sind auch noch die nachfolgenden Themen aus dem Polizeisport relevant.

4.2 Themen zum Polizeisport

Zehn Themen sind zum Polizeisport aufgeführt. 188

- Zur Frage der richtigen Kampfsportart zur optimalen Selbstverteidigung bei Polizeieinsätzen
- Entwurf eines Trainings zur Bewältigung von Problemen mit dem Mehrzweckeinsatzstock (MES) bei seiner Anwendung in der Praxis
- Analyse der Notwendigkeit einer Spitzensportförderung in der Bundespolizei
- Sportpsychologische Aspekte der Selbstverteidigungs-Ausbildung bei der Polizei
- Die Auswirkung gesunder Ernährung auf die menschliche Psyche mit dem Ziel höherer sportlicher Leistungen
- Untersuchung, ob effektiver Dienstsport bei der Polizei auch im Schichtsystem möglich ist
- Didaktisches Konzept für eine einsatzbezogene Sportausbildung in der Polizei zur Förderung der Kondition der PVB
- Analyse einer optimalen Ernährung im Ausdauersportbereich für den polizeilichen Einsatz
- Aspekte der Motivation im Sportunterricht in der Ausbildung des gPVD
- Untersuchung des Sportverhaltens und der Einstellung zu sportlicher Aktivität von Beamten der Bundespolizei

Die hier aufgeführten „Sportthemen“ haben oft einen Bezug zur Psychologie 189
oder auch zur Didaktik.

Mit den aufgeführten Beispielsthemen für eine wissenschaftliche Abschluss- 190
arbeit an einer Polizeihochschule lassen sich eigene Ideen für ein Thema finden. Wenn das Thema „steht“, geht es an die Suche nach geeigneter Literatur und/oder Quellen, aus denen alles Wissenswerte geschöpft werden kann. Welche Wege sich für die erfolgreiche Literaturrecherche anbieten, wird im nächsten Teil besprochen.

4. Teil: Erfolgreiche Literaturrecherche unter Berücksichtigung von Datenbanken und Internetsuche

Alle wissenschaftlichen Arbeiten erfordern eine angemessene Berücksichtigung der themenbezogenen aktuellen Literatur und ggf. der Rechtsprechung. Ferner ist Bewertungsgrundlage für Abschlussarbeiten, ob eine Datenbankrecherche erkennbar ist. Denn diese gehört inzwischen zum Alltagswissen. 191

Als erstes sollten die hauseigenen Veröffentlichungen der Lehrenden der eigenen Polizeihochschule durchforstet werden! 192

Insbesondere ist nach der Wahl der Person, welche die Erst- und/oder die Zweitkorrektur vornehmen soll, zu recherchieren, ob diese nicht in Aufsätzen von Fachzeitschriften, Beiträgen in Sammelwerken oder gar in Form von Monographien zum Thema selbst Stellung bezogen hat. Denn nichts ist peinlicher, alle möglichen Autoren in der Arbeit zu Wort kommen zu lassen, aber ausgerechnet den Erstkorrektor nicht. 193

Die meisten Bearbeiter/innen von Abschlussarbeiten an Polizeihochschulen haben zwar regelmäßig eine Internetrecherche in ihrer Arbeit verarbeitet, faktisch handelt es sich aber regelmäßig um die Wiedergabe von Texten aus Websites, die grundsätzlich keine wissenschaftliche Neutralität sondern subjektive Ziele vertreten wollen: Dies sind in erster Linie Websites entsprechender Stellen der Exekutive, von der Regierung bis zur Polizeidienststelle, von Verfassungsorganen des Bundes oder eines Landes (insbesondere Parlamente), von sonstigen öffentlich-rechtlichen Institutionen (z. B. Kirchen) oder von Parteien und Interessengruppen. Zu letzteren gehören vor allem die Polizeigewerkschaften. Zitate aus solchen Websites zeugen nicht von der Kunst einer ordentlichen Datenbankrecherche. 194

Überhaupt ist bei Literatur aus dem Internet Vorsicht geboten. Wer von Websites zitieren will, muss sich über die Seriosität seiner Quelle im Klaren sein. Denn die Websites können von allen möglichen – und auch unmöglichen – Leuten erstellt worden sein. Internetseiten aus dem Ausland lassen sich zumindest in der Regel aus der Endung der Top Level Domain (Internetadresse) ordnen: 195

- „.com“ steht für commercial und wird von Firmen verwendet, die an dem Verkauf von Waren und Dienstleistungen interessiert sind, nicht an objektiver Berichterstattung.

- „.edu“ kürzt educational ab und wird sehr oft für Websites von amerikanischen Universitäten verwendet. Hier sind eingestellte Texte in der Regel als wissenschaftlich fundiert einzustufen, wenn zumindest eine Autorin oder ein Autor genannt ist oder die Uni als Herausgeberin fungiert. Von Privatpersonen verfasste Informationen auf Websites von deutschen Universitäten werden häufig mit dem Zeichen „~;“ gekennzeichnet.
- „.org“ steht für Organisation und wird für Websites von nicht-kommerziellen Organisationen verwendet. Hier muss in Einzelfällen entschieden werden, ob die Information als wissenschaftliche Quelle eingestuft werden kann.
- „.gov“ ist die Abkürzung von governmental. Websites mit dieser Endung gehören einer US-amerikanischen Regierungsbehörde. Inhalte sind jedenfalls als staatstragend einzuordnen. Soweit es sich um Statistiken und Zahlenangaben handelt, können diese aber ohne weiteres verwendet werden.[1]

196 Im Zweifel genügt ein Blick ins Impressum. Gib es keine Hinweise auf den Urheber, ist die Website nicht zitierfähig!

197 Nur eine fundierte Recherche in Katalogen und Datenbanken kann tatsächlich die Gewähr dafür bieten, dass themenbezogene Literatur angemessen berücksichtigt wird. Deshalb werden verschiedene Recherchemöglichkeiten in Katalogen, Datenbanken und Suchmaschinen im Folgenden vorgestellt und auf ihre Tauglichkeit überprüft.

1 Literaturrecherche in Katalogen, Datenbanken und Suchmaschinen

198 Bibliothekskataloge sind Datenbanken von den Werken, welche als Bestand der jeweiligen Bibliothek erfasst sind. Soweit sie sich in der Bibliothek selbst befinden, werden diese Kataloge im nächsten Kapitel (s. u. S. 113) behandelt. In diesem Kapitel steht die Verwendung des Intranets und des Internets im Vordergrund. Für beide Bereiche gelten in Bezug auf erweitere Suchfunktionen Regeln für die Arbeit mit einer Suchmaschine, die bei den meisten in gleicher Weise funktionieren: Es können sog. Operatoren eingesetzt werden, um gezielter zu Suchergebnissen zu gelangen. Solche Operatoren sind

1 Vgl. Langer, Nicole: Schneller und leichter lernen: Referate und Vorträge halten. Gezielt vorbereiten und überzeugend präsentieren, München 2009, S. 30.

- *und, AND* oder + : Zwei oder mehr Begriffe werden ohne Leerzeichen miteinander verbunden und müssen – unerheblich von der Reihenfolge – im zu suchenden Text bzw. auf der Internetseite vorhanden sein.
- *oder, OR* oder / : Zwei oder mehr Begriffe werden ohne Leerzeichen miteinander verbunden; wenigstens einer dieser Begriffe muss im zu suchenden Text bzw. auf der Internetseite vorhanden sein.
- *nicht, NOT* oder - : Es werden nur Seiten bzw. Texte gesucht, bei denen dieser Begriff nicht vorkommt.
- *ADJ* : Es werden nur die Texte und Internetseiten gefunden und angezeigt, bei denen die Suchbegriffe – unabhängig von der Reihenfolge – nebeneinander stehen.
- *BEFORE* : Dieser Begriff legt die Reihenfolge der Suchbegriffe fest, wobei der erste vor dem zweiten stehen muss.[2]

Noch genauer können Suchen operationalisiert werden mit komplexen Suchanfragen und Suchen mittels Phrasen:

- (...) : Komplexe Suchanfragen lassen sich mithilfe von Klammern gestalten, in denen verschiedene Operatoren obiger Definition zum Einsatz kommen, etwa „+Extremismus+Demokratie+(wehrhaft/streitbar)".
- „..." : Setzt man bestimmt Wortfolgen, sog. Phrasen, in Anführungszeichen, wird nur nach Texten gesucht, die diese Phrasen auch wörtlich enthalten, etwa „Extremismus und Gewalt konsequent bekämpfen!".[3]

1.1 Literaturrecherche im Intranet

Für Diplomandinnen und Diplomanden von Hochschulen der Polizeien in Bund und Ländern bietet sich außerdem die Recherche im Intranet der Polizei an. 199

Besonders geeignet ist diese Datenbank auch zur Literatursuche für polizeitechnische Diplomarbeiten, da auch Verschlusssachen (VS-NfD) aus sog. „Grauer Literatur" (s. S. 238) mit ausgewertet werden. 200

Zumindest während der Praktikumsphasen gibt es die Gelegenheit, auch auf das Intranet Zugriff zu erhalten. Unter der Rubrik „EXTRAPOL" lassen sich nicht nur Polizeidienstvorschriften und Leitfäden recherchieren. Vielmehr gibt es auch verschiedene Dienste, die angeboten werden. Zum Beispiel enthält Extrapol Hinweise zur Polizeigeschichte und zu Fortbildungsangebote der Länderpolizeien. Als Literaturrechercheportal für die Suche nach spezieller polizeirelevanter Literatur bietet sich das „Computergestützte Dokumenta- 201

2 Vgl. Langer, a. a. O. (Fn. 1), S. 25 f.
3 Langer, a. a. O. (Fn. 1), ebd.

tionssystem" (COD) des Bundeskriminalamts an, das allen Polizeidienststellen zur Verfügung steht. In dem bundesweiten Informationssystem für polizeiliche Fachliteratur stehen zwei Datenbanken zur Auswahl

- COD – Datenbestand 1950-1998 (Literatur der Veröffentlichungsjahre 1950-1998)
- COD – Datenbestand ab 1999 (Literatur ab Veröffentlichungsjahr 1999).

202 Seit mehr als 30 Jahren werden im Auftrag der Innenministerkonferenz (IMK) die wichtigsten deutschsprachigen polizeirelevanten Zeitschriften, Buchreihen und Tagungsschriften durch die Literaturdokumentation im BKA ausgewertet. COD bietet die Möglichkeit, in einer variablen bzw. festen Suchmaske nach Verfassern, Titeln und/oder Erscheinungsjahren zu recherchieren. Möglich ist auch die Suche nach Inhalten über die Deskriptoren- bzw. Thesaurusrecherche. Seit den 1950er Jahren wurden inzwischen an die 70.000 veröffentlichte Literaturquellen ausgewählt und dokumentiert. Die Mitarbeiterinnen und Mitarbeiter der Literaturdokumentation sichten dafür laufend über 140 Fundstellen. Rund 16.000 Einzelbeiträge werden jährlich auf Dokumentationswürdigkeit überprüft. Jeder Beitrag wird in der Datenbank durch bibliographische Angaben (Autor, Titel und Fundstelle), Deskriptoren, also Suchbegriffe, die den Textinhalt beschreiben, sowie durch eine kurze Inhaltsbeschreibung (Abstract) nachgewiesen.[4] Anlässlich der jährlich wiederkehrenden BKA-Herbsttagung erscheint eine Bibliographienreihe mit einer Literaturauswahl aus der Datenbank zum jeweiligen Tagungsthema. Die Dokumente der COD-Literatur-Reihe stehen auf der Internetseite des BKA www.bka.de zum Download zur Verfügung (Publikationen → Publikationsreihen → Inhaltsverzeichnis → COD-Literatur-Reihe).

203 Alle Originalveröffentlichungen (ohne Bücher) der zweiten Datenbank „COD – Datenbestand ab 1999 (Literatur ab Veröffentlichungsjahr 1999)", die Ende März 2012 an die 23.000 Dokumente im Bestand hatte, werden in elektronischer Form im COD-Digitalarchiv aufbewahrt. Kopien (CODigitalkopie) im pdf-Format können direkt während der Recherche in einen Warenkorb abgelegt und bei der Literaturdokumentation per Bestellformular kostenfrei angefordert werden. Es gibt zwei Suchprogramme, nämlich mit fester und variabler Feldauswahl.

---

4 Ausgewertet werden u. a. auch das Jahrbuch Öffentliche Sicherheit (http://www.jboes.de) und die Schriftenreihe „Schriften zur Bundespolizei" (SzB), die zuvor „Arbeiten zu Studium und Praxis in der Bundespolizei" (ASPiBPOL) hieß. Sie sind im Volltext von der Website http://www.fhbund.de/nn_18526/DE/04__FH__Bund/40__Hochschulzentrale/10__Referat__W/35__Publikationen/25__Schriften__BPOL/schriften__bpol__bpol.html herunterladbar.

1.1.1 COD-Literaturrecherche mit fester Feldauswahl

Bei der COD-Literaturrecherche mit fester Feldauswahl (Abb. 22, S. 95) gibt 204
es fünf verschiedene Eintragungsfelder, die miteinander verknüpft werden können.

In den *Autorenindex* werden Autorennamen eingetragen, soweit dieser 205
bekannt ist. Dafür steht auch links davor ein Index (A-Z) zur Verfügung. In ihm sind die Namen alphabetisch verzeichnet und können ausgewählt werden. Das Fragezeichen „?" wird als Jokerzeichen eingesetzt. Wenn man also nicht weiß, ob der gesuchte „Meyer" sich mit „ei", „ai" oder „ay" schreibt, trägt als Beispiel „M??er" ein. Zusätzlich sind Verknüpfungen mit u (und) und o (oder) möglich.

Beim *Titelstichwort* umfasst die Recherche die Suche nach Stichwörtern 206
in Titeln und Tagungstiteln. Die Suchbegriffe können mit Punkt links- und rechtstrunkiert werden. Das bedeutet zum Beispiel, dass bei der Eingabe „.extrem." die Recherche Begriffe wie Linksextremismus, Rechtsextremismus, extremistisch usw. findet. Mehrere Stichworte werden durch o (oder), Semikolon oder u (und) getrennt. Auch das Feld Titelstichwort stellt einen Index (A-Z) zur Verfügung.

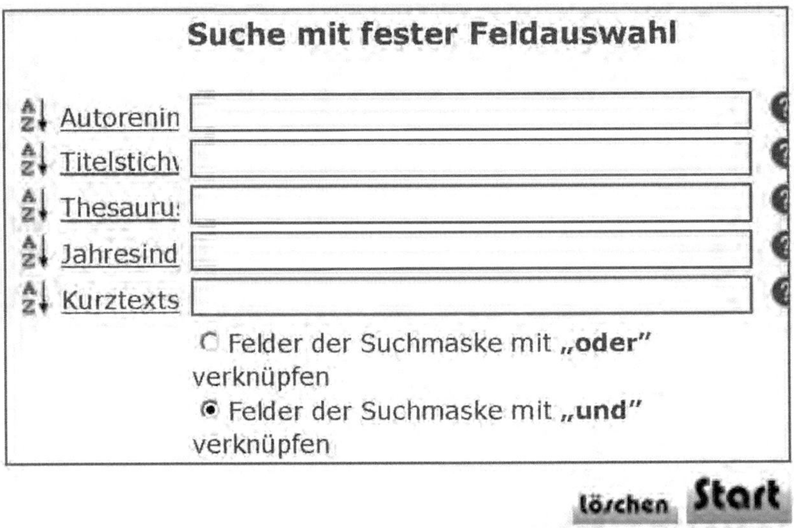

Abb. 22: Suche mit fester Feldauswahl[5]

---

5 Quelle: Abbildung aus dem Intranet.

207 Der *Thesaurus* bezieht sich auf die Deskriptoren und seine Unterbegriffe. Diese Liste wird mit dem Index (A-Z) angezeigt, einzelne Begriffe können in das Suchfeld übernommen werden. Durch Anklicken im Thesaurus-Fenster auf „und UBs" werden der Deskriptor und seine Unterbegriffe in das Suchfenster aufgenommen. Dabei übernimmt zum Beispiel „down Polizei" auch die Unterbegriffe „Autobahnpolizei", „Wasserschutzpolizei" etc. Wird nur „Deskriptor" angeklickt, entfallen die Unterbegriffe. Eine Rechtstrunkierung ist mit Punkt „." zulässig. Der Punkt steht für eine beliebige Anzahl von Zeichen. So werden zum Beispiel bei der Eingabe „Polizei." auch Begriffe wie „Polizeianwärter" oder „Polizeibeamter" automatisch in die Recherche übernommen. Mehrere ausgewählte Deskriptoren werden mit o (oder) automatisch verknüpft. Diese Verknüpfung kann jedoch auch durch u (und) ersetzt werden, etwa bei „Gewalt u Sport".

208 Der *Jahresindex* listet die Erscheinungsjahre der Veröffentlichungen auf. Der Index (A-Z) bietet eine Übersicht der Erscheinungsjahre, die in die Suchmaske übernommen werden kann.

209 Die *Kurztextsuche* lässt Recherchen aus den Kurzinhalten zu. Mit dem Fragezeichen „?" können unbekannte Zeichen gesucht werden; der Punkt „." wird als Rechts- oder Linkstrunkierung eingesetzt. Durch die Verlinkung der Begriffe im Kurztext kann innerhalb der Recherche weiter navigiert werden.

1.1.2 COD-Literaturrecherche mit variabler Feldauswahl

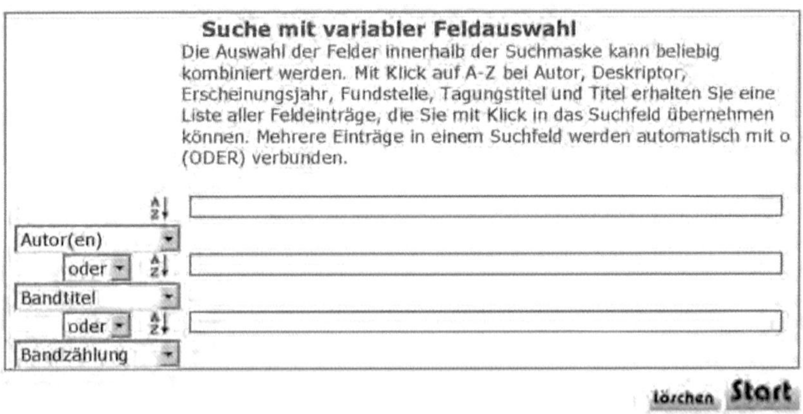

Abb. 23: Suche mit variabler Feldauswahl[6]

6 Quelle: Abbildung aus dem Intranet.

Bei der COD-Literaturrecherche mit variabler Feldauswahl (Abb. 23) gibt es 210
nur drei verschiedene Eintragungsfelder, die miteinander verknüpft werden können. Die Auswahl der Felder innerhalb der Suchmaske kann beliebig kombiniert werden. Mit Klick auf A-Z bei Autor, Deskriptor, Erscheinungsjahr, Fundstelle, Tagungstitel und Titel sind Listen aller Feldeinträge zu erhalten, die durch Anklicken in das Suchfeld übernommen werden können. Mehrere Einträge in einem Suchfeld werden automatisch mit o (oder) verbunden.

Wenn die COD-Literaturrecherche keine oder keine hinreichenden Er- 211
gebnisse geliefert hat, ist die Literaturrecherche im Internet fortzusetzen. Dominierend sind im World Wide Web die Suchmaschinen, allen voran „Google“, die sich für vielerlei Suche eignen, nicht aber für die Literatursuche.

1.2 Keine Literaturrecherche mittels Internet-Suchmaschinen

Keine Datenbanken sind sämtliche inzwischen mehr als 2.500 Suchmaschi- 212
nen[7] (z. B. Google, Lycos, Yahoo, Alta Vista[8]). Sie sind auch nicht als „Notlösung“ geeignet, wenn man wissenschaftliche Literatur zu einem Thema sucht. Denn die kommerziellen Suchmaschinen bieten viel zu viel Informationsmüll an und verweisen auf den ersten -zig Seiten auf Internetshops und Auktionsportale (es ist unglaublich, was es angeblich bei „Ebay“[9] alles geben soll). Tatsächlich finden die kommerziellen Suchmaschinen keine Bibliothekskataloge, Datenbanken oder zugangsbeschränkte Angebote von Bibliotheken und Forschungseinrichtungen.[10] Dasselbe gilt im Übrigen auch für sog. *Metasuchmaschinen*, die es ermöglichen, mit einer einzigen Eingabe gleichzeitig mehrere Suchmaschinen bedienen zu können.[11]

Suchmaschinen sind daher außen vor zu lassen. Besser ist es, sich direkt 213
den zielgerichteten Datenbanken im Internet zuzuwenden.

7 Die im Internet erreichbare Datenbank „Suchfibel“ (http://www.suchfibel.de) gibt einen Überblick über annähernd 2.700 Suchmaschinen.

8 Vgl. deren Internetseiten: http://www.google.de, http://www.lycos.de, http://de.yahoo.com, http://de.altavista.com (Abruf alle: 3.5.2012).

9 Die Website ist http://www.ebay.de (Abruf: 3.5.2012).

10 So auch Franck, a. a. O. (Fn. 11), S. 134.

11 Eine zentrale Übersicht über Metasuchmaschinen gibt es z. B. bei http://www.metasuchmaschine.org/ (Abruf: 2.5.2012).

1.3 Literaturrecherche mittels Datenbanken im Internet

214 Datenbanken im Internet haben den Vorteil, dass die Recherche bequem von Zuhause aus durchgeführt werden kann. Grundsätzlich ist dabei aber zunächst zu bedenken, dass das Internet Datenbanken enthält, die nach wissenschaftlicher Seriosität und Unseriösität unterschieden werden müssen. Wissenschaftliche Datenbanken beruhen ausschließlich auf entsprechende fachlich gesicherte Grundlagen. Sie sind meistens an Universitäten und anderen Hochschulen angebunden. Zu dieser Gruppe gehört etwa die Rechtsdatenbank „Juris“. In dieser Online-Datenbank können nicht nur Gesetzestexte, sondern Entscheidungen aus allen Gerichtsbarkeiten, zitierte und zitierende Rechtsprechung, Normen, Kommentare oder Aufsätze gesucht werden.[12]

215 „Wikipedia“ bezeichnet eine lexikalische Datenbank im Internet, die weltweit allen Menschen zugänglich ist und abgesehen von den Kosten des Internetzugangs selbst keine Gebühren erhebt, sodass sie auch bei der Polizei sehr beliebt ist. Wikipedia versteht sich nach eigenem bekunden als Projekt zum Aufbau einer Enzyklopädie aus freien Inhalten in allen Sprachen der Welt. Die deutsche Wikipedia wurde 2001 gegründet und ist nach der englischen die zweitgrößte der Welt. Auf der Startseite heißt es: „Jeder kann mit seinem Wissen beitragen.“[13] Der Zugriff durch jedermann hat die Zahl der Stichworte bis 2012 auf rund 1,4 Mio. Artikel hochschnellen lassen. Zum Vergleich: Das umfassendste deutsche Nachschlagewerk, der *„Brockhaus. Enzyklopädie in 30 Bänden*“, hat 300.000 Stichwörter; die englische Wikipedia liegt schon bei annähernd 4 Mio. Artikeln. Wikipedia wird in der Presse sehr gelobt: „Das Internet-Lexikon Wikipedia lebt nur von Spenden und vom Idealismus seiner zigtausend Autoren, nichts und niemand verdient daran. Wikipedia ist kostenlos und werbefrei und hat nur eine Mission: möglichst viel Wissen für möglichst alle Menschen verfügbar zu machen“.[14]

216 Welche Gefahren gehen von Wikipedia tatsächlich aus? Die freie Nutzung von Wikipedia hat bereits dazu geführt, dass das schon im 18. Jh. gegründete Nachschlagewerk in deutscher Sprache, der *„Brockhaus. Enzyklopädie in 30 Bänden*“, bereits seit der 21. Auflage 2006 als Druckausgabe eingestellt wurde und das Bibliographische Institut sich komplett aus dem Bereich lexikalisches Nachschlagen zurückzog.[15] Damit geht nicht nur eine Ära zu

12 S. http://www.juris.de/jportal/nav/startseite/startseite.jsp (Abruf: 2.5.2012).

13 http://de.wikipedia.org (Abruf: 2.5.2012).

14 Osterkorn, Thomas: Editorial zum Beitrag „Wie gut ist Wikipedia? Der Stern testet das größte Internet-Lexikon der Welt“, stern 50/2007.

15 S. dazu http://www.bi-media.de/unternehmen/verlagsgeschichte.php (Abruf: 2.5.2012).

Ende, sondern auch ein gutes Stück wissenschaftlicher Seriosität. Denn Wikipedia wird nicht von einer festen, bezahlten – und dadurch vor allem *verantwortlichen* – Redaktion wie bei anderen in Printform erscheinenden Enzyklopädien verfasst, sondern von *freiwilligen* Autorinnen und Autoren, deren Namen aber den Nutzerinnen und Nutzern von Wikipedia unbekannt bleiben. Darin liegt die größte Gefahr! Denn eine Website zu einem Artikel kann jeder, der Lust dazu hat, leicht und ohne technische Vorkenntnisse direkt im Browser ändern. Dadurch dass „Hinz" und „Kunz" die Inhalte einstellen oder verändern können (also auch „Witzbolde", welche die Verbreitung von Fehlinformationen und Gerüchten für Spaß halten), ist nicht sichergestellt, ob der jeweilige Inhalt bei Wikipedia tatsächlich auf wissenschaftlicher Grundlage erstellt wurde. Mögen die „Macher" von Wikipedia ideelle Absichten haben, ebenso wie die Erfinder des Internets und diejenigen, die den Mailverkehr ermöglichen; dass einige Nutzerinnen und Anwender dieser Einrichtungen aber andere Absichten haben, verraten schon die Anti-Viren-Programme und die Flut an Werbemails, die täglich verschickt werden. Es steht daher außer Zweifel, dass auch Menschen, die Wikipedia nutzen, nicht alle ausnahmslos ideelle Absichten verfolgen! Wenn es aber keinerlei Auskünfte über die Autorinnen und Autoren gibt, dann gibt es auch keine Informationen über deren persönliche Einstellung und die hinter ihrem Beitrag stehenden wahren Absichten (vgl. im Internet die Informationen zum Stichwort „Nazipedia").[16]

Als Quintessenz ist daher festzuhalten, dass Wikipedia zwar für den per- 217
sönlichen Gebrauch durchaus Nutzen bringen kann, dass es aber aus Sicht der Wissenschaft als unseriös eingestuft werden muss. Wikipedia ist daher nicht zitierfähig, auch wenn diese Internetadresse in verschiedenen (Lehr-)Büchern als „Quelle" auftaucht. Dieses Zitierverbot gilt auch für eine wissenschaftliche Abschlussarbeit an Hochschulen der Polizei.[17]

Wikipedia ist daher in einer wissenschaftlichen Abschlussarbeit 218
grundsätzlich nicht zitierfähig!

16 vgl. auch Braun, Stephan / Hoersch, Daniel (Hrsg.): Rechte Netzwerke – eine Gefahr, Wiesbaden 2004; Röpke, Andrea / Speit, Andreas (Hrsg.): Neonazis in Nadelstreifen. Die NPD auf dem Weg in die Mitte der Gesellschaft, 2. Aufl., Berlin 2008; Braun, Stephan / Geisler, Alexander / Gerster, Martin (Hrsg.): Strategien der extremen Rechten. Hintergründe – Analysen – Antworten, Wiesbaden 2009.

17 Vgl. Möllers, Martin H. W.: Wikipedia; in: Ders. (Hrsg.), Wörterbuch der Polizei, 2. Aufl., München 2010, S. 2269 mit weiteren Nachweisen.

219 Für die Themensuche darf aber trotzdem hineingeschaut werden. Dort gefundene Fakten sind jedoch immer zu recherchieren und mit seriösen Quellen bzw. Literaturnachweisen zu belegen.

220 Neben diesen Datenbanken, die *nur* im Internet erreichbar sind, gibt es andererseits aber auch solche, die auf andere Weise erreicht und genutzt werden können; das Internet unterhält lediglich die Funktion der Kommunikation zu diesen Datenbanken. Zu dieser Sorte gehören z. B. die Bibliothekskataloge, die sich insbesondere zum Themeneinstieg eignen, weil sie eine Literatursuche erheblich erleichtern.

1.3.1 Bibliothekskataloge im Internet

221 Kataloge von wissenschaftlichen Bibliotheken sind im Internet erreichbar und bilden eine große Datenbank für Literatur. Praktisch alle deutschen Hochschulbibliotheken sowie andere wissenschaftliche Bibliotheken haben inzwischen die Möglichkeit eingeräumt, dass von Zuhause aus über das Internet in ihren Buchbeständen recherchiert werden kann. Eine Ausnahme bilden da derzeit immer noch die meisten Polizeihochschulen in Bund und Ländern.[18] Dafür sind aber alle Universitätsbibliothekskataloge zu erreichen. Dies hat schon mal den Vorteil, an bestimmte Öffnungszeiten der Bibliotheken nicht gebunden zu sein. Die Suche nach Literatur erfolgt in den Datenbanken regelmäßig z. B. nach Stich- oder Schlagworten, Autorinnen und Autoren bzw. Herausgeber/innen, nach Titeln, Verlag oder der ISBN[19]. Autor, Titel, Verlag oder gar ISBN wird man selten schon wissen, sodass vor allem die Suche über die Stichwortfunktion für die Literaturrecherche maßgeblich ist.

222 Die elektronischen Kataloge der Bibliotheken werden überwiegend als „OPAC“ (Online Public Access Catalog) bezeichnet, manchmal werden sie aber auch einfach als Online-Katalog oder noch anders benannt. Es erfordert bereits Hintergrundwissen, wenn die Schlagwortsuche besonders erfolgreich sein soll. Außerdem sind nicht alle Benutzeroberflächen der Bibliothekskataloge einheitlich, sodass man sich erst mit ihnen vertraut machen muss.[20]

223 Auch wenn die meisten Programme inzwischen mehrere Worteingaben zur Eingrenzung der Themenauswahl verarbeiten, sollte man wissen, dass einige wenige dazu immer noch nicht in der Lage sind, sondern jeweils nur das erste Wort berücksichtigen. Herausfinden lässt sich dies nur durch Auspro-

---

18 Der Bibliothekskatalog der Hochschule der Polizei Villingen-Schwenningen z. B. bildet eine Ausnahme. Er ist im SWB online Katalog integriert und unter http://pollux.bsz-bw.de (Abruf: 2.5.2012) zu erreichen.

19 ISBN = Internationale Standardbuchnummer.

20 Vgl. dazu Franck, a. a. O. (Fn. 11), S. 138.

bieren. Das angesprochene Hintergrundwissen bezieht sich vielmehr darauf, geeignete Stichwörter gedanklich zu erstellen, um mit ihrer Hilfe die Literaturrecherche zum Examensarbeitsthema möglichst zielgenau zu betreiben. Der Unterschied zwischen Stichwort und Schlagwortsuche sowie die Möglichkeiten zur Erweiterung und/oder Eingrenzung der Literatursuche mittels der Benutzermaske wird[21] weiter unten im Abschnitt über die Recherche in computergestützten Bibliothekskatalogen (ab S. 114) behandelt. Hier geht es zunächst darum, am Thema

- „Zuständigkeitsprobleme bei der Strafverfolgung zwischen Bundes- und Landespolizei"

die Verwendung verschiedener Online-Kataloge aufzuzeigen: Dazu sind erst einmal entsprechende elektronische Kataloge von Bibliotheken anzugeben, in denen gesucht wird: Der Einstieg kann zum Beispiel über den Online-Katalog der Deutschen Bibliothek erfolgen. Dieser ist über die Internetadresse

- http://www.ddb.de/

zu erreichen. Zunächst wird nur das Schlagwort „Zuständigkeitsprobleme" in die Rubrik „Titelstichwörter" eingegeben. Als einziges Ergebnis wird eine Dissertation aus dem Jahr 1998 mit dem Thema „Aktuelle Zuständigkeitsprobleme im Rahmen der ZPO-Familiensachen / vorgelegt von Martin Wanninger" ausgeworfen. Zum Vergleich wird das Schlagwort in zwei Buchdatenbanken eingegeben, nämlich bei

- http://www.buchhandel.de und
- http://www.zvab.de.

Unter der privaten Website „buchhandel.de", an der viele Buchhändler beteiligt sind, werden alle *lieferbaren* (also neuen) Bücher angezeigt. „zvab.de" ist das „Zentrale Verzeichnis Antiquarischer Bücher", ein ebenfalls privatwirtschaftliches Unternehmen, an dem viele einzelne Antiquariate – nicht nur aus Deutschland – beteiligt sind. Hier werden in erster Linie gebrauchte Bücher angeboten. Es gibt weitere private Internetantiquariate. 224

Bei den genannten Internetadressen ergaben die Suchbemühungen über das Stichwort „Zuständigkeitsprobleme" ausnahmslos „keinen Treffer". Daraus lässt sich aber nicht schließen, dass es zum Thema überhaupt keinen Buchtitel geben könnte. Vielmehr ist daraus nur zu schließen, dass das Suchwort nicht optimal ist. Es sollte daher über geeignete Suchwörter nach- 225

21 In Anlehnung an Franck, a. a. O. (Fn. 11), S. 137 ff.

gedacht werden. Zum oben vorgeschlagenen Thema können die Suchwörter „zuständig" und „Polizei" gleichzeitig in die Suchroutine eingegeben werden.

226 Bei „buchhandel.de" werden immerhin jetzt zwei Buchtitel[22] ausgeworfen, die aber beide nicht zum Thema herangezogen werden können. Die Suche bei „zvab.de" ergibt sogar drei Bücher[23], die aber ebenso wenig für das Thema Gebrauchswert haben. Bereits diese einfachen Suchergebnisse lassen nur den Schluss zu, dass tatsächlich zu den Zuständigkeitsproblemen bei Bundes- und Landespolizei noch kein ganzes Buch erschienen ist.

227 *Quintessenz*: Es ist ein großer Fehler anzunehmen, dass themenbezogene Literatur ausschließlich in Büchern zu finden ist. Manche Themen werden nur durch Beiträge in Fachzeitschriften und/oder Sammelwerken bearbeitet. Das könnte zum einen daran liegen, dass ein Thema vom Umfang her gar kein ganzes Buch füllt. Das kann aber zum anderen – und sehr häufig – daran liegen, dass ein Thema aktuell ist und dafür erst noch weitere Materialien zusammengetragen werden müssen, bis daraus ein Buch entwickelt werden kann. Außerdem ergibt sich die *Aktualität* der Themenbearbeitung eher aus Beiträgen in periodischen Sammelwerken und Fachzeitschriften, weil diese in kürzeren Abständen – manchmal im Wochenrhythmus[24] – erscheinen. Dagegen dauert es ziemlich lange, bis ein ganzes Buch geschrieben, gedruckt, verlegt und veröffentlicht ist.

228 Im Mittelpunkt der Literaturrecherche sollten daher Fachzeitschriften mit wissenschaftlichem Anspruch stehen. Echte „Fachzeitschriften" richten sich an Wissenschaftler und Fachleute eines definierten Sachgebiets. Sie bieten ein Forum zur Kommunikation aktueller Forschungsergebnisse, Berichterstattung über aktuelle wissenschaftliche Vorhaben und den Stand der Theoriebildung. Eine Fachzeitschrift fördert den Status der jeweiligen wissenschaftlichen Disziplin durch qualitativ hoch stehende Beiträge. Sie zeichnen sich dadurch in der Regel aus, dass sie einen wissenschaftlichen Apparat haben, also zum Beispiel einen Fußnotenapparat, in dem die verwendete Literatur aufgenommen ist, oder eine vergleichbare Zitiertechnik. Allerdings sind neben Fachbeiträgen mit wissenschaftlichem Anspruch im engeren Sinn (also mit „Apparat") auch Essays möglich. Dies sind wissenschaftlich fundierte, aber eher literarisch gehaltene Beiträge, die keine Zitierungen aufweisen. Fachzeitschriften bilden also eine Plattform für die methodologische Diskussion und schlagen Brücken zu den Nachbardisziplinen und zur internationalen Diskussion. Dass die Qualität nicht sinkt, wird dadurch gewährleistet,

---

22 „Polizeiadressbuch" und „Ortsverzeichnis" (Suche vom 1.6.2006).

23 „Lageberichte der Geheimen Staatspolizei", „Dissertation von 1750 zur Burggrafschaft Köln" und „Die Tote im Götakanal" (Suche vom 1.6.2006).

24 Z. B. die NJW, die „Neue Juristische Wochenschrift".

dass eingereichte Beiträge von einem wissenschaftlichen Beirat auf Qualität und Relevanz begutachtet werden; in der Regel übersteigt deren Zahl deutlich die der letztendlich veröffentlichten.[25] Die meisten Fachzeitschriften nehmen deshalb auch die renommierten Wissenschaftler in die Liste der Herausgeber auf. Wenn sie nicht direkt auf dem Deckblatt der Zeitschrift stehen, dann sind sie zumindest im „Impressum“ nachzulesen.

Bei den Bibliotheks-Datenbanken ist daher auf solche zurückzugreifen, 229
die nicht nur ganze Bücher auswerfen, sondern auch einzelne Aufsätze in den Recherchebestand aufgenommen haben. Einen solchen Service bieten vor allem die Bibliotheken des Deutschen Bundestags, die unter

- http://opac.bibliothek.bundestag.de/aDISWeb/app?service=direct/0/Home /$DirectLink&sp=Slocalhost%3A4103

zu erreichen ist, und des Bundesverfassungsgerichts. Letztere befindet sich in einem Verbundsystem von Bibliotheken, an dem mehrere wissenschaftliche Bibliotheken aus Baden-Württemberg, Rheinland-Pfalz, Saarland und Sachsen beteiligt sind. Zu erreichen ist der Online-Katalog unter

- http://swb.bsz-bw.de.

Die Recherchen mit Hilfe der Suchworte „Polizei“ und „zuständig“ in beiden 230
Online-Katalogen ergibt eine Reihe von Beitragstiteln, die aber nicht richtig befriedigend sind. Daher sind weitere Suchwörter zu ermitteln, die das Thema eingrenzen, z. B. „Strafverfolgungskompetenz“, da die Eingabe „Strafverfolgung“ die Zahl der Treffer zu hoch ausfallen lässt (beim Süddeutschen Bibliotheksverbund mehr als 700!). Außerdem können „Bundesstaat“ oder „Föderalismus“ in Kombination mit „Polizei“ eingegeben werden. Die Suche ergibt eine Reihe von Treffern, von denen zumindest drei für die Bearbeitung des Themas geeignet erscheinen:

- Frank, Christoph: Strafverfolgungskompetenz der Länder im Licht der Entwicklung eines Raumes der Freiheit, der Sicherheit und des Rechts. Ein Bericht der AG Europa der Justizministerkonferenz. In: Deutsche Richterzeitung (DRiZ) Bd. 84 (2006), Heft 1, S. 10-11.
- Ritter, Markus: Polizeipraktische Notwendigkeit und rechtliche Zulässigkeit des Aufbaus einer Bundespolizei im föderativen Deutschland. Dissertation, Münster 1999.
- Möllers, Martin H. W. / van Ooyen, Robert Chr. / Spohrer, Hans-Thomas (Hrsg.): Die Polizei des Bundes in der rechtsstaatlichen pluralistischen Demokratie. Opladen 2003.

25 Wer eine mit „sehr gut“ bewertete Abschlussarbeit erstellt hat, kann ja mal versuchen, diese bei einer anerkannten Fachzeitschrift unterzubringen.

231 Es handelt sich bei „Frank“ um einen Beitrag in einer Fachzeitschrift, bei „Ritter“ um ein Buch, das ursprünglich als Dissertation geschrieben wurde, und bei „Möllers / van Ooyen / Spohrer“ um ein Sammelwerk, das daran zu erkennen ist, dass „Herausgeber“ (= Hg. oder Hrsg.) vorangestellt sind. Letzteres könnte konkrete Beiträge zur Zuständigkeitsproblematik enthalten und wird daher genauer unter die Lupe genommen, indem die einzelnen Beiträge in der Hausbibliothek erforscht werden.[26]

232 Ein Blick in das Inhaltsverzeichnis zeigt bereits den einschlägigen Beitrag:

- Kastner, Martin: Strafverfolgungskompetenzen des BGS. Zur Problematik der Abgrenzung zwischen Bundes- und Landeszuständigkeiten. In: Möllers / van Ooyen / Spohrer (Hrsg.), Die Polizei des Bundes in der rechtsstaatlichen pluralistischen Demokratie, Opladen 2003, S. 111-139.

233 Die Überlegung, dass der Name „Bundespolizei“ noch relativ neu ist, muss zwangsläufig zum weiteren Stichwort „Bundesgrenzschutz“ führen, dessen Rechercheergebnis über 100 Treffer im Katalog des Süddeutschen Bibliotheksverbunds ergibt. Von diesen erscheinen einige Beiträge für die Bearbeitung des Themas geeignet. Unter anderem sind dies

- Hecker, Wolfgang: Rechtsfragen der Aufgabenübertragung an den Bundesgrenzschutz. In: Neue Zeitschrift für Verwaltungsrecht (NVwZ) Bd. 17 (1998), Heft 7, S. 707-709.
- Kastner, Martin: Repressive Eilfallzuständigkeiten des Bundesgrenzschutzes bei sog. Fremdstraftaten – Handlungsermächtigungen nach Bundesrecht und nach Landesrecht. In: Möllers, Martin H. W. (Hrsg.), Grenzüberschreitende Polizeiarbeit, Arbeiten zu Studium und Praxis im Bundesgrenzschutz (ASPiBGS), Band 10, Lübeck 2005, S. 63-91.
- Ronellenfitsch, Michael: Der Bundesgrenzschutz als Bahn- und Flugplatzpolizei. In: Verwaltungsarchiv (VerwArch) Bd. 90 (1999), Heft 1, S. 139-161.
- Schütz, Winfried: Polizeiliche Praxis beim Bundesgrenzschutz. Stuttgart 2001.
- Winkeler, Michael: Von der Grenzpolizei zur multifunktionalen Polizei des Bundes? Aufgaben und Verwendungen des Bundesgrenzschutzes am Maßstab des Grundgesetzes. Frankfurt/M 2005.

---

26 Auch dafür bietet sich das Internet an: Ist nämlich das Buch in der Bibliothek der Landesfachhochschulbibliothek nicht vorhanden, kann nachgesehen werden, welche ortsnahe Bibliothek es haben könnte.

Auf diese Weise sind bereits neun Literaturangaben für die Literaturliste zu- 234
sammen gekommen. Da es sich jeweils um wissenschaftliche Arbeiten handelt, wird in ihnen jeweils auf weitere Beiträge hingewiesen. Trotz des hier gewählten sehr speziellen Themas sind also dennoch reichliche Literaturquellen zu ermitteln.

Hilfreich ist auch, sich einen Tipp beim jeweiligen Korrektor der Ab- 235
schlussarbeit abzuholen. Vielleicht wird dieser schon auf Arbeiten von Martin Kastner hinweisen. Überhaupt ist es sehr sinnvoll, in der hochschuleigenen Bibliothek nach Veröffentlichungen der internen Lehrenden zu forschen (s. dazu das Kap. „Literaturrecherche in Bibliotheken“ ab S. 110).

Des Weiteren können spezielle Datenbanken im Internet die Literatursu- 236
che erheblich erleichtern.

1.3.2 Spezielle Datenbanken und Online-Kataloge im Internet

Das Internet ist nicht nur für die Freizeitbeschäftigung da. Vielmehr ist es ur- 237
sprünglich von Wissenschaftlern entwickelt worden, um eine weltweite Vernetzung wissenschaftlicher Informationen zu erreichen. Heute kann jeder die Vorteile für die eigene wissenschaftliche Arbeit nutzen. Da aber inzwischen das Angebot sehr unübersichtlich geworden ist, werden hier zunächst vier besonders geeignete Internetadressen für die Literaturrecherche vorgestellt:

Zunächst ist das Bibliotheksinformationssystem „*Webis*“ zu nennen, das 238
unter der Adresse http://webis.sub.uni-hamburg.de zu erreichen ist. Der Begriff „WEBIS“ setzt sich aus WEB und BibliotheksInformationsSystem zusammen. Es will Informationen zur überregionalen Literaturversorgung in Deutschland geben, wird von zahlreichen wissenschaftlichen Bibliotheken kooperativ getragen und von der Deutschen Forschungsgemeinschaft dauerhaft gefördert. *Webis* lässt sich zusammen mit *Der Deutschen Bibliothek* und der *Sammlung Deutscher Drucke* als eine verteilte Nationalbibliothek sehen.[27] Auf Webis werden 16 Fächergruppen angezeigt:

- Angewandte Wissenschaften und Technik (8 Kategorien)
- Bibliotheks- und Dokumentationswissenschaft (1 Kategorie)
- Geowissenschaften (11 Kategorien)
- Geschichte (25 Kategorien)
- Gesellschaftswissenschaften und Politik (13 Kategorien)
- Kulturgeschichte und Kulturkunde (15 Kategorien)
- Kunst-, Musik- und Theaterwissenschaften (4 Kategorien)
- Mathematik und Informatik (4 Kategorien)
- Medien – allgemein (5 Kategorien)

27 S. http://webis.sub.uni-hamburg.de/webis/index.php/Hauptseite (Abruf: 10.10.2014).

- Medizin, Pharmazie und Psychologie (5 Kategorien)
- Naturwissenschaften (6 Kategorien)
- Philosophie und Religion (5 Kategorien)
- Recht (5 Kategorien)
- Sportwissenschaft (1 Kategorie)
- Sprach- und Literaturwissenschaft (37 Kategorien)
- Wirtschaftswissenschaften (2 Kategorien)

239 Zu den einzelnen Fachgruppen gibt es einzelne Kategorien, z. B. fungieren unter „Recht“ u. a. die für die Polizei wichtigen Untergruppen „Rechtswissenschaft“ sowie „Kriminologie und Kriminalistik“. Die Anwender erfahren durch Anklicken, dass das Institut für Kriminologie der Universität Tübingen einen Sammelschwerpunkt in Kriminologie und Kriminalistik hat und werden durch einen Link auf die Seite der Universität Tübingen weitergeleitet. Unter der Rubrik „Gesellschaftswissenschaften und Politik“ gibt es mehr als zehn Unterteilungen. Für die Untergruppe „Politik. Friedensforschung“ wird auf die Staats- und Universitätsbibliothek Hamburg einschließlich Link[28] hingewiesen.

240 Alle Fachgruppen beinhalten auch jeweils die Untergruppe „Region“, die auf regionale Schwerpunkte Bezug nimmt.[29] Der Vorteil der Nutzung von *Webis* besteht darin, dass bereits gezielt die entsprechende Schwerpunktbibliothek mit ihrem Online-Katalog angesteuert werden kann.

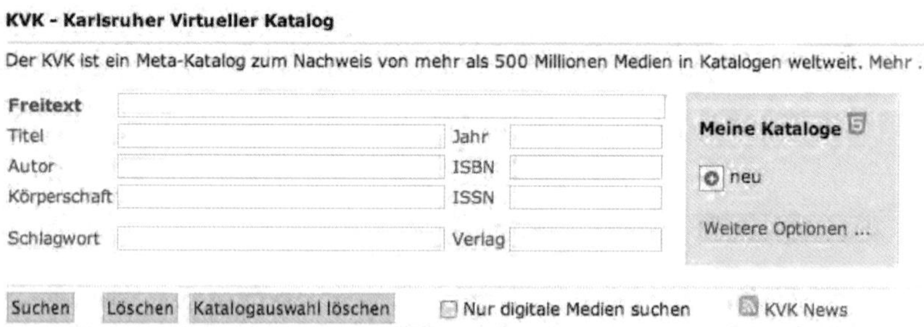

Abb. 24: Suchmaske des Karlsruher Virtuellen Katalogs[30]

241 Als weitere Internetadresse für die Literaturrecherche ist der *Karlsruher Virtuelle Katalog* (KVK) zu nennen, welcher an die zentrale Bibliothek des

28 S. http://www.vifapol.de (Abruf: 10.10.2014).
29 Vgl. dazu Franck, a. a. O. (Fn. 11), S. 135 f.
30 Quelle: Abbildung aus dem Internet.

Karlsruher Instituts für Technologie (KIT)[31] angeschlossen ist. Er weist als Meta-Katalog mehr als 500 Mio. Bücher und Zeitschriften in Bibliotheks- und Buchhandelskatalogen weltweit nach (Abb. 24). Zu erreichen ist der *KVK* über http://www.ubka.uni-karlsruhe.de/kvk.html. Er verfügt über keine eigene Datenbank, sondern ist von den Zielsystemen im Internet (s. Abb. 25, S. 107) abhängig. Sein Vorteil besteht vor allem darin, dass die eingegebenen Suchanfragen an mehrere Bibliothekskataloge gleichzeitig weitergereicht und die jeweiligen Trefferlisten angezeigt werden.[32]

Abb. 25: Bibliotheks- und Buchhandelsverzeichnisse des Karlsruher Virtuellen Katalogs[33]

Auf nationaler Ebene ist als weitere Internetadresse für die Literaturrecherche 242
das *Hochschulbibliothekszentrum des Landes Nordrhein-Westfalen* (hbz) zu nennen, das unter der Internetadresse http://www.hbz-nrw.de erreichbar ist. Es handelt sich dabei um eine zentrale Dienstleistungs- und Entwicklungseinrichtung für Bibliotheken innerhalb und außerhalb von NRW. Das *hbz* zeigt eine Zusammenstellung aller deutschen Bibliotheken, die Dienste im Internet bereitstellen, und bietet im sog. „Dreiländerkatalog" die schnelle Suche in den Bibliotheksbeständen aus Nordrhein-Westfalen, Rheinland-Pfalz, Bayern, Nord- und Mitteldeutschland sowie Österreich. Geplant ist der Gesamt-

---

31 Im Web unter http://www.bibliothek.kit.edu/cms/index.php (Abruf: 10.10.2014) erreichbar.

32 S. http://www.ubka.uni-karlsruhe.de/kvk/kvk/kvk_hilfe.html (10.10.2014).

33 Quelle: Abbildung aus dem Internet.

nachweis aller Bestände des deutschsprachigen Raumes.[34] In der „Digitalen Bibliothek“ wird die parallele Suche in mehr als 300 Bibliothekskatalogen, Fachdatenbanken, Volltextservern und Internetsuchmaschinen ermöglicht.

243 Der „hbz-Werkzeugkasten“ ist ein bibliographisches Hilfsmittel mit Links zu mehr als 50.000 Internetquellen von A („Adressbücher“) bis Z („Zeitschriftendatenbanken und Zeitungsdatenbanken“).[35] Der entscheidende Vorteil des *Hochschulbibliothekszentrums des Landes Nordrhein-Westfalen* ist die Verlinkung auf fachbibliographische Datenbanken, die gegenüber den Bibliothekskatalogen den Vorzug haben, dass sie nicht nur auf Bücher und Sammelwerke insgesamt hinweisen, sondern auch Aufsätze sowie Texte erschließen, die nur elektronisch publiziert wurden. Außerdem ist in Fachbibliotheks-Datenbanken eine effektivere Suche möglich, weil die Sachthemenerschließung genauer ist.[36]

244 Schließlich ist für die Literatursuche im Internet auch darauf hinzuweisen, dass es Datenbanken von Bibliotheksverbünden gibt, die schneller den Standort des gesuchten Buchtitels ermitteln lassen. Z. B. befindet sich auf der Website http://www.gbv.de das Web-Portal des Gemeinsamen Bibliotheksverbundes der Länder Bremen, Hamburg, Mecklenburg-Vorpommern, Niedersachsen, Sachsen-Anhalt, Schleswig-Holstein, Thüringen und der Stiftung Preußischer Kulturbesitz. Hier besteht sogar die Möglichkeit der Online-Fernleihe.[37]

245 In Bezug auf die Suche nach geeigneten Fachzeitschriften und ihrem Standort ist erste Internetadresse http://dispatch.opac.d-nb.de/DB=1.1. Sie weist auf die *Zeitschriftendatenbank* (ZDB) hin, die weltweit größte Datenbank für Titel- und Besitznachweise fortlaufender Sammelwerke, also von Zeitschriften, Zeitungen usw., die von der Deutschen Nationalbibliothek betrieben wird und sich in Trägerschaft der Staatsbibliothek zu Berlin befindet. Die *ZDB* erfasst nicht nur Druckwerke. Ihre mehr als 1,7 Mio. Titel in allen Sprachen von 1500 bis heute enthalten auch elektronische Zeitschriften. Zu diesen Titeln gibt es mehr als 6 Mio. Besitznachweise von ca. 4.300 deutschen Bibliotheken. Aufsatztitel werden aber nicht aufgeführt, sondern nur die Titel der Zeitschriften. Eine Ergänzung dazu bietet die *Elektronische Zeitschriftenbibliothek* unter http://rzblx1.uni-regensburg.de/ezeit, ein kooperativer Service von 369 Bibliotheken. In dieser Datenbank wird den Anwendern ein einfacher und komfortabler Zugang zu elektronisch erscheinenden wissenschaftlichen Zeitschriften angeboten. Die *Elektronische Zeitschriftenbibliothek* nimmt alle Zeitschriften auf, die ihre Artikel im Volltext anbieten.

---

34 Vgl. http://www.hbz-nrw.de/recherche (10.10.2014).

35 S. http://digilink.digibib.net/wk/links.pl (Abruf: 10.10.2014).

36 Vgl. dazu Franck, a. a. O. (Fn. 11), S. 134 f.

37 Vgl. http://www.gbv.de/ (Abruf: 10.10.2014).

Als weitere Beispiele von Datenbanken zur Zeitschriftenauswertung im Internet können angegeben werden: 246

- http://www.digizeitschriften.de
- http://www.mein-bibliothekar.de
- http://www.jurion.de
- http://www.juris.de
- http://www.kuselit.de.

„digizeitschriften.de“ hält weit mehr als 2 Mio. Zeitschriftenseiten aus dem Bereich der Rechtswissenschaften online parat. Allerdings muss für den direkten Zugriff die eigene Hochschule zugangsberechtigt sein. Ist dies nicht der Fall, kann der Datenbanknutzer immerhin noch die Quelle des Aufsatzes einschließlich Autor/in ermitteln mit genauer Angabe über die Zeitschrift, Erscheinungsjahr, Verlag, Heft und Seite. Dadurch kann schon bequem von zuhause aus recherchiert werden, wo geeignete Veröffentlichungen für das Thema zu finden sind. 247

„mein-bibliothekar.de“, „jurion.de“ sowie „juris.de“ lassen Recherchen zur Rechtsprechung, Gesetzgebung und zu Aufsätzen aus der juristischen Fachpresse in Fachzeitschriften und zum Teil auch in Büchern zu. Für diesen Dienst wird aber üblicherweise ein Entgelt erwartet. Bei „mein-bibliothekar.de“ kann man aber zunächst einen kostenlosen Zugang anfordern. Die kostenpflichtigen Dienste von „juris.de“ lassen sich auch über spezielle Software abrufen, die oft in den Hochschulen zur Verfügung stehen. „kuselit.de“ ermöglicht die Suche nach Beiträgen ebenfalls in Fachzeitschriften und Büchern. Die Auswertung von über 700 juristisch relevanten Zeitschriften hat inzwischen einen Fundus von 2,9 Mio. Fundstellen erbracht. Die Internetrecherche ist eine Ergänzung der mehrmals im Jahr erscheinenden CD-ROM[38], die in vielen Bibliotheken vorhanden ist.[39] In dieser Datenbank sind auch Zeitschriften ausgewertet worden, die eine besondere Bedeutung für die Polizei haben, zum Beispiel „Die Polizei“ und „Monatsschrift für Kriminologie und Strafrechtsreform“. Bemerkenswert ist auch die Auswertung von Festschriften, die als Sammelwerke eine Reihe von Einzelthemen bearbeitet haben, die in der Datenbank jeweils einzeln aufgeführt sind.

In Bezug auf die sog. „Graue Literatur“ (s. S. 238) kann auch auf der Website der Deutschen Nationalbibliothek unter „http://www.d-nb.de“ recherchiert werden, da es eine Suchmaschine zum eigenen Bestand gibt. 248

38 Vgl. zum Umgang mit Kuselit-R Möllers, Martin H. W.: Rezension: Kuselit-R: Die verlagsübergreifende Bibliographie der wichtigsten juristisch relevanten Periodika auf CD-ROM. In: Möllers (Hrsg.), Veränderungen bei den Vollzugsaufgaben des Bundesgrenzschutzes durch Politik und Recht, ASPiBGS, Bd. 5, Lübeck 1999, S. 119-122.

39 Z. B. vorhanden in der Bibliothek der Hochschule für die Bundespolizei in Lübeck.

249 Von zuhause aus lassen sich durch die genannten Internet-Datenbanken jedenfalls geeignete Literaturhinweise zusammenstellen, welche die Literaturrecherche in der hochschuleigenen Bibliothek erheblich erleichtern.

2 Literaturrecherche in Bibliotheken

250 Grundsätzlich kann die Literaturrecherche in Bibliotheken schon mit einer vorgefertigten Liste begonnen werden, wenn man die Suche in Datenbanken vorgeschaltet hat. Darauf geht der erste Unterabschnitt ein. Aber auch ohne Vorarbeiten kann sich die Literatursuche direkt in der hochschuleigenen Bibliothek erfolgreich gestalten, wenn der Umgang mit den Bibliotheksmedien beherrscht wird (Kap. 2.2 und 2.3).

2.1 Das sog. ‚Schneeball-Verfahren' zur Literaturermittlung

251 Ausgangspunkt für das sog. „Schneeball-Verfahren" ist ein erster Literaturtext. Dieser könnte zum Beispiel ein zufällig in die Hände gefallener Beitrag in einer Fachzeitschrift oder in einem Sammelwerk sein. Hat man einen solchen Aufsatz nicht, kann ein erster Einstieg ein *Fachwörterbuch* sein – zum Beispiel das Wörterbuch der Polizei[40] oder das Wörterbuch zur Inneren Sicherheit[41] – oder ein *Handbuch* – zum Beispiel das Handbuch des Polizeirechts[42]. Gute Fachwörterbücher und Handbücher, die es zu allen Fächern gibt, enthalten zu den einzelnen Themen Literaturangaben, meist am Ende des Stichworts bzw. Begriffs. Aus diesen Literaturangaben lassen sich jeweils neue Literaturhinweise erschließen, die wiederum weitere Literatur beinhalten, sodass sich die Zahl der ermittelten Literatur vergrößert.

252 Diese Vorgehensweise des Schneeball-Verfahrens birgt aber zwei Nachteile: Wenn nicht schon die erste Literaturquelle ganz aktuell ist, dann ist der Literaturapparat schnell veraltet. Denn in einem Aufsatz vorhandene Literatur ist bereits vorher erschienen. Es gilt daher, als Ausgangspunkt einen gerade erschienenen Aufsatz in einer Fachzeitschrift oder in einem Buch zu nehmen. Hier können die Erstkorrektoren der wissenschaftlichen Abschlussarbeit nach

40 Möllers, Martin H. W. (Hrsg.): Wörterbuch der Polizei. 2. Aufl., München 2010.
41 Lange, Hans-Jürgen (Hrsg.): Wörterbuch zur Inneren Sicherheit, Wiesbaden 2006.
42 Lisken, Hans / Denninger, Erhard (Hrsg.): Handbuch des Polizeirechts. 5. Aufl., München 2012.

Neuerscheinungen gefragt werden, die in der Bibliothek noch nicht angeschafft oder katalogisiert sind.[43]

Das Schneeball-Verfahren hat außerdem den Nachteil, dass möglicherweise die pluralistische Sichtweise verloren geht, weil es nämlich sog. „Zitierkartelle“ gibt. Viele Wissenschaftler haben die Angewohnheit, dieselben Autorinnen und Autoren immer wieder zu zitieren, weil sie eben ihrem wissenschaftlichen Ansatz nahe stehen. Auf diese Weise entstehen bestimmte „Kartelle“ von Wissenschaftlerinnen und Wissenschaftlern, zu denen andere Autoren nur sehr schwer Zugang haben. In einem Schneeball-Verfahren können daher wichtige Gegenthesen verloren gehen. 253

Es bietet sich daher an, die vorhandenen Bibliothekseinrichtungen zu nutzen und den Bibliotheksservice in Anspruch zu nehmen. 254

2.2 Das Nutzen der Bibliothekseinrichtungen und des Bibliotheksservices

Bei einer mitgebrachten Liste bereits vorermittelter Literaturhinweise gilt es, diese abzuarbeiten und herauszufinden, ob die jeweilige Fachzeitschrift überhaupt vorgehalten wird[44] und/oder ob das gesuchte Buch im Bestand enthalten ist. 255

2.2.1 Recherche nach Fachzeitschriften

Abb. 26: Beispiel für ein typisches Zeitschriftenregal[45]

Ein erster Blick sollte bei der Suche nach den Fachzeitschriften auf das Zeitschriftenregal geworfen werden (s. folgende Abb.). Hier sind die jeweils aktuellen Hefte alphabetisch geordnet aufgelistet, wobei das jeweils neueste Heft vorn auf der schräg gestellten Klappe sichtbar ist. Die bisherigen Hefte des aktuellen Jahrgangs befinden sich gestapelt hinter der Klappe und warten darauf, gebunden zu werden, wenn der Jahrgang komplett ist. Es ist dadurch sehr schnell feststellbar, ob sich die gesuchte Fachzeitschrift überhaupt im Bestand der Bibliothek befindet. Ist dies nicht der Fall, sollte 256

43 Vgl. Franck, a. a. O. (Fn. 11), S. 139.

44 Wie bereits oben angesprochen, ist der Fachzeitschriftenbestand über die Internetadresse http://dispatch.opac.d-nb.de/DB=1.1 (Abruf: 10.10.2014) feststellbar.

45 Eigenes Foto des Zeitschriftenregalausschnitts einer Hochschulbibliothek.

das Bibliothekspersonal befragt werden, ob es wenigstens ältere Jahrgänge der Zeitschrift gibt. Da im öffentlichen Dienst immer mehr gespart werden muss, werden schon mal Zeitschriften abbestellt.

257 Sollte die Zeitschrift, in welcher der gesuchte Beitrag abgedruckt ist, nicht vorhanden sein, wissen möglicherweise die Mitarbeiterinnen und Mitarbeiter der Bibliothek, wo es sie geben könnte. Ansonsten hilft nur entweder die Recherche im Internet oder das Aufsuchen anderer wissenschaftlicher Bibliotheken.

258 Alle Bundesländer gewähren ihren Einwohnern die Benutzung ihrer wissenschaftlichen Bibliotheken. Daher sollten diejenigen Hochschulbibliotheken ausfindig gemacht werden, die am Wohnort und/oder an der Dienststelle (des Praktikums) liegen. Mit Hilfe des Studentenausweises der eigenen Hochschule lässt sich in diesen Bibliotheken in aller Regel ein Benutzerausweis erwerben, der es sogar erlaubt, Bücher auszuleihen. Fachzeitschriften sind ohnehin generell nicht ausleihbar. Auf der Bibliotheks-Website lässt sich herausfinden, ob bestimmte Fachzeitschriften eingestellt sind. Lässt sich eine gesuchte nur in einem anderen Bundesland im Bibliotheksbestand herausfinden, dann können zumindest diese aufgesucht und vor Ort die entsprechenden Beiträge kopiert werden. Denn die wissenschaftlichen Bibliotheken von Universitäten und Fachhochschulen sowie die kommunalen Bibliotheken sind in Deutschland allgemein zugänglich, soweit sie nicht – wie z. B. bei Hochschulen der Polizei – auf einem Gelände liegen, das von der Außenwelt abgeschirmt ist. Dagegen sind Bibliotheken von anderen öffentlichen Einrichtungen (z. B. von Gerichten) in der Regel nur ganz selten, und wenn überhaupt, dann nur mit Genehmigung der jeweiligen Dienststellenleiterin bzw. des Dienststellenleiters nutzbar.

2.2.2 Recherche nach Monographien und Sammelwerken

259 Soweit nach bestimmten Büchern gesucht wird, sind in erster Linie die Bibliothekskataloge heranzuziehen (s. dazu nächstes Kapitel). Sollte die Recherche aber ergeben, dass das gesuchte Buch nicht im örtlichen Bibliotheksbestand vorhanden ist, kann von der Fernleihe Gebrauch gemacht werden. Dies ist ein System, das die Ausleihe von Büchern aus fremden Bibliotheken erlaubt. Hochschulbibliotheken bieten diesen Service regelmäßig an, aber auch sehr viele kommunale Bibliotheken und „Leihbüchereien“ sind am Fernleihe-System angeschlossen. Im Gegensatz zu nicht vorhandenen Fachzeitschriften, die in den Bibliotheken meistens nur einmal vorhanden sind und daher nur ausnahmsweise verliehen werden, lassen sich nicht vorhandene Bücher also bestellen. Dies dauert selbstverständlich eine Zeit lang, weil die Bücher erst auf dem Postweg zugestellt werden müssen. Diese Zeit ist also einzupla-

nen. Ferner ist zu berücksichtigen, dass die Ausleihzeit in der Regel kürzer ist und die Möglichkeit einer Ausleihverlängerung grundsätzlich nicht besteht. Über die Modalitäten gibt das Bibliothekspersonal Auskunft. An Universitäten wird üblicherweise für die Fernleihe eine kleine Gebühr verlangt, um die Portokosten abzudecken. An Polizeihochschulen trägt dies in aller Regel der Steuerzahler.

Bei Monographien sind die Angaben über Autor/in, Titel, Erscheinungs- 260
jahr und -ort in entsprechende Formulare einzutragen. Bei Sammelwerken (z. B. Festschriften) müssen Herausgeber/in, Titel, Erscheinungsjahr und -ort gewusst sein. Nicht wichtig ist der Titel eines einzelnen Beitrags. Ebenso unwichtig sind – auch bei Monographien – ISBN-Nummer und Preis. Ehe man aber zur Fernleihe schreitet, ist in der hochschuleigenen Bibliothek nach den gesuchten Büchern mit Hilfe der Kataloge zu forschen.

2.3 *Computergestützte und manuelle Bibliothekskataloge*

Jede Universität hat eine „zentrale Hochschulbibliothek“, die mit einem Ver- 261
fasser- und einem Schlagwortkatalog ausgerüstet ist. Daneben gibt es an den meisten Hochschulen noch Fachbereichs- und/oder Institutsbibliotheken. Die Polizeifachhochschulen beschränken sich regelmäßig auf eine zentrale Bibliothek. Soweit größere Länder (z. B. Nordrhein-Westfalen) oder auch der Bund mehrere Standorte hat, gibt es auch Abteilungsbibliotheken, die üblicherweise Anspruch auf Service aus der Zentralbibliothek haben.

2.3.1 Handhabung manueller Bibliothekskataloge

In die meisten Bibliotheken ist der Computer eingezogen und hat die aus 262
Karteikarten bestehenden genannten Kataloge, sog. Zettelkataloge, verdrängt. Aber es gibt sie noch für ältere Buchbestände bis etwa Mitte der 1990er Jahre. Daher ist ein Umgang mit ihnen grundsätzlich sinnvoll und sogar notwendig, wenn Arbeitsthemen zu behandeln sind, die einen historischen Abriss benötigen.

Große Bibliotheken, wie z. B. die Universitäts- und StadtBibliothek Köln 263
(USB), haben einen eigenen Katalogsaal, in dem sich Karteikartenschränke befinden. Unterschieden werden der *Verfasserkatalog*, dessen Ordnungssystem sich alphabetisch nach den Autorinnen und Autoren sowie den Herausgeberinnen und Herausgebern richtet, sowie der *Schlagwortkatalog*, der ein Ordnungssystem nach Sachbegriffen umgesetzt hat und in der Regel umfangreicher als der Verfasserkatalog ist. Schlagwortkataloge sind in sehr großen Bibliotheken bei sog. Volluniversitäten mit vielen Fachbereichen meistens als *Systematische Kataloge* ausgestaltet. In Systematischen Katalogen werden

die in der Bibliothek vorhandenen Bücher und Zeitschriften nach sachlichen Gesichtspunkten geordnet aufgeführt.[46] Für jedes Fach gibt es eine systematische Übersicht (für die meisten Fächer zusätzlich ein Schlagwortregister), die sich in Ordnern in einem Regal am Ende des Systematischen Katalogs befinden. In diesen Ordnern kann nachgeschlagen werden, an welcher Stelle des Katalogs Literatur zu einem bestimmten Thema verzeichnet ist. Die entsprechende Stelle ist dann unter einer Buchstaben-Zahlen-Kombination (Notation) zu finden, die auch für eine Recherche im Online-Katalog genutzt werden kann.

264 Nicht alle Publikationen der zentralen Hochschulbibliothek sind ausleihbar. Für Fachzeitschriften in den Zeitschriftensälen, für Fachlexika und besonders wertvolle Werke besteht Präsenzpflicht, d. h. die Bücher können nur in den Lesesaal ausgeliehen und dort eingesehen werden, während normalerweise sonstige Studienliteratur für eine bestimmte Zeit (zwischen 2 und 4 Wochen) nach Hause mitgenommen werden kann. Die Institutsbibliotheken an Universitäten sind meist reine Präsenzbibliotheken. An vielen Hochschulen kann schon in der Zentralbibliothek über die Karteikartenkataloge festgestellt werden, ob in der zentralen und/oder einer dezentral gelegenen Institutsbibliothek ein bestimmtes Buch überhaupt eingestellt und somit am Hochschulort vorhanden ist und ausgeliehen werden kann.

265 Die neueren Buchbestände sind bereits in Computersystemen aufgenommen. Über Stichwort-, Schlagwort- und Personensuche lässt sich relativ leicht nach geeigneten Literaturquellen recherchieren.

2.3.2 Recherche in computergestützten Bibliothekskatalogen

266 In den Online-Katalogen der Bibliotheken fällt in der Suchmaske der elektronischen Kataloge auf, dass „Stichworte“ und „Schlagworte“ als Suchkriterium unterschieden werden.

267 Als Beispiel sei die Suchmaske des elektronischen Katalogs (OPAC) der Bibliothek des Deutschen Bundestags aufgeführt.[47] Bei „Stichwort“ dürfen nur Begriffe eingegeben werden, die aus dem Titel eines Buchs oder Aufsatzes stammen. Eine solche Suche ist dann zweckmäßig, wenn man nach einem bestimmten Buch oder Buchbeitrag sucht, dessen genauen Titel einem entfallen ist, dessen Titel aber zumindest teilweise noch im Gedächtnis ist. Dagegen beziehen sich die „Schlagworte“ auf den Inhalt von Büchern und/oder

---

46 In der USB Köln reicht der Systematische Katalog bis einschließlich Erscheinungsjahr 1996: vgl. http://www.ub.uni-koeln.de/index_ger.html (Abruf: 10.10.2014).

47 Entweder direkt über http://opac.bibliothek.bundestag.de/aDISWeb/app?service=direct/0/Home/$DirectLink&sp=Slocalhost%3A4103 (Abruf: 3.5.2012) oder über die Menüfenster vorarbeiten.

Aufsätzen. Die Schlagwortsuche ist dazu geeignet, sich über Literatur zu einem bestimmten Thema zu informieren.[48] Es gibt in der Regel daher mehr Treffer, wenn derselbe Begriff als Schlagwort und nicht als Stichwort eingegeben wird.

Gibt man zum Beispiel in die Suchmaske unter „Titel / Stichwort“ des 268
Online-Katalogs der Bibliothek des Deutschen Bundestags den Begriff „Innere Sicherheit“ ein, werden 293 Treffer angezeigt, unter „Schlagwort“ sind es dann bereits 1.346[49] Nachweise allein aus der Bibliothek des Deutschen Bundestags. Schon die 293 Nachweise aus der Stichwortsuche sind für eine wissenschaftliche Abschlussarbeit bei der Polizei zu umfangreich, erst Recht natürlich mehr als 1.000 Treffer. Daher ist es sinnvoll, die Suche einzugrenzen oder zu erweitern.

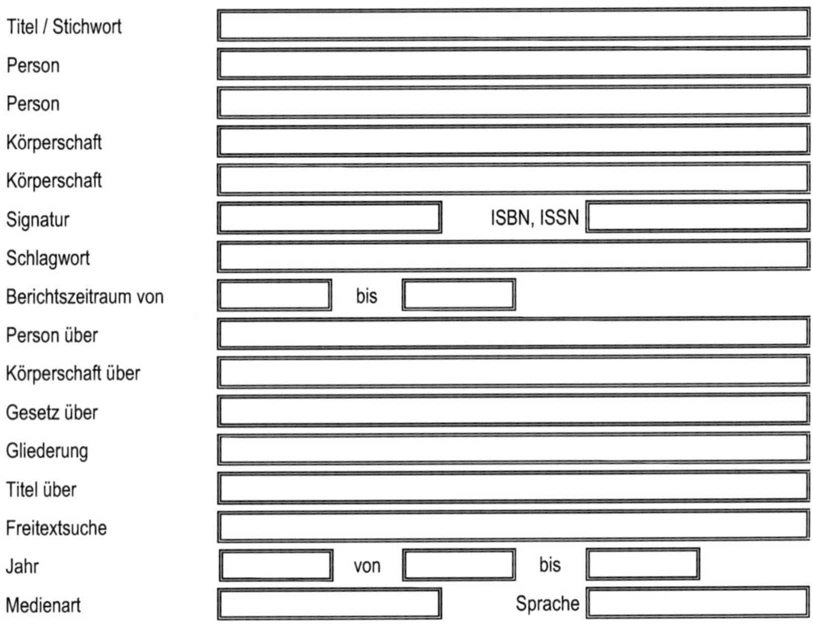

Abb. 27: Suchmaske des OPAC der Bibliothek des Deutschen Bundestags[50]

Eine erste Eingrenzungsmöglichkeit bietet die *Zeitraumsuche*. Wenn die 269
Stichwortsuche auf den neueren Zeitraum 2010-2012 eingegrenzt wird, erhält

48 S. Franck, a. a. O. (Fn. 11), S. 138.

49 Diese und alle nachfolgenden Treffer in diesem Abschnitt wurden jeweils am 3.5.2012 erzielt.

50 Quelle: Abbildung im Internet.

man nur noch 10 Nachweise. Wer mit dem Schlagwort einen bestimmten Autor in Verbindung bringen will, gibt dessen Nachnamen zusätzlich ein. Aus dem Schlagwort „Innere Sicherheit“ und dem Autor „Möllers“ – im OPAC der Bundestagsbibliothek als „Person“ bezeichnet – werden dann fünf Nachweise. Will man dann wissen, welche Beiträge „Möllers, Martin H. W.“ verfasst hat, die in der angezeigten Bibliothek vorhanden sind, dann muss der Name (ohne Schlagwort) in die Rubrik „Person“ eingegeben werden. Diese weist auf Autoren und Herausgeber/innen hin. Es gibt nun 28 Treffer.

270 Die weiteren Rubriken bedeuten: unter „*Körperschaft*“ kann zum Beispiel das Bundeskriminalamt eingegeben werden, um zu sehen, welche Literatur das BKA in der Bundestagsbibliothek einstehen hat. Mit „*Signatur*“ ist die bibliothekseigene Signatur gemeint, ISBN ist die Buchhandelsnummer des Buchs, ISSN ist die Nummer einer Schriften- oder Zeitschriftenreihe. Zum Beispiel hat das Buch „Polizei und Grundrechte“[51] die Buchnummer 978-3-86676-145-2. Da es erschienen ist in der „Blauen Reihe im Verlag für Polizeiwissenschaft: Studienbücher für die Polizei“ hat es zusätzlich die ISSN 1862-2682. Der „*Berichtszeitraum*“ bezieht sich in erster Linie auf bundestagseigene Schriften, die Rubrik „*Person über*“ bezieht sich auf Werke zu gesuchten Personen. Wer also Publikationen z. B. über Willy Brandt recherchieren will, erhält dann 283 Nachweise in der Bundestagsbibliothek. Ähnliches gilt für die Rubrik „*Körperschaft über*“ sowie für die anderen „... über“. Bei „*Freitext*“ kann direkt nach bestimmten Formulierungen gesucht werden. Dabei wird man aber nur bundestagseigene Schriftstücke nachgewiesen bekommen, weil Bücher und Zeitschriftenbeiträge aus Urheberrechtsgründen nicht komplett eingescannt werden dürfen. Die Rubrik „*Jahr*“ gibt die Möglichkeit, nur Publikationen aus einem bestimmten Jahr zu erforschen (erste Eingabe) oder einen Zeitraum über mehrere Jahre auszuwählen. Als „Medienart“ unterscheidet der OPAC der Bundestagsbibliothek nach Aufsatz, Buch, CD oder Diskette, Elektronischem Volltext, Jahrbuch, Karte, Lieferungswerk, Loseblattwerk, Mehrbändiges Werk, Mikroform, Schriftenreihe, Zeitschrift sowie Zeitung. Als Sprachausgaben bietet der OPAC Arabische Sprachen, Bulgarisch, Chinesisch, Deutsch, Dänisch, Englisch, Finnisch, Estnisch, Französisch, Griechisch, Hebräisch, Iwrit, Italienisch, Japanisch, Lateinisch, Niederländisch, Flämisch, Afrikaans, Norwegisch, Isländisch, Persisch-Iranisch, Polnisch, Portugiesisch, Rumänisch, Russisch, Schwedisch, Serbokroatisch, Slowenisch, Spanisch, Tschechisch, Türkisch, Ungarisch und Vietnamesisch.

---

51 Möllers, Martin H. W.: Polizei und Grundrechte. Ein Lehrbuch zu den Menschenrechten in der polizeilichen Praxis. Blaue Reihe: Studienbücher für die Polizei. 2. Aufl., Frankfurt am Main 2011.

Schließlich gibt es noch die Möglichkeit für Eingrenzungen und Erweiterungen der Suche mit Hilfe der Booleschen Operatoren.[52] Zu den wichtigsten Operatoren gehören „und", „oder" und „nicht". Mit dem Operator „*und*" kann die Suche dahingehend eingegrenzt werden, dass durch Anhängen einer Jahreszahl (z. B. „Innere Sicherheit und 2012") oder eines weiteren Begriffs (z. B. „Innere Sicherheit und Auslandseinsatz") die Trefferliste kleiner wird und sich stärker auf das Thema ausrichtet. Durch den Operator „*nicht*" können bestimmte Sucheinschränkungen vorgenommen werden. Bei der Eingabe z. B. „Innere Sicherheit nicht Bundespolizei" werden alle Veröffentlichungen zur Inneren Sicherheit ignoriert, die auf die Bundespolizei bezogen sind. Der Operator „*oder*" erweitert die Suche. Mehr Publikationsnachweise gibt es z. B., wenn „Innere Sicherheit oder Öffentliche Sicherheit" eingegeben wird. Zu beachten ist aber, dass nicht alle Suchmasken die Booleschen Operatoren verarbeiten können. Hier hilft nur das Ausprobieren.[53] 271

Auch wenn die hier vorgestellte Bibliothek des Deutschen Bundestags Aufsätze nachweist und dadurch ein erster Einstieg gefunden werden kann, reicht dies in aller Regel nicht aus, um aktuelle Literatur aus Fachzeitschriften auszuschöpfen.[54] Nur ein Blick in Fachzeitschriften, Periodika und Sammelwerke sorgt für eine angemessene Liste aktueller Literatur, wie sie in wissenschaftlichen Arbeiten an Polizeihochschulen gefordert wird. 272

2.4 Register von Fachzeitschriften, Periodika und Sammelwerken

Wer aktuelle Literatur sucht, wird in Büchern kaum fündig werden. Bis ein Buch geschrieben, ein Verlag gefunden, schließlich das Manuskript in Buchform gesetzt, anschließend gedruckt und veröffentlicht ist, vergehen Monate. Bis ein solches Buch dann bei angespannter Haushaltslage im Regal der Bibliothek landet, die das Buch ja erst in Ankündigungen (z. B. Buchbesprechungen, sog. Rezensionen) wahrnehmen, kaufen (lassen[55]) und dann noch inventarisieren und katalogisieren muss, vergeht weitere Zeit. Aktuell sind vor allem Aufsätze in Fachzeitschriften, die erste Fundstelle sein sollten. In zweiter Linie kommen sog. Sammelwerke in Betracht; das sind Bücher, in denen verschiedene Autorinnen und Autoren einzelne Aufsätze zu bestimm- 273

52 Benannt nach dem britischen Mathematiker George Boole; so Franck, a. a. O. (Fn. 11), S. 140.

53 Vgl. zur Literaturermittlung auch Franck, Norbert / Stary, Joachim: Die Technik wissenschaftlichen Arbeitens. Eine praktische Anleitung. 16. Aufl., Paderborn 2011, S. 33 ff.

54 Auch die Bibliothek des Bundesverfassungsgerichts lässt einzelne Aufsätze recherchieren (http://swb.bsz-bw.de; Abruf: 10.10.2014).

55 Bei der Bundespolizei z. B. werden die Bücher der Hochschulbibliothek in Lübeck auf Antrag in der Regel angeschafft, wenn nicht gerade eine Haushaltssperre eingerichtet ist.

ten Themen verfasst haben. Diese sind gegenüber den sog. Monographien von einer Autorin oder einem Autor deshalb aktueller, weil es schneller geht, einen Aufsatz zu einem Thema zu schreiben als ein ganzes Buch, sodass Sammelwerke rasch auf dem Markt sind.

274 Wenn – wie begründet – Fachzeitschriften vor Büchern erste Fundstelle für die Literatur- und Themenrecherche sind, stellt sich nur noch die Frage, welche Fachzeitschriften es überhaupt gibt und vor allem, welche wissenschaftliche Qualität mit ihnen jeweils verbunden ist.

275 Für die Polizei gibt es eine Reihe von Zeitschriften und anderen regelmäßig erscheinenden Publikationen. Fachartikel in polizeinahen Schriften, die dem Anspruch der Wissenschaftlichkeit für eine wissenschaftliche Abschlussarbeit an einer Polizeifachhochschule genügen wollen, müssen sich offensichtlich auszeichnen durch

- Streben nach Erkenntnisgewinn,
- (fach-)theoretische Fundiertheit,
- Wertfreiheit,
- kritische Distanz zum Thema,
- systematisches Vorgehen,
- Falsifizierbarkeit (Widerlegen von Hypothesen) und
- umfassende Recherchearbeit,

die sich im Belegen von Thesen und korrekter Zitiertechnik ausdrückt. Aus diesen Vorüberlegungen ergeben sich unterschiedliche Kategorien bei der Einteilung der Fachzeitschriften, die an Polizeifachhochschulen häufig in den Bibliotheken zu finden sind[56]:

276 Jedes Bundesland und der Bund für seine Polizeien (BPOL und BKA) geben zum Beispiel – meist in Farbdruck auf Hochglanzpapier mit vielen Fotos angereichert – Zeitungen (z. B. „Bayerns Polizei", „Hessische Polizeirundschau", „Die Bundespolizei", „Deine Bahn" usw.) heraus, die als allgemeines Informationsblatt angesehen werden können und viel Internes aus der eigenen Berufsklientel enthalten (Ernennungen, Entlassungen, Behördenleiterwechsel, Neuanschaffungen von Fahrzeugen, Besuche von Ministern oder Vertretern ausländischer Polizeien, sportliche Leistungen etc.). Diese „Hauszeitungen" sind nicht im engen Sinne als wissenschaftliche Fachzeitschriften zu verstehen, da sie frei von wissenschaftlichen Ansprüchen sind. Sie dienen der Stärkung der Corporate Identity und der Selbstdarstellung der Innenpolitik. Das Layout ist halbprofessionell, die Texte sind kurz und mit

56 Vgl. dazu die Einteilung bei Aden, Hartmut: Polizeinahe Fachzeitschriften – Formen und Grenzen des Einflusses auf polizeiliche Deutungsmuster und politische Entscheidungsprozesse, in: Lange, Hans-Jürgen (Hrsg.), Die Polizei der Gesellschaft, Opladen 2003, S. 357 ff.

vielen Fotos durchsetzt. Sie werden in den nachfolgenden Listen mit „(--)" gekennzeichnet. In die Literaturliste sollten sie nur in Absprache mit dem Erstgutachter der wissenschaftlichen Abschlussarbeit aufgenommen werden. Zu ihnen gehören zum Beispiel:

- (--) Bayerns Polizei
- (--) Bundespolizei kompakt (BPk)[57]
- (--) Hessische Polizeirundschau (HPR)
- (--) Kompass (Berlin)
- (--) Polizei in Thüringen (PiT)
- (--) Polizei-Journal (Mecklenburg-Vorpommern)
- (--) Polizeikurier (Sachsen-Anhalt)
- (--) Polizei Sachsen
- (--) Polizei Schleswig-Holstein
- (--) streife (Nordrhein-Westfalen).

Diese Zeitungen sind leicht zu bekommen, da sie mit Steuergeldern voll finanziert sind, an alle Polizeien verteilt werden und oft auch im Internet kostenlos herunterladbar und in der Hausbibliothek vorhanden sind. Erkennbar sind sie nicht nur an den vielen bunten Bildern, sondern vor allem daran, dass Behörden als Herausgeber fungieren. Zu engen polizeispezifischen Themen enthalten diese Zeitungen mitunter aber auch gute, zitierfähige Einzelbeiträge, sodass sie in Bezug darauf als Fachzeitschriften für Beiträge aus den Fächern des Studienbereichs Polizeiführungswissenschaft gelegentlich akzeptiert werden. Diese Zeitschriften sollten aber keinesfalls erste Quelle für Fachbeiträge sein, da sie keine wissenschaftliche Neutralität im engen Sinne haben, zumal die (Chef-)Redaktion regelmäßig ebenfalls von Polizeibeamten wahrgenommen wird. In diese Kategorie müssen auch interessengeleitete Zeitschriften, z. B. 277

- (--) ChriPo, Zeitschrift der Christlichen Polizeivereinigung,

eingestuft werden.

Als wissenschaftliche Fachzeitschriften in eingeschränktem Maße sind weitere, in nachfolgender Liste mit „(±)" gekennzeichnete Zeitschriften zu nennen, die ebenfalls nicht uneingeschränkt als wissenschaftlich neutral eingestuft werden können, weil sie entweder von nachgeordneten (Ober-)Behörden oder deren Führungspersonal[58] herausgegeben werden. In diesen Zeitschriften ist mit kritischen Beiträgen gegenüber der Hauspolitik in der 278

57 Die angehängten Abkürzungen sind nicht alle von den Verlagen vorgegeben, sondern im Wesentlichen aus dem Abkürzungsverzeichnis bei Möllers, Martin H. W. (Hrsg.): Wörterbuch der Polizei. 2. Aufl., München 2010, S. 2349-2431, entnommen.

58 Zumeist Behördenleiter.

Regel nicht zu rechnen, sodass eher keine begründeten Gegenthesen auftauchen. Allerdings können einzelne Artikel wissenschaftlichen Ansprüchen genügen und daher brauchbar sein. Darüber hinaus gibt es Polizeizeitschriften, die wissenschaftlichen Ansprüchen genügen, obwohl sie von leitenden Polizeibeamten herausgegeben werden. Den wissenschaftlichen Anspruch – ohne besondere Kennzeichnung – erfüllen in der Regel zum Beispiel[59]

- Schriftenreihe der Polizei-Führungsakademie (PFA-SchrR 📚)
- Schriftenreihe der Deutschen Hochschule der Polizei (SchR-DHPol)
- Polizei & Wissenschaft (P&W)
- Polizei & Geschichte (P&G 📚)
- Archiv für Polizeigeschichte (AfP)
- Kriminalistik (Kr)
- Kriminologisches Journal (KrimJ)
- Die Polizei (DP).

279 Dagegen sind solche Zeitschriften, die weniger ein wissenschaftliches als ein bestimmtes gesellschaftliches und/oder wirtschaftliches Interesse verfolgen (z. B. von Gewerkschaften oder anderen Interessenverbänden), mit „(±)“ gekennzeichnet und keine wissenschaftlichen Fachzeitschriften im engen Sinne. Die Magazine

- (±) Bevölkerungsschutz – Magazin für Zivil- und Katastrophenschutz des Bundesverwaltungsamts (BVA),
- (±) Magazin für die Polizei (MfdP)
- (±) Homeland Security
- (±) Deutsche Polizei, Zeitschrift der GdP (dp) und
- (±) Deutsche Polizei special (Sonderheftreihe der GdP; dp special)

streuen gelegentlich anspruchsvollere Artikel ein. Dagegen gefällt sich

- (±) Unbequem

in der Dissidentenrolle. Vornehmlich populärwissenschaftlichen Charakter haben zum Beispiel

- (±) Deutsches Polizeiblatt (DPolBl)
- (±) Polizei-heute (ph)
- (±) forum kriminalprävention
- (±) die neue polizei (dnp)
- (±) der kriminalist (dkri).

---

59 Mit 📚 werden diejenigen Publikationen gekennzeichnet, die nur noch archivarische Bedeutung haben, weil ihr Erscheinen eingestellt worden ist.

Neben Polizeibeamten des gehobenen und höheren Dienstes publizieren in diesen Zeitschriften auch Autoren mit wissenschaftlicher Laufbahn. 280

Typisch für wissenschaftliche Fachzeitschriften – soweit es geisteswissenschaftliche Disziplinen sind – ist es, dass sie regelmäßig – außer gelegentlicher Aufnahme von Buch-Werbung – keine Bilder enthalten und von Hochschulprofessoren herausgegeben werden. Verlegt wird eine Fachzeitschrift von einem wissenschaftlichen Verlag, der vor allem entsprechende Bücher im Angebot hat.[60] Diese wissenschaftlichen Verlage geben auch thematisch ins Programm passende Sammelwerke (z. B. Festschriften und Jahrbücher) heraus. Wissenschaftliche Fachzeitschriften, Periodika und Sammelwerke sind daher besonders zur Themenfindung und Literaturrecherche geeignet. 281

2.4.1 Vorauswahl-Suche in Inhaltsverzeichnissen und Registern

Alle Bücher und alle Fachzeitschriften sowie sonstigen Periodika haben ein Inhaltsverzeichnis. Am Zeitschriftenregal lassen sich rasch die Inhaltsverzeichnisse der jeweils neuesten Ausgaben von Zeitschriften durchblättern auf der Suche nach einem geeigneten Thema. Manche Zeitschriften braucht man dazu nicht einmal öffnen, weil die Aufsatzbeiträge bereits auf dem Deckblatt stehen. Dies ist zum Beispiel bei den juristischen und den anderen geisteswissenschaftlichen Fachzeitschriften die Regel. Für die Literatursuche ist diese Art der Aufsatzsuche allerdings zu mühselig und zeitraubend. Viele Fachzeitschriften bieten deshalb Jahresregister oder sogar Mehrjahresregister an. Zum Beispiel gibt es bei der NJW, der *Neuen Juristischen Wochenschrift*, Fünfjahresregister, die nach bestimmten Suchkriterien geordnet und regelmäßig in der Bibliothek aufgestellt sind: 282

- Verfasser der Aufsätze, Berichte, und kurzen Beiträge
- Verfasser der Kommentare
- Gesetzgebung, Mitteilungen und Personalien
- Arbeitshilfen
- Buchbesprechungen
- Entscheidungsregister – zeitlich geordnet
- Fundstellenverzeichnis
- Gesetzesregister
- Sachregister.[61]

---

60 Solche wissenschaftlichen Verlage sind – neben anderen – z. B. C. H. Beck in München, Nomos in Baden-Baden, Springer VS in Wiesbaden oder Verlag für Polizeiwissenschaft in Frankfurt/M.

61 Vgl. dazu das Fünfjahresregister 2006-2010, in: http://www.beck-shop.de/NJW-Fuenfjahresregister-2006-2010/productview.aspx?product=2405722 (Abruf: 10.10.2014).

283 Die Beilage zur Wochenzeitung *Das Parlament*, die APuZ (Aus Politik und Zeitgeschichte), hat ein Gesamtverzeichnis 1953-1992 herausgegeben, das also einen Zeitraum von 40 Jahren umfasst und neben dem chronologischen Register auch ein Autorenregister und ein Schlagwortregister enthält. Mit Hilfe dieser Register lässt sich relativ rasch nach geeigneter Literatur zu dem anvisierten Thema der wissenschaftlichen Abschlussarbeit finden.

284 Voraussetzung ist aber, geeignete Fachzeitschriften überhaupt erst einmal zu kennen. Aus der Fülle an Fachzeitschriften, die auf dem Markt der Printmedien vorhanden sind, lassen sich exemplarisch nachfolgende unter Berücksichtigung des Polizeivollzugs und gestaffelt nach den drei großen Studienbereichen an Polizeihochschulen aufführen. Sie sollen die Recherche erleichtern und einen Anhaltspunkt für weitere Forschungen geben.

2.4.2 Fachzeitschriften des Studienbereichs Polizeiführungswissenschaft

285 Für den Studienbereich Polizeiführungswissenschaft, der nach Verständnis dieses Buchs die Fächer Einsatzlehre, Kriminalistik, Kriminologie und Führungslehre umfasst, können im Einzelnen zum Beispiel folgende Zeitschriften in alphabetischer Reihenfolge genannt werden:

– Arbeiten zu Studium und Praxis in der Bundespolizei (ASPiBPOL 📚)[62]
– Archiv für Kriminologie (AfKrim)
– Archiv für Polizeigeschichte (AfP)
– (--) Bayerns Polizei
– Beiträge zur Inneren Sicherheit, Schriftenreihe der FH Bund, FB Öffentliche Sicherheit (FHB-BeitrR)
– (±) Bevölkerungsschutz – Magazin für Zivil- und Katastrophenschutz des Bundesverwaltungsamts (BVA)
– (--) Bevölkerungsschutz, Zeitschrift des Bundesamts für Bevölkerungsschutz und Katastrophenhilfe (BBK)
– Blutalkohol
– British Journal of Criminology (BJC)
– Bundeskriminalblatt (BKBl)
– (--) Bundespolizei kompakt (BPk)
– Bürgerrechte & Polizei (CILIP)
– CD Sicherheits-Management, Fachmagazin für Sicherheits-Entscheider
– (--) ChriPo, Zeitschrift der Christlichen Polizeivereinigung
– Datenschutz-Berater (DSB)

62 Jetzt: „Schriften zur Bundespolizei (SzB)"; Alle Ausgaben sind als PDF-Dokumente kostenlos herunterladbar unter http://www.hsbund.de (genaue Webadresse in Fn. 4).

- Datenschutz und Datensicherung – Recht und Sicherheit in Informationsverarbeitung und Kommunikation (DuD)
- (--) Der deutsche Zollbeamte – Zeitschrift (mit gesondert nummerierten Fachteil = F) des Bundes der deutschen Zollbeamten (ddz)
- (±) Der Einzelentscheider-Brief (des BAMF)
- (±) der kriminalist (dkri)
- Der Öffentliche Dienst (DÖD)
- Der Personalrat – PersonalRecht im öffentlichen Dienst
- (--) Der Sicherheitsdienst, Verbandszeitschrift des BDWS (DSD)
- Detektiv Kurier, Fachzeitschrift für Detektive
- (±) Deutsche Polizei, Zeitschrift der GdP (dp)
- (±) Deutsche Polizei special (Sonderheftreihe der GdP; dp special)
- deutsche zoll und polizei zeitschrift (dzpolz)
- (±) Deutsches Polizeiblatt (DPolBl)
- Deutsches Waffen Journal (DWJ)
- (±) Die Kriminalpolizei – Vierteljahreszeitschrift der Gewerkschaft der Polizei (DKriPo)
- Die Kriminalprävention – Zeitschrift des Europäischen Zentrums für Kriminalprävention (DKrim)
- (±) die neue polizei (dnp)
- Die Neue Verwaltung – Zeitschrift für modernes Management und Wirtschaftlichkeit in der öffentlichen Verwaltung (DNV)
- Die Personalvertretung (PersV)
- Die Polizei (DP)
- (--) Die Polizei-Zeitung Baden-Württemberg (dpz)
- (±) Europäische Sicherheit – Politik, Streitkräfte, Wirtschaft, Technik
- (±) EURO SECURITY, Security- und Safety-Magazin
- (±) Flüchtlinge (UNHCR)
- Forschungsreihe des BKA (BKA-ForR)
- (±) Fortbildung Aktuell, Zeitschrift des BGS (FA)
- (±) forum kriminalprävention
- (--) Frauenrat
- Gleichstellung in der Praxis (GiP)
- (--) Hessische Polizeirundschau (HPR)
- (±) Homeland Security
- (±) Information für die Truppe (IFDT)
- (--) Internationales Magazin für Soldaten (IMS)
- Jahrbuch Öffentliche Sicherheit (JBÖS)
- Journal of Forensic Sciences (JFSCA)
- <kes> – Die Zeitschrift für Informations-Sicherheit
- (--) Kompass (Berlin)

- Kriminalistik (Kr)
- Kriminalistik und forensische Wissenschaft (KrifWiss)[63]
- Kriminologisches Journal (KrimJ)
- Lehr- und Studienbriefe Kriminalistik (LuStB Kr)
- Lehr- und Studienbriefe Kriminologie (LuStB Krim)
- (±) Magazin für die Polizei (MfdP)
- Monatsschrift für Kriminologie und Strafrechtsreform (MschrKrim)
- Neue Kriminalpolitik (NK)
- Neues Polizeiarchiv (NPA)
- (±) Polizei-heute (ph)
- (±) polizei info forum
- (--) Polizei in Thüringen (PiT)
- (--) Polizei-Journal (Mecklenburg-Vorpommern)
- (--) Polizeikurier (Sachsen-Anhalt)
- Polizeinachrichten – Berufskundliche Hefte der Polizei (PN)
- (±) POLIZEIreport
- (--) Polizei Sachsen
- (--) Polizei Schleswig-Holstein
- (--) Polizeispiegel (pspiegel)
- (--) Polizeisportkurier (polsport)
- (--) polizei verkehr+technik
- Polizei & Wissenschaft (P&W)
- Prodektor, Europäisches Sicherheitsmagazin
- Publikationen des Bundeskriminalamts (BKA)[64]
- Publikationen des Zollkriminalamts (ZKA-SchrR)[65]
- Recht im Amt – Zeitschrift für den öffentlichen Dienst (RiA)
- Rettungsdienst – Zeitschrift für präklinische Notfallmedizin (RettD)
- Schriftenreihe der Polizei-Führungsakademie (PFA-SchrR 📚) bzw. der Deutschen Hochschule der Polizei (DHPol-SchrR)[66]
- Schriften zur Bundespolizei (SzB)[67]
- Sicherheit&Management, Magazin für Security und Safety (GIT)

---

63 Das Erscheinen der Zeitschrift im Verlag C. F. Müller ist inzwischen eingestellt, aber manche Beiträge sind noch lesenswert und in Bibliotheken erhältlich!

64 Eine Übersicht über die Publikationen des BKA mit Bestellmöglichkeiten gibt es unter: www.bka.de/nn_205956/DE/Publikationen/Publikationen__node.html?__nnn=true (Abruf: 10.10.2014).

65 Eine Übersicht über die Publikationen des ZKA mit Bestellmöglichkeiten gibt es unter: www.zoll.de/DE/Service/Publikationen/publikationen_node.html (Abruf: 10.10.2014).

66 Eine Liste der bisher erschienenen Bände gibt es unter: https://www.dhpol.de/de/hochschule/Publikationen/index.php?p=8 (Abruf: 10.10.2014).

67 Alle Ausgaben sind als PDF-Dokumente kostenlos herunterladbar unter http://www.hsbund.de (genaue Webadresse in Fn. 4).

- Sicherheitsberater, Informationsdienst zur Sicherheit in Wirtschaft und Verwaltung
- Sport und Recht – Zeitschrift für Sport und Recht (SpuRt)
- (--) streife (Nordrhein-Westfalen)
- (±) Tatmittelmeldedienst für Spreng- und Brandvorrichtungen (USBV-Report – VS-nfD)
- TEXTE, Schriftenreihe der Fachhochschule Villingen-Schwenningen – Hochschule für Polizei – (FHVS-Texte)
- (±) Unbequem
- Unterrichtsblätter – Zeitschrift für Ausbildung, Fortbildung und Verwaltungspraxis für die Bundeswehrverwaltung (UBWV)
- Verwaltungsführung, Organisation, Personal – Fachzeitschrift für Öffentliche Verwaltung (VOP)
- Visier – Das internationale Waffenmagazin (Visier) mit der Sonderheftreihe Visier-Special
- Vortragsreihe des BKA (BKA-VorR)
- Wirtschaftsschutz und Sicherheitstechnik (W&S)
- (--) Y. – Magazin der Bundeswehr
- Zeitschrift Führung + Organisation (zfo)
- Zeitschrift für Innere Sicherheit in Deutschland und Europa (ZFIS)
- Zeitschrift für Kommunikations- und EDV-Sicherheit (KES)
- Zeitschrift für Luft- und Weltraumrecht (ZLW)
- Zeitschrift für Personalvertretungsrecht (ZfPR)
- Zeitschrift für Polizei, Technik und Verkehr (PTV)
- Zeitschrift für Tarif-, Arbeits- und Sozialrecht des öffentl. Dienstes (ZTR)
- Zeitschrift für Wirtschaft, Kriminalität und Sicherheit (WIK)
- Zeitschrift für Wirtschaftsschutz & Sicherheitstechnik (W&S)
- (±) zweiwochendienst – Frauen und Politik (zwd).

Diese genannten Fachzeitschriften bieten zu einem großen Teil auch Beiträge **286**
zu Themen aus den beiden anderen Studienbereichen Rechtswissenschaft und Gesellschaftswissenschaften. Dennoch sind für Themen aus dem Studienbereich Rechtswissenschaft zur Abgrenzung eigene Publikationen zu nennen:

2.4.3 Fachzeitschriften des Studienbereichs Rechtswissenschaft mit Polizeibezug

287 Der Studienbereich Rechtswissenschaft umfasst nach dem Verständnis dieses Buchs die Fächer Einsatzrecht und Öffentliches Dienstrecht. Zum Einsatzrecht gehören im Einzelnen die Fächer Allgemeines Verwaltungsrecht, Allgemeines und Besonderes Polizeirecht, Strafrecht, Strafprozessrecht, Ordnungswidrigkeitenrecht und Bürgerliches Recht. Da polizeiliche Maßnahmen im Zusammenhang mit dem gesamten gesellschaftlichen Leben stehen können, ist die Palette möglicher Zeitschriftenbeiträge mit Polizeibezug sehr weit zu fassen. Im Einzelnen können daher zum Beispiel folgende rechtswissenschaftlichen Zeitschriften in alphabetischer Reihenfolge genannt werden:

- Agrarrecht (AgrarR)
- Anwaltsblatt (AnwBl)
- Arbeit und Arbeitsrecht (AuA)
- Arbeit und Recht (ArbuR)
- Arbeitsrecht im Betrieb (AiB)
- Archiv des Völkerrechts (AVR)
- Archiv für die civilistische Praxis (AcP)
- Archiv für öffentliches Recht (AöR)
- Archiv für Post und Telekommunikation (ArchPT)
- Archiv für Presserecht (AfP)
- Archiv für Urheber-, Film-, Funk- und Theaterrecht (UFITA)
- Arztrecht (ArztR)
- Außenwirtschaftliche Praxis (AW-Prax)
- Baden-Württembergische Verwaltungsblätter (BWVBl)
- Baden-Württembergische Verwaltungspraxis (BWVP)
- Bayerische Verwaltungsblätter (BayVBl)
- Betriebs-Berater (BB)
- (±) Blutalkohol (BA)
- (--) Bundesanzeiger (BAnz.)
- (±) Bundeskriminalblatt (BKBl.)
- Computer und Recht (CR)
- Computerrecht Intern (CI)
- Das juristische Büro (JB)
- Datenschutz und Datensicherung (DuD)
- Datenschutz-Berater (DSB)
- (±) Datenverarbeitung, Steuer, Wirtschaft, Recht (DSWR)
- Der Arzt und sein Recht (AuR)
- Der Deutsche Rechtspfleger (Rpfleger)

- Der Öffentliche Dienst (DÖD)
- Der Staat (Staat)
- Deutsch-deutsche Rechts-Zeitschrift (DtZ)
- Deutsche Justiz (DJ)
- Deutsche Richterzeitung (DRiZ)
- Deutsche Verwaltungspraxis (DVP)
- (±) Deutsches Autorecht, Rechtszeitschrift des ADAC (DAR)
- (±) Deutsches Polizeiblatt (DPolBl)
- Deutsches Verwaltungsblatt (DVBl)
- Deutsches Waffen Journal (DWJ)
- Die Fundstelle für die Kommunalverwaltung in Baden-Württemberg (FuBW)
- Die Fundstelle für die Kommunalverwaltung in Bayern (FSt)
- Die Fundstelle für die Kommunalverwaltung in Hessen (FuHe)
- Die Fundstelle für die Kommunalverwaltung in Niedersachsen (FuNds)
- Die Neue Verwaltung (DNV)
- Die Öffentliche Verwaltung (DÖV)
- Die Polizei (DP)
- Die Sozialgerichtsbarkeit (SGb)
- Die Verwaltung (Verw)
- Europa Archiv (EA)
- Europäische Grundrechte-Zeitschrift (EuGRZ)
- Europäische Zeitschrift für Wirtschaftsrecht (EuZW)
- Europarecht (EuR)
- Fachanwalt Arbeitsrecht (FAr)
- Familie und Recht (FuR)
- Forschungsreihe des BKA (BKA-ForR)
- (±) Fortbildung Aktuell (FA)
- Forum Familien- und Erbrecht (FF)
- Gewerbearchiv (GewArch)
- Gewerblicher Rechtsschutz und Urheberrecht (GRUR)
- Goltdammer's Archiv für Strafrecht (GA)
- Humanitäres Völkerrecht. Informationsschriften (HuV-I)
- Informatik und Recht (iur)
- Informationen zum Arbeitslosenrecht und Sozialhilferecht (info-also)
- (±) Informationsbrief Ausländerrecht (InfAuslR)
- Internationale Wirtschafts-Briefe (IWB)
- Jahrbuch des öffentlichen Rechts der Gegenwart – Neue Folge (JöR NF)
- Jahrbuch für Recht und Ethik – Annual Review of Law and Ethics (JRE)
- Jahrbuch Öffentliche Sicherheit (JBÖS)
- Journal der Juristischen Zeitgeschichte (JoJZG)

- Journal für Rechtspolitik, Wien (JRP)
- Jura (Jura)
- Juramagazin für Berlin und Brandenburg (JUSTUF)
- Juristenzeitung (JZ)
- Juristische Analysen (JurA)
- Juristische Arbeitsblätter (JA)
- Juristische Ausbildung (JA)
- Juristische Blätter Österreich (JBl)
- Juristische Rundschau (JR)
- Juristische Schulung (JuS)
- jur-pc (jur-pc)
- (--) Justizministerialblatt für das Land Nordrhein-Westfalen (JMBlNW)
- Kommunikation & Recht (K&R)
- Krankenhaus & Recht (KR)
- Kriminalistik (Kr)
- Kritische Justiz (KJ)
- Kritische Vierteljahresschrift für Gesetzgebung und Rechtswissenschaft (KritV)
- Lebensmittel & Recht (LMuR)
- MedizinRecht (MedR)
- MenschenRechtsMagazin – Zeitschrift des Menschenrechts-Zentrums der Universität Potsdam (MRM)
- (±) Mitteilungsblatt der Arbeitsgemeinschaft Verkehrsrecht des Deutschen Anwalt-Vereins (MittVerkR)
- Monatshefte für Osteuropäisches Recht (WGO)
- Monatsschrift für Deutsches Recht (MDR)
- Monatsschrift für Kriminologie und Strafrechtsreform (MSchrKrim)
- MultiMedia und Recht (MMR)
- Natur und Recht (NuR)
- Nederlands Tijdschrift voor de Mensenrechten (NJCM)
- Neue Juristische Wochenschrift (NJW) / NJW-Rechtsprechungs-Report (NJW-RR) / NJW-Computer-Report (NJW-CoR)
- Neue Justiz (NJ)
- Neue Zeitschrift für Arbeits- und Sozialrecht (NZA)
- Neue Zeitschrift für Gesellschaftsrecht (NZG)
- Neue Zeitschrift für Miet- und Wohnungsrecht (NZM)
- Neue Zeitschrift für Strafrecht (NStZ) / NStZ-Rechtsprechungs-Report (NStZ-RR)
- Neue Zeitschrift für Verkehrsrecht (NZV)
- Neue Zeitschrift für Versicherung und Recht (NVersZ)

- Neue Zeitschrift für Verwaltungsrecht (NVwZ) / NVwZ-Rechtsprechungs-Report (NVwZ-RR)
- Neue Zeitschrift für Wehrrecht (NZWehrR)
- Niedersächsische Verwaltungsblätter (NdsVBl)
- Nordrhein-Westfälische Verwaltungsblätter (NWVBl)
- Österreichische Juristen-Zeitung (ÖJZ)
- Osteuropa-Recht (OstEurR)
- Pharmarecht (PharmaR)
- Polizei & Wissenschaft (P&W)
- Praxis der freiwilligen Gerichtsbarkeit (FGPrax)
- Praxis des internationalen Privat- und Verfahrensrechts (IPRax)
- Produkt- und Umwelthaftpflicht international (PHi)
- Rabels Zeitschrift für ausländisches und internationales Privatrecht (RabelsZ)
- Recht der Arbeit (RdA)
- Recht der Datenverarbeitung (RDV)
- Recht der Internationalen Wirtschaft (RIW)
- Recht im Amt (RiA)
- Recht in Ost und West (ROW)
- Recht und Politik (RuP)
- Recht und Psychiatrie (RPsych)
- Rechtshistorisches Journal (RJ)
- Rechtstheorie (Rth)
- Rettungsdienst (RettD)
- Saarländische Kommunal-Zeitschrift (SKZ)
- Sächsische Verwaltungsblätter (SächsVBl)
- Schnelldienst Ausländer- und Asylrecht (AuAS)
- Schriftenreihe der FH Bund (FHB-SchrR)[68]
- Schriftenreihe des mittelalterlichen Kriminalmuseums in Rothenburg ob der Tauber (SchR-Kri)
- Schriften zur Bundespolizei (SzB)[69]
- Schweizerische Juristen-Zeitung (SJZ)
- Schweizerische Zeitschrift für Strafrecht (ZStrR)
- Sport und Recht (SpuRt)
- Strafverteidiger (StV) / Strafverteidiger-Forum (StraFo)

---

68 Eine Liste der bisher erschienenen Bände, teilweise im Volltext herunterladbar, sowie der anderen Veröffentlichungen ist unter: http://www.fhbund.de/nn_18526/DE/04__FH__Bund/40__Hochschulzentrale/10__Referat__W/35__Publikationen/25__Schriften__BPOL/schriften__bpol__bpol.html erreichbar (Abruf: 10.10.2014).

69 Alle Ausgaben sind als PDF-Dokumente kostenlos herunterladbar unter http://www.hsbund.de (genaue Webadresse in Fn. 4).

- (±) Streit – Feministische Rechtszeitschrift des Vereins „Frauen streiten für ihr Recht“ e. V. (Streit)
- TEXTE, Schriftenreihe der FH Villingen-Schwenningen (FHVS-Texte)
- Thüringer Verwaltungsblätter (ThürVBl)
- Transportrecht (TranspR)
- Umwelt- und Planungsrecht (UPR)
- Unterrichtsblätter für die Bundeswehrverwaltung (UBWV)
- Verbraucher und Recht (VuR)
- (±) Vereinte Nationen – Zeitung der Deutschen Gesellschaft für die Vereinten Nationen und ihre Sonderorganisationen (ZVN)
- Verfassung und Recht in Übersee – Law and Politics in Africa, Asia and Latin America (VRÜ)
- Verkehrsblatt (VkBl)
- Verkehrsdienst (VD)
- Verkehrsrechtliche Mitteilungen (VM)
- Verkehrsrechtssammlung (VRS)
- Veröffentlichungen der Vereinigung der dt. Staatsrechtslehrer (VVDStRL)
- Versicherungsrecht (VersR)
- Verwaltungsarchiv (VerwArch)
- Verwaltungsblätter für Baden-Württemberg (VBlBW)
- Verwaltungsrundschau (VR)
- Vierteljahresschrift für Sozialrecht (VSSR)
- Visier – Das internationale Waffenmagazin (Visier)
- Wertpapier-Mitteilungen (WM)
- Wirtschaft und Recht in Osteuropa (WiRO)
- Zeitschrift der Akademie des Deutschen Rechts (ZAkDR)
- Zeitschrift der Savigny-Stiftung für Rechtsgeschichte, Germanistische Abteilung, Wien (ZRG-Germ)
- Zeitschrift der Savigny-Stiftung für Rechtsgeschichte, Kanonistische Abteilung, Wien (ZRG-Kan)
- Zeitschrift der Savigny-Stiftung für Rechtsgeschichte, Romanistische Abteilung, Wien (ZRG-Rom)
- Zeitschrift für Arbeitsrecht (ZFA)
- Zeitschrift für Ausländerrecht und Ausländerpolitik (ZAR)
- Zeitschrift für ausländisches öffentliches Recht und Völkerrecht (ZaöRV)
- Zeitschrift für Bankrecht und Bankwirtschaft (ZBB)
- Zeitschrift für Beamtenrecht (ZBR)
- Zeitschrift für das gesamte Familienrecht (FamRZ)
- Zeitschrift für das gesamte Handels- und Wirtschaftsrecht (ZHR)
- Zeitschrift für das gesamte Lebensmittelrecht (ZLR)

- Zeitschrift für das gesamte Recht der Telekommunikation (RTkom)
- Zeitschrift für deutsches und internationales Baurecht (ZfBR)
- Zeitschrift für die gesamte Strafrechtswissenschaft (ZStW)
- Zeitschrift für Erbrecht und Vermögensnachfolge (ZEV)
- Zeitschrift für Gesetzgebung (ZG)
- Zeitschrift für Luft- und Weltraumrecht (ZLW)
- Zeitschrift für Miet- und Raumrecht (ZMR)
- Zeitschrift für Neuere Rechtsgeschichte (ZNR)
- Zeitschrift für öffentliches Recht in Norddeutschland – (NordÖR)
- Zeitschrift für Personalvertretungsrecht (ZfPR)
- Zeitschrift für Rechtspolitik (ZRP)
- Zeitschrift für Rechtssoziologie (ZfRSoz)
- Zeitschrift für Rechtsvergleichung, Internationales Privatrecht und Europarecht (ZfRV)
- Zeitschrift für Schadensrecht (zfs)
- Zeitschrift für Strafvollzug und Straffälligenhilfe (ZfStrVo)
- Zeitschrift für Tarif-, Arbeits- u. Sozialrecht des öffentl. Dienstes (ZTR)
- Zeitschrift für Umweltrecht (ZUR)
- Zeitschrift für Unternehmens- und Gesellschaftsrecht (ZGR)
- Zeitschrift für Urheber- und Medienrecht (ZUM)
- Zeitschrift für vergleichende Rechtswissenschaft (ZvglRWiss)
- Zeitschrift für Verkehrsrecht (ZVR)
- Zeitschrift für Vermögens- und Immobilienrecht (VIZ)
- Zeitschrift für Wasserrecht (ZfW)
- Zeitschrift für Wirtschaft, Steuer und Strafrecht (wistra)
- Zeitschrift für Wirtschaftsrecht und Insolvenzpraxis (ZIP)
- Zeitschrift für Zivilprozess (ZZP)
- Zentralblatt für Jugendrecht (ZfJ)
- Zentralblatt für Sozialversicherung, Sozialhilfe und Versorgung (ZfSSV).

Diese genannten Fachzeitschriften bieten zu einem großen Teil auch Beiträge **288** zu Themen aus den beiden anderen Studienbereichen Polizeiführungs- und Gesellschaftswissenschaften, sodass einige wenige doppelt oder dreifach genannt sind. Aber auch für den Studienbereich Gesellschaftswissenschaften können eigene Publikationen genannt werden:

2.4.4 Fachzeitschriften des Studienbereichs Staats- und Gesellschaftswissenschaften mit Polizeibezug

Für den Studienbereich Staats- und Gesellschaftswissenschaften, der nach **289** Verständnis dieses Buchs die Fächer Staats- und Verfassungsrecht, Europa- und Völkerrecht, Politologie, Psychologie, Didaktik sowie Technik wissenschaftlichen Arbeitens umfasst, können im Einzelnen zum Beispiel folgende Zeitschriften in alphabetischer Reihenfolge genannt werden:

- American Political Science Review (APSR)
- Arbeit und Recht (ArbuR)
- Archiv des Völkerrechts (AVR)
- Archiv für Kommunalwissenschaften (AfK)
- Archiv für Kriminologie (AfKr)
- Archiv für öffentliches Recht (AöR)
- Archiv für Post und Telekommunikation (ArchPT)
- Archiv für Presserecht (AfP)
- Archiv für Rechts- und Sozialphilosophie (ARSP)
- Asylmagazin (AsylM)
- Aus Politik und Zeitgeschichte, Beilage zu „Das Parlament“ (APuZ)
- Ausbildung, Prüfung, Fortbildung (apf)
- Aussenwirtschaft – Schweizerische Zeitschrift für internationale Wirtschaftsbeziehungen (Aw)
- Außenwirtschaftliche Praxis (AW-Prax)
- Austrian Journal of public and international Law, Wien (AJ)
- Baden-Württembergische Verwaltungsblätter (BWVBl)
- Baden-Württembergische Verwaltungspraxis (BWVP)
- Bayerische Verwaltungsblätter (BayVBl)
- Beiträge zur Inneren Sicherheit (FHB-BeitrR)[70]
- (±) Berichte der FH Bund (FHB-BerR)[71]
- Berlin Brandenburger Zeitung der nationalen Erneuerung (BBZ)
- Betreuungsrechtliche Praxis (BtPrax)
- Bewährungshilfe (BewHi)
- Bild der Wissenschaft (Illustrierte) (BdW)
- Blätter für Deutsche und Internationale Politik (Blätter)
- Blätter für Wohlfahrtspflege – Deutsche Zeitschrift für Sozialarbeit (BlW)
- British Journal of Criminology (BJC)
- (--) Bulletin des Presse- und Informationsamtes der Bundesregierung (Bull-BReg)
- (--) Bundesanzeiger (BAnz.)
- (--) Bundesarbeitsblatt. Amtliche Monatsschrift des Bundesministeriums für Arbeit und Soziales (BArbBl.)
- (±) Bundeskriminalblatt (BKBl.)

---

70 Zur Liste der bisher erschienenen Bände, die teilweise im Volltext herunterladbar sind, vgl. Fn. 68.

71 Vgl. Fn. 68.

- Bürgerrechte & Polizei CILIP (CILIP)
- Computer und Recht (CR)
- (±) Das Parlament (Zeitung) (Parlament)
- Datenschutz und Datensicherung (DuD)
- Datenschutz-Berater (DSB)
- (±) der kriminalist (dkri)
- Der Öffentliche Dienst (DÖD)
- Der pädagogische Blick (PB)
- Der Staat – Zeitschrift für Staatslehre, Öffentliches Recht und Verfassungsgeschichte (Staat)
- (±) Der Städtetag (Städtetag)
- Deutsch-deutsche Rechts-Zeitschrift (DtZ)
- Deutsche Verwaltungspraxis (DVP)
- (±) Deutsches Polizeiblatt (DPolBl)
- Deutsches Verwaltungsblatt (DVBl)
- Deutschland Archiv (DA)
- Die Aktiengesellschaft (AG)
- Die Deutsche Schule – Zeitschrift für Erziehungswissenschaft, Bildungspolitik und pädagogische Praxis (DDS)
- Die innovative Verwaltung (iv)
- Die Kommunalverwaltung (KomVerw)
- (±) Die Kriminalpolizei (DKriPo)
- Die Kriminalprävention (DKrim)
- die neue polizei (dnp)
- Die Neue Verwaltung (DNV)
- Die Öffentliche Verwaltung (DÖV)
- Die Polizei (DP)
- Die Sozialversicherung (SozVers)
- Die Verwaltung (Verw)
- Engagement, Zeitschrift für Erziehung und Schule
- Erziehung und Unterricht (e&u)
- Erziehungswissenschaft (ErzWiss)
- Europa Archiv (EA)
- Europäische Grundrechte-Zeitschrift (EuGRZ)
- Europarecht (EuR)
- Familie und Recht (FuR)
- (±) Forschungsreihe des BKA (BKA-ForR)
- (±) Fortbildung Aktuell (FA 📚)
- Forum Psychotherapeutische Praxis (PP)
- Geographische Rundschau (GR)
- German Yearbook of International Law (GYIL)

- Gesellschaft – Wirtschaft – Politik (GWP)
- Gesetzgebung heute – Législation d'aujourd'hui – Legislazione d'aggi – Legislazium dad oz (LeGes)
- Gesundheits- und Sozialpolitik (GesPol)
- Government and Opposition (GO)
- Grundlagen der Weiterbildung-Zeitschrift (GdWZ)
- Gruppendynamik und Organisationsberatung (G&O)
- Hessische Blätter für Volkskunde (HBlfV)
- Historische Zeitschrift (HZ)
- Humanitäres Völkerrecht. Informationsschriften (HuV-I)
- Informatik und Recht (iur)
- Informationen zum Arbeitslosenrecht und Sozialhilferecht (info-also)
- (±) Informationen zur politischen Bildung (IzpB)
- (±) Informationsbrief Ausländerrecht (InfAuslR)
- Integration (Integration)
- Internationale Politik (IP)
- Internationale Politik und Gesellschaft – International Politics and Society (IPG)
- Jahrbuch des öffentlichen Rechts der Gegenwart – Alte Folge (JöR AF)
- Jahrbuch des öffentlichen Rechts der Gegenwart – Neue Folge (JöR NF)
- Jahrbuch für Politik (JfP)
- Jahrbuch für Recht und Ethik – Annual Review of Law and Ethics (JRE)
- Jahrbuch Öffentliche Sicherheit (JBÖS)
- Jahrbuch Telekommunikation und Gesellschaft (JbTkG)
- Journal für Rechtspolitik, Wien (JRP)
- Journal of European Integration History (JEIH)
- Kind – Jugend – Gesellschaft (KJuG)
- Kölner Zeitschrift für Soziologie und Sozialpsychologie (KZfSS)
- Kommunikation & Recht (K&R)
- Konsens – Fachjournal für Mediation – Konfliktmanagement – Vertragsgestaltung (Konsens)
- Kriminalistik (Kr)
- Kriminal-Pädagogik (KrimPäd)
- Kritische Justiz (KJ)
- Kritische Vierteljahresschrift für Gesetzgebung u. Rechtswissenschaft (KritV)
- L.A. Multimedia
- Leviathan – Berliner Zeitschrift für Sozialwissenschaft (Leviathan)
- Medien & Kommunikationswissenschaft (M&K)
- MenschenRechtsMagazin – Zeitschrift des Menschenrechts-Zentrums der Universität Potsdam (MRM)

- Monatshefte für Osteuropäisches Recht (WGO)
- Natur und Recht (NuR)
- Nederlands Tijdschrift voor de Mensenrechten (NJCM)
- Neue Kriminalpolitik (NKri)
- Neue Zeitschrift für Gesellschaftsrecht (NZG)
- Neue Zeitschrift für Wehrrecht (NZWehrR)
- Nordrhein-Westfälische Verwaltungsblätter (NWVBl)
- Office Management (O.M.)
- Österreichische Zeitschrift für Politikwissenschaft (ÖZP)
- Österreichische Zeitschrift für Soziologie (ÖZS)
- Osteuropa-Recht (OstEurR)
- PÄD Forum – Zeitschrift für soziale Probleme, pädagogische Reformen und alternative Entwürfe (PF)
- PÄDAGOGIK – schulpädagogische Fachzeitschrift
- Parliamentary Affairs (PA)
- Polis – Report der Deutschen Vereinigung für Politische Bildung (Polis)
- Politische Dokumentation (Datenbank zur deutschen und internationalen Politik für die Jahre 1977 bis 1988 der Freien Universität Berlin) (POL-DOK)
- Politische Vierteljahresschrift (PVS)
- Polizei & Geschichte (P&G 📚)
- Polizei & Wissenschaft (P&W)
- Praxis Schule 5-10
- Psychologie in Erziehung und Unterricht
- Psychologische Rundschau (PR)
- Publikationen des Bundeskriminalamts (BKA)[72]
- Recht der Jugend und des Bildungswesens (RdJB)
- Recht in Ost und West (ROW)
- Recht und Politik (RuP)
- Recht und Psychiatrie (RPsych)
- Rechtshistorisches Journal (RJ)
- Rechtstheorie (Rth)
- Sächsische Verwaltungsblätter (SächsVBl)
- Schnelldienst Ausländer- und Asylrecht (AuAS)
- Schriftenreihe der Bundeszentrale für politische Bildung (BpB-SchrR)
- (±) Schriftenreihe der FH Bund (FHB-SchrR)[73]

---

72 Eine Übersicht über die Publikationen des BKA mit Bestellmöglichkeiten gibt es unter: http://www.bka.de/nn_205956/DE/Publikationen/Publikationen__node.html?__nnn=true (Abruf: 10.10.2014).

73 S. Fn. 4.

- (±) Schriftenreihe der Polizei-Führungsakademie (PFA-SchrR 📚) bzw. der Deutsche Hochschule der Polizei (DHPol-SchrR)[74]
- Schriftenreihe der Vierteljahreshefte für Zeitgeschichte (SVfZ)
- Schriftenreihe des Instituts für Entwicklung und Frieden (INEF-Report)
- Schriften zur Bundespolizei (SzB)[75]
- Schweizerisches Jahrbuch für Politische Wissenschaft (SJPW)
- Soziale Sicherheit (SozSi)
- Sozialmagazin (SozM)
- Soziologie (Soziologie)
- Sprache – Stimme – Gehör (SSG)
- Staatswissenschaft und Staatspraxis (SuS)
- (±) Streit – Feministische Rechtszeitschrift des Vereins „Frauen streiten für ihr Recht“ e. V. (Streit)
- Sucht – Zeitschrift für Wissenschaft und Praxis (Sucht)
- TEXTE, Schriftenreihe der FH Villingen-Schwenningen (FHVS-Texte)
- Thüringer Verwaltungsblätter (ThürVBl)
- Unterrichtsblätter für die Bundeswehrverwaltung (UBWV)
- Unterrichtswissenschaft – Zeitschrift für Lernforschung (UW)
- Verbraucher und Recht (VuR)
- Vereinte Nationen – Zeitung der Deutschen Gesellschaft für die Vereinten Nationen und ihre Sonderorganisationen (ZVN)
- Verfassung und Recht in Übersee – Law and Politics in Africa, Asia and Latin America (VRÜ)
- Veröffentlichungen der Vereinigung der dt. Staatsrechtslehrer (VVDStRL)
- Verwaltung & Management (V&M)
- Verwaltungsarchiv (VerwArch)
- Verwaltungsblätter für Baden-Württemberg (VBlBW)
- Verwaltungsführung, Organisation, Personal (VOP)
- Verwaltungsrundschau (VR)
- Vierteljahresschrift für Sicherheit und Frieden (S+F)
- Weiterbildung – Zeitschrift für Grundlagen, Praxis und Trends (vormals GdWZ)
- Wirtschaft und Recht in Osteuropa (WiRO)
- (--) woche im bundestag (Zeitschrift des Bundestages) (WIB)
- (--) Yearbook of the United Nations (YbUN)
- Zeitschrift für angewandte Umweltforschung (ZAU)

---

74 Eine Liste der bisher erschienenen Bände gibt es unter: https://www.dhpol.de/de/hochschule/Publikationen/index.php?p=8 (Abruf: 10.10.2014).

75 Alle Ausgaben sind als PDF-Dokumente kostenlos herunterladbar unter http://www.hsbund.de (genaue Webadresse in Fn. 4).

- Zeitschrift für Ausländerrecht und Ausländerpolitik (ZAR)
- Zeitschrift für ausländisches öffentliches Recht und Völkerrecht (ZaöRV)
- Zeitschrift für das Fürsorgewesen (ZfF)
- Zeitschrift für Berufs- und Wirtschaftspädagogik (ZBW)
- Zeitschrift für Erziehungswissenschaft (ZfE)
- Zeitschrift für experimentelle und angewandte Psychologie (ZfPsy)
- Zeitschrift für Gesetzgebung (ZG)
- Zeitschrift für Innere Sicherheit in Deutschland und Europa (ZFIS)
- Zeitschrift für Internationale Beziehungen (ZfIB)
- Zeitschrift für Neuere Rechtsgeschichte (ZNR)
- Zeitschrift für öffentliches Recht in Norddeutschland (NordÖR)
- Zeitschrift für Pädagogik (Z.f.Päd.)
- Zeitschrift für Pädagogische Psychologie – German Journal of Educational Psychology (ZPadP)
- Zeitschrift für Parlamentsfragen (ZParl)
- Zeitschrift für Politik (ZfP)
- Zeitschrift für Politikwissenschaft (ZPol)
- Zeitschrift für Rechtspolitik (ZRP)
- Zeitschrift für Rechtssoziologie (ZfRSoz)
- Zeitschrift für Rechtsvergleichung (ZfRV)
- Zeitschrift für Soziologie (ZfS)
- Zeitschrift für Staats- und Europawissenschaften (ZSE)
- Zeitschrift für Strafvollzug und Straffälligenhilfe (ZfStrVo)
- Zeitschrift für Wirtschaft, Kriminalität und Sicherheit (WIK)
- (±) zweiwochendienst – Frauen und Politik (zwd).

Für Themen aus allen drei Studienbereichen kommen für wissenschaftliche 290
Abschlussarbeiten an Polizeifachhochschulen auch Entscheidungssammlungen von Urteilen nationaler, supranationaler und internationaler Gerichte in Betracht. Denn da die Polizei nach Art. 20 Abs. 3 GG an Gesetz und Recht gebunden ist, kommt diesen Urteilen entscheidende Bindungswirkung zu.

2.4.5 Entscheidungssammlungen von Urteilen mit allgemeiner Bindungswirkung für den Polizeibereich

In Bibliotheken sind verschiedene Ausgaben von Entscheidungssammlungen 291
zu finden. Es gibt sie sowohl in gedruckter Form (meist von Zeitschriften herausgegeben oder als sich ergänzende Buchreihe) als auch online als Datenbank. Zum Teil halten Hochschulbibliotheken auch Entscheidungssammlungen auf CD-Rom oder DVD vor, welche die Buchverlage ebenfalls her-

stellen und verkaufen.[76] Soweit nähere Hinweise zu den nachfolgend angegebenen Entscheidungssammlungen bei Verlagen zu bekommen sind, wird die entsprechende Verlags-Website angegeben. Ferner ist in Klammern mit aufgeführt, in welcher Form üblicherweise die jeweiligen Entscheidungen zu zitieren sind:

BDHE	Entscheidungssammlung des Bundesdisziplinarhofs (Band, Seite)
BFHE	Entscheidungssammlung des Bundesfinanzhofs (Band, Seite)
BFH/NV	Entscheidungen des Bundesfinanzhofs / nicht veröffentlichte Entscheidungen (Jahr, Seite), 💻 http://www.haufe.de
BGHR	Rechtsprechung des BGH in Strafsachen, hrsgg. v. den Richtern des BGH (§ – Stichwort, Nr.)
BGHSt	Entscheidungssammlung des Bundesgerichtshofes in Strafsachen (Band, Seite oder Band/Jahr, Seite)
BGHZ	Entscheidungssammlung des Bundesgerichtshofes in Zivilsachen (Band, Seite)
BT-Drs.	Bundestagsdrucksache (Wahlperiode/Nummer, Seite)
Bull-BReg	Bulletin des Presse- und Informationsamtes der Bundesregierung (Nr./Jahr, Seite), 💻 http://www.bundesregierung.de
BVerfGE	Entscheidungssammlung des Bundesverfassungsgerichts (Band, Seite)
BVerwGE	Entscheidungssammlung des Bundesverwaltungsgerichts (Band, Seite)
DStRE	DStR Entscheidungsdienst – Die Steuer-Rechtsprechung von EuGH, BVerfG, BFH (mit NV-Urteilen) und FG (Jahr, Seite), 💻 http://www.beck.de
EuGHE	Sammlung der Entscheidungen des EuGH (Jahr, Seite)
EWiR	Entscheidungen zum Wirtschaftsrecht (Jahr, Seite), 💻 http://www.rws-verlag.de
EZAR	Entscheidungssammlung zum Ausländer- und Asylrecht (Jahr, Seite od. Band, Nr.)
FEVS	Fürsorgerechtliche Entscheidungen der Verwaltungs- und Sozialgerichte (Jahr, Seite), 💻 http://www.boorberg.de
Grimm/Kirchhof	Grimm, Dieter / Kirchhof, Michael (Hrsg.): Entscheidungen des Bundesverfassungsgerichts. Studienauswahl in 2 Bänden. Bearbeitet von Michael Eichberger, 3. Aufl., Verlag Mohr : Tübingen 2007 (Band, Seite der amtlichen Sammlung oder Band, Seite des Buchs)
HFR/NV	Höchstrichterliche Finanzrechtsprechung – nicht veröffentlicht (Jahr, Seite) in O. Schwarz / K. Wockenfoth: Zollrecht, Kommentar, Loseblatt
HRR	Höchstrichterliche Rechtsprechung (Band, Seite)
LVerfGE	Amtliche Sammlung der Entscheidungen der Verfassungsgerichte der Länder BW, Bln, BB, HB, HH, HE, MV, SL, SN, ST, TH (Band, Seite)
MDR/D	Rechtsprechung des Bundesgerichtshofs bei Dallinger in MDR (Jahr, Seite)
MDR/H	Rechtsprechung des Bundesgerichtshofs bei Holtz in MDR (Jahr, Seite)
Menzel	Menzel, Jörg (Hrsg.): Verfassungsrechtsprechung. Hundert Entscheidungen des Bundesverfassungsgerichts in Retrospektive, Verlag Mohr : Tübingen 2000 (Autor/in, Seite)
NJWE-FER	NJW-Entscheidungsdienst – Familien- und Erbrecht (Jahr, Seite), 💻 http://www.beck.de
NJWE-MietR	NJW-Entscheidungsdienst – Mietrecht (Jahr, Seite), 💻 http://www.beck.de
NJWE-WettbR	NJW-Entscheidungsdienst – Wettbewerbsrecht (Jahr, Seite), 💻 http://www.beck.de
NJW-RR	NJW-Rechtsprechungs-Report – Zivilrecht (Jahr, Seite), 💻 http://www.beck.de
NStE	Neue Entscheidungssammlung für Strafrecht, herausgegeben von K. Rebmann / H. Dahs / K. Miebach (§, Nr.)
NStZ-RR	NStZ-Rechtsprechungs-Report (Jahr, Seite), 💻 http://www.beck.de

76 Vgl. z. B. die Leitsatzkartei des C. H. Beck Verlags unter: http://beck-online.beck.de/Default.aspx?words=Leitsatzkartei&btsearch.x=42&btsearch.x=0&btsearch.y=0 (Abruf: 10.10. 2014).

NVwZ-RR	NVwZ-Rechtsprechungs-Report (Jahr, Seite) 🖳 http://www.beck.de
OLG-Rspr	OLG Rechtsprechung – Rechtsprechung der Oberlandes- und Landgerichte zum Zivilrecht. Entscheidungsanalysen in Kurzform für die Praxis (Jahr, Seite)
OLGSt	Entscheidungssammlung der Oberlandesgerichte in Strafsachen (zitiert nach Gesetz, § u. Seite; ab 1983 nach Gesetz, § u. Nummer), 🖳 http://www.beck.de
OLGZ	Entscheidungssammlung der Oberlandesgerichte in Zivilsachen – vereint mit FGPrax (Jahr, Seite), 🖳 http://www.beck.de
PrOVGE	Entscheidungen des (1877-1918: Kgl.) Preußischen Oberverwaltungsgerichts in 196 Bänden von 1877-1941 (Band, Seite)
RGSt	Entscheidungssammlung des Reichsgerichts in Strafsachen (Band, Seite)
RGZ	Entscheidungssammlung des Reichsgerichts in Zivilsachen (Band, Seite)
Schwabe	Schwabe, Jürgen (Hrsg.): Entscheidungen des Bundesverfassungsgerichts. Studienauswahl (Band 1-100), 7. Aufl., Selbstverlag : Hamburg 2000 (Band, Seite der amtlichen Sammlung oder Band, Seite des Buchs).

Sobald die geeignete Literatur zusammengestellt ist, gilt es im Folgenden zu 292
lernen, wie sie gewinnbringend für die wissenschaftliche Abschlussarbeit zielorientiert und effektiv gelesen und ausgewertet werden kann.

3 Technik des Lesens und Auswertens geeignet erscheinender Literatur

Wie sich aus den beiden vorherigen Abschnitten über die Literaturrecherche 293
ergeben hat, ist die Forschungsliteratur geradezu unüberschaubar. Nicht zuletzt steht die Veröffentlichungszunahme mit dem Verfahren „Books on Demand“ im Zusammenhang. Bei diesem Verfahren wird nicht von vornherein eine bestimmte Anzahl von Büchern in der ersten Auflage hergestellt, sondern über Maschinen, die vom Druck bis zur Bindung die Bucherstellung automatisieren, immer nur so viele, wie gekauft werden.[77] Auf diese Weise kann heute jeder seine „Meinungen“ für vergleichsweise wenig finanzielle Mittel verbreiten. Daher ist es für Studienanfänger nicht immer leicht, seriöse von unseriösen Veröffentlichungen zu unterscheiden.

Ein erster Schritt muss es daher sein, im Vorverfahren die Literatur zu 294
sichten und unbrauchbare von vornherein auszusortieren.

77 Ein Vertreter dieser Buchherstellung ist BoD, zu erreichen unter http://www.bod.de.

3.1 Vorverfahren zur Sichtung und Orientierung von brauchbarer Literatur

295 Bei der Frage der Unbrauchbarkeit der gefundenen Literatur steht zu aller erst die Unwissenschaftlichkeit. Reine Meinungsäußerungen, die es auch in Buchform gibt, sind für eine wissenschaftliche Abschlussarbeit ausnahmslos unbrauchbar, es sei denn, solche Publikationen sollen untersucht werden. Dann sind sie allerdings auch nicht Literatur, sondern Quelle.[78]

3.1.1 Erste Sichtung zur Feststellung der Wissenschaftlichkeit der gefundenen Literatur

296 Die Aufmachung des Buchs sowie Autorin bzw. Autor und Verlag lassen in aller Regel die Wissenschaftlichkeit erkennen. Denn alle wissenschaftlich fundierten Werke enthalten einen entsprechenden wissenschaftlichen Apparat, der aus einem Literaturverzeichnis sowie einzelnen Literaturnachweisen im Text besteht nach einer gängigen Zitiertechnik, z. B. in Form von Fußnoten am Ende der Seiten oder als Endnoten, also Anmerkungen am Ende der Kapitel oder des Buchs. In aller Regel haben wissenschaftliche Publikationen zumindest Basisangaben zum Herausgeber oder Verfasser des Werks. Schon ein akademischer Titel lässt zum Beispiel eine entsprechende Hochschulausbildung erkennen. Die meisten wissenschaftlichen Veröffentlichungen geben außerdem auf dem sog. „Klappentext“ auf der Rückseite des Buchs oder der Innenseite des Buchumschlags (wenn es einen hat) einige Ausführungen über die Autorin oder den Autor an, um mitzuteilen, dass es sich um Experten handelt, um den Absatz zu steigern. Manchmal findet man Angaben über die Autorin oder den Autor auch in der *Titelei*[79]. Schließlich kann über Suchmaschinen von Buchdatenbanken festgestellt werden, ob die Autorin / der Autor noch mehr – zu diesem Thema – veröffentlicht hat.[80] Vielleicht ist das Buch in einer Reihe erschienen, die ein Wissenschaftler herausgibt.

297 Ist über den Autor nichts in Erfahrung zu bringen, hilft möglicherweise der Verlag weiter. Hier muss man im Zweifel die Website des Verlags aufsuchen, um festzustellen, welchen Bereich der Verlag abdecken will. Nur hier kann man als Laie feststellen, ob der Verlag ein ausgewiesener Fachverlag für bestimmte Disziplinen ist (z. B. Rechtswissenschaft, Politikwissenschaft, Erziehungswissenschaft etc.) oder ob er eher weltanschaulich gebunden ist.

---

78 Zur inhaltlichen Erläuterung vgl. die Ausführungen auf S. 174 oder die Kurzhinweise im Glossar.

79 Zum Begriff s. die Erläuterungen im Glossar, S. 212.

80 Z. B. bei http://www.amazon.de, http://www.buchhandel.de oder http://www.zvab.com (Abruf alle: 10.10.2014).

Ein Indiz für Unwissenschaftlichkeit ist gegeben, wenn bereits auf der Startseite der Website eines Verlags offen jedermann aufgefordert wird, Manuskripte einzusenden und bei ihm zu veröffentlichen.

In der Literaturliste am Ende dieses Buchs sind bewusst auch die heraus- 298
gebenden Verlage angegeben worden, sodass „Anfänger", die zum ersten Mal eine wissenschaftliche Qualifizierungsarbeit schreiben und deshalb die gefundene Literatur nicht immer richtig einschätzen können, sich zunächst einmal bei der Literaturrecherche an diesen Verlagen orientieren können.

3.1.2 Sichtung und Orientierung in der ausgewählten Literatur

Nach Feststellung der wissenschaftlichen Seriosität der ausgewählten Buch- 299
publikationen zielt die erste Sichtung dann auf *Titel* und *Untertitel*, aus denen abzuleiten ist, ob der Inhalt für die eigene Fragestellung relevant ist. Das *Impressum*[81] gibt Auskunft über die Aktualität des Buchinhalts. Ist ein Buch 2006 erschienen, könnte es im Januar oder im Dezember herausgekommen sein, sodass möglicherweise schon 2005 das Manuskript geschlossen wurde. Manche Verlage benötigen über ein Jahr von der Manuskriptabgabe bis zur Veröffentlichung des fertigen Buchs[82]; mindestens ein halbes Jahr ist die Regel, in Ausnahmefällen geht es schneller. Sollte das Buch eine Übersetzung sein, dann ist entscheidend für die Aktualität das Datum der Erstveröffentlichung, „da die deutschsprachige Ausgabe oft erst einige Jahre später herauskommt."[83] Schließlich sollte immer die neueste Auflage als Literaturnachweis genommen werden, weil sich Auffassungen ändern oder alte Thesen mit neuen Argumenten gestützt werden können.

Der *Klappentext* oder das *Vorwort* bieten nicht nur Hinweise über die Au- 300
torinnen und Autoren, sondern geben häufig auch Hinweise, an welche Zielgruppe sich das Werk richtet. Bei Neuauflagen werden im Vorwort oft auch die Änderungen gegenüber der Vorauflage aufgeführt. Bei Fachzeitschriften gibt es häufig ein sog. *Abstract*. In ihm sind die wichtigsten Inhalte und Thesen des Fachbeitrags zusammengefasst.

Aus dem *Inhaltsverzeichnis* lässt sich entnehmen, wie das Thema ange- 301
gangen wurde und welche Schwerpunkte gesetzt wurden. Hier kann auch schon herausgelesen werden, welche Kapitel für die eigene Arbeit bedeutend sind und welche eher als nebensächlich oder gar nicht geeignet erscheinen, sodass sie auch nicht gelesen werden müssen (Zeitökonomie!). Auch das *Literaturverzeichnis* gibt Auskunft über den Wert der Publikation. Hier ist aber

---

81 Zum Begriff s. die Erläuterungen im Glossar, S. 206.

82 Bei der Veröffentlichung eines meiner Bücher lagen zwischen Abgabe des Typoskripts und Herausgabe des Buchs mehr als vier Jahre!

83 Franck, a. a. O. (Fn. 11), S. 120.

nicht die Masse der Nachweise ausschlaggebend sondern die Aktualität! Wer bereits im Fach und im Thema eingearbeitet ist und die zentralen und aktuellen wissenschaftlichen Begriffe sowie entsprechende Autorinnen und Autoren kennt, kann aus der Literaturliste ebenso die Relevanz der gesichteten Publikation ablesen wie aus dem Personen- oder Sachregister.[84]

Sichtung		
Erstes Überfliegen des Textes		
Inhaltsverzeichnis und Klappentext lesen bei Büchern sowie Abstract bei Fachzeitschriften	Text durchblättern, dabei auf Haupt- und Unterkapitel achten, Schwerpunkte feststellen	Auf Einzelheiten achten, z. B. Abbildungen mit Unterschriften sowie Hervorhebungen im Text

Abb. 28: Erste Sichtung des Textes

302 Der zweite Schritt der Textsichtung ist – wie obige Abb. zeigt – das *Durchblättern* des Buchs. Viel genauer als das Inhaltsverzeichnis zeigt es das Verhältnis der Hauptkapitel zu den Unterabschnitten sowie die jeweiligen Längen der einzelnen Kapitel an. Dadurch lassen sich noch besser die Schwerpunkte der Abhandlung erkennen.

303 Als dritter Schritt der Sichtung steht die Betrachtung der sog. „*Eye-Catcher*“. Gemeint sind damit Auffälligkeiten im Text, die schon beim Blättern ins Auge springen. Das können Abbildungen sein oder auch nur durch Fett- oder Kursivdruck hervorgehobene Textpassagen. Zum Beispiel können auch abgesetzte Zitate den Text strukturieren.[85]

Orientierung		
Einzelheiten des Textes genauer lesen		
(Vorwort und) Einleitung aufmerksam lesen	Die ersten beiden Sätze zu jedem Abschnitt lesen	Zusammenfassungen genau untersuchen

Abb. 29: Orientierungsphase beim Texterfassen

304 Ist die erste Sichtung abgeschlossen, beginnt die Phase der *Orientierung*, in der es schon darauf ankommt, bestimmte Textpassagen gründlich zu lesen und auszuwerten.

305 Wie es sich aus voriger Abb. ergibt, das den Orientierungsablauf zeigt, gilt es nun, die Einleitung und – falls noch nicht getan – vorab das Vorwort zu lesen. Gerade die *Einleitung* eines wissenschaftlichen Beitrags gibt Aus-

84 Vgl. auch Esselborn-Krumbiegel, a. a. O. (Fn. 11), S. 73.
85 Vgl. zum Abschnitt Esselborn-Krumbiegel, a. a. O. (Fn. 11), S. 73 f.

kunft über die Fragestellung, die aufgestellten Thesen, das verwendete Material und die grundgelegte Forschungsmethode. Dabei können Einleitungen auch – wie bei wissenschaftlichen Abschlussarbeiten an Polizeihochschulen erwartet – einen kurzen Forschungsüberblick enthalten und angeben, welcher Forschungsrichtung sich die Autorin / der Autor selbst zurechnet. Um sich selbst ein Urteil erlauben zu können, ist es daher wichtig, regelmäßig – auch kritische – Fachliteratur zu lesen, um den eigenen Forschungshorizont zu erweitern.

Um sich weiter orientieren zu können, sollen anschließend jeweils nur die 306
ersten Sätze eines Abschnitts gelesen werden, um zu entscheiden, ob das Kapitel komplett und intensiv gelesen werden soll. Denn oft informiert der erste Satz schon über den Inhalt des Abschnitts.[86] Als dritte Maßnahme werden dann die *Zusammenfassungen* zu jedem Kapitel gelesen. Zumindest muss es eine Zusammenfassung im Schlusskapitel geben. In diesen Abschnitten wird der Inhalt der Ausführungen komprimiert wiedergegeben. So lässt sich entscheiden, welche Literaturbelege gründlich gelesen werden müssen, um sie ganzheitlich zu erfassen.[87]

3.2 Verfahren zur ganzheitlichen Erfassung der geeigneten Literatur

Um das Verfahren zur ganzheitlichen Erfassung der geeigneten Literatur über- 307
haupt nachvollziehen zu können, soll hier kurz mittels nachfolgender Abb. auf den gedächtnismäßigen Zusammenhang von Lesen und Schreiben eingegangen werden. Aus ihm lässt sich klar erkennen, dass das Lesen *das* Mittel ist, sich weiter zu entwickeln.[88]

Nur was selbst erlesen ist, findet Eingang in das bereits vorhandene 308
Sachwissen und in das erlernte Technikwissen. Daher kommt es darauf an, den Text sehr gründlich zu lesen: Alle Sätze müssen verstanden werden; sie sind notfalls mehrmals zu lesen und sogar in ihre Einzelteile zu zerlegen, um so zunächst den Hauptsatz herauszufinden und die Nebensätze und ihre jeweilige Bedeutung zu entschlüsseln.

Vor der intensiven Lektüre soll man sich durch ein paar kurze Notizen ins 309
Gedächtnis rufen, was an Wissen zum Thema bereits vorhanden ist. Dadurch

86 Die bei der Polizei verbreitete Unsitte, nahezu aus jedem Satz einen Absatz zu machen und dadurch Zusammenhänge optisch zu trennen, entlarvt sich somit als unwissenschaftlich. Vgl. Esselborn-Krumbiegel, a. a. O. (Fn. 11), S. 75.

87 Vgl. Esselborn-Krumbiegel, a. a. O. (Fn. 11), S. 77.

88 Einzelheiten dazu bei Möllers, Martin H. W.: Lehren und Prüfen bei der Polizei. Ein Lehrbuch der Didaktik und ihrer Methoden. Blaue Reihe: Studienbücher für die Polizei. 2. Aufl., Frankfurt/M 2011, S. 45 ff.

wird die Einordnung des fremden Textes in das eigene Ideenkonzept erheblich erleichtert. „Zugleich fördert diese Einordnung das Verstehen des Gelesenen und die selbstständige Auseinandersetzung mit dem fremden Text.“[89]

310 Schließlich sollte man sich Leitfragen stellen, deren Antworten in der ermittelten Literatur gefundenen werden müssen. Diese Leitfragen können auch schon gezielt auf einzelne Publikationen ausgerichtet sein, die bereits gesichtet worden sind. Auf diese Weise erfahren Texte ganzer Bücher eine gewisse Einteilung. Manche Textpassagen werden nur noch überflogen, diejenigen, die zur Beantwortung gestellter Fragen geeignet erscheinen, werden sehr gründlich gelesen. Im Einzelnen gelten hier auch die Ausführungen zum Kapitel über das Durchforsten von einschlägiger Literatur zur Entwicklung der konkreten Fragestellung (s. o., S. 59 ff.).

Abb. 30: Schema der Verarbeitung und Wiedergabe von Texten[90]

311 Während des Lesens sollten Leitbegriffe und zentrale Textstellen – und nur diese![91] – markiert werden. Dass dies lediglich bei eigenen Werken gemacht werden darf und nicht bei geliehenen Büchern aus Bibliotheken versteht sich von selbst. Einen Ausweg kann u. U. das Fotokopieren ermittelter Texte oder Textstellen bringen. Dieses ist bei Aufsätzen aus Fachzeitschriften ohnehin die geeignete Möglichkeit, da Zeitschriften selten ausgeliehen werden können

89 Esselborn-Krumbiegel, a. a. O. (Fn. 11), ebd.

90 Das Schaubild ist neu gestaltet nach der Abbildung bei Aebli, Hans: Zwölf Grundformen des Lehrens. Eine allgemeine Didaktik auf psychologischer Grundlage. Medien und Inhalte didaktischer Kommunikation, der Lernzyklus. 12. Aufl., Stuttgart 2003, S. 129.

91 Das übermäßige Markern bringt in diesem Zusammenhang nichts!

(wohl aber gekauft[92]). Allerdings besteht beim Kopieren immer die Gefahr, dass die Fotokopien nur abgeheftet und nicht durchgearbeitet werden.

Das Erkennen von Leitbegriffen und zentralen Textstellen erfordert auch 312
schon Leseübung. Die Markierungen sollen später nur die Aufgabe erfüllen, den dritten Schritt der Texterfassung nach folgender Abb. durchzuführen, nämlich die Erinnerungsstütze zu bilden, um die Kernaussagen des Textes jeweils nach den einzelnen Kapiteln zusammenfassen zu können.

Texterfassung		
Gesamten Text lesen und zentrale Textstellen markieren		
Gesamten Text aufmerksam lesen	Leitbegriffe und zentrale Textstellen markieren	Eigene Zusammenfassung jedes Kapitels erstellen

Abb. 31: Das vollständige Texterfassen[93]

Es genügt nämlich nicht, nur Textstellen zu markieren. Vielmehr müssen ei- 313
gene Antworten der gestellten Leitfragen formuliert werden. Auf diese Weise erhält man ein *Exzerpt*, also die Zusammenfassung des fremden Textes. Aus den Exzerpten verschiedener fremder Texte zum Thema lässt sich dann die wissenschaftliche Abschlussarbeit zusammenbauen. Häufig ergeben die Exzerpte bereits einen Gliederungsaufbau und führen zur Lösung der Hauptfragestellung.[94]

Wenn das gedankliche Grobgerüst steht, muss im nächsten Teil betrachtet 314
werden, welche technischen Möglichkeiten es gibt, Quellen und Literatur unter WORD®, der gängigsten Textverarbeitungssoftware, zu verarbeiten. Dazu sind vor allem Grundkenntnisse zum Umgang mit der Textverarbeitungssoftware nahezu unumgänglich.

92 Einzelne Fachzeitschriften sind aber recht teuer und oft nur im Jahresabonnement erschwinglich. Es gibt sie für Studierende teilweise zu einem herabgesetzten Preis.

93 Eigene Darstellung.

94 Eine ausführliche Darstellung zum Lesen und Exzerpieren mit Übungstexten und Lösungen ist zu finden bei Esselborn-Krumbiegel, a. a. O. (Fn. 11), S. 73-83. Vgl. auch Stary / Kretschmer, a. a. O. (Fn. 22), S. 70 ff.

5. Teil: Notwendige Grundkenntnisse zum Umgang mit der Textverarbeitungssoftware sowie die technische Verarbeitung von Quellen und Literatur unter WORD®

315 Das Schreiben einer wissenschaftlichen Abschlussarbeit bereitet vielen Studierenden schon deshalb Probleme, weil sie erst am Stichtag beginnen, sich auch um die formellen Dinge zu kümmern. Zu diesen gehört etwa die Textverarbeitung mittels Computers. Wer nur im Internet war und Spiele gespielt hat, wird die Geheimnisse einer Textverarbeitungssoftware nicht auch noch lüften, wenn bereits die Abschlussarbeit die ganze Kraft erfordert. Daher ist dringend zu empfehlen, sich wenigstens ein paar Grundkenntnisse vorab anzueignen.

316 Die meisten Leute, die privat oder beruflich Textverarbeitung auf Computern betreiben, nutzen die Software in der Regel nur sehr marginal. Die hervorragende Unterstützungsarbeit, die zum Beispiel die gängigste Textverarbeitungssoftware, nämlich WORD® von Microsoft, leistet, wird nicht in Anspruch genommen, sondern der Rechner lediglich wie eine Schreibmaschine verwendet. Da entpuppt es sich auch eher als schlechter Witz, wenn immer wieder die Folgeausgabe der Software gekauft und aufgespielt wird, ohne tatsächlich Nutzen davon zu haben.[1]

317 Im nachfolgenden Kapitel sollen beginnend mit Hinweisen auf die Tastaturbelegung ein paar einfache „Arbeitserleichterungen" zur Anfertigung der wissenschaftlichen Abschlussarbeit aufgezeigt werden.

1 Allgemeine Hinweise zur Tastenbelegung

318 Für die Tastenbedienung nach Aufforderung im folgenden Text gilt folgendes: Die Taste „STRG" unten links und rechts beim Tastaturhauptfeld kann auf einigen Computertastaturen (z. B. beim iMAC) auch mit der Aufschrift „ctrl" bezeichnet sein. „CTRL" und „STRG" beziehen sich also auf dieselben Tasten. Mit „UMS" ist die Taste „⇧" („SHIFT") gemeint, die für das Schreiben von Großbuchstaben gebraucht wird. Mit der Taste „RETURN" ist „↵", mit „ESC" („esc") die Taste oben links auf der Tastatur gemeint. Beim Mac wird die Taste „ALT" als „Wahl" bezeichnet, die Windows-Taste („⊞")

1 Außer natürlich die Chance des Prahlens, immer die neueste Version zu verwenden.

beim PC ist die Mac-Taste („⌘"), die auch als „Befehl" ausgezeichnet ist. Mit z. B. „F5" („↶") wird eine der Sondertasten in der obersten Zeile der Tastatur bezeichnet. „←, →, ↑, ↓" beziehen sich auf die Cursortasten, die Zahl dahinter gibt die Anzahl der Tastendrücke an (z. B.: „←2" = 2 mal diese Cursortaste drücken). „ENTF" („Entf.") bedeutet Entfernungstaste, „EINF" („Einfg" oder „Hilfe") die Einfügetaste. Die Aufforderung „+" bedeutet *gleichzeitiges* Drücken angegebener Tasten, die Aufforderung „ , " (Komma) Drücken der Tasten *nacheinander*. Zum Beispiel „STRG+ALT+N" bedeutet, dass alle drei Tasten zur selben Zeit gedrückt werden müssen. Die Aufforderung, die Tasten „STRG+Ü,1" zu bedienen, bedeutet, dass zuerst die Tasten „STRG" und „Ü" gleichzeitig und danach die „1" betätigt werden sollen.

319 Wichtigste Gestaltungsleiste im Programm ist die Menüleiste ganz oben, die unter anderen die Begriffe enthält:

Datei	Bearbeiten	Ansicht	Einfügen	Format	Extras	Tabelle	Fenster

Abb. 32: Die wichtigen Fenster der Menüleiste

320 In diesen Menüs stecken letztlich die Hilfsmittel zur Gestaltung des Textes der wissenschaftlichen Arbeit.

321 In den nachfolgenden Kapiteln geht es darum, sich die Arbeit mit dem Computer zu erleichtern, indem einige wenige, aber wesentliche Kenntnisse des Software-Programms WORD® anzueignen. Grundlage ist hier eine Version aus dem Programm „Office", wobei es weder auf die neueste Ausgabe noch auf das Betriebssystem Microsoft (Windows) oder Apple (Mac) ankommt. Allerdings sind die Tastenbelegungen bei PC- oder Mac-Rechnern nicht einheitlich.[2]

2 Die grundlegende Gestaltung der Datei für die wissenschaftliche Arbeit

322 Bevor man mit der wissenschaftlichen Arbeit beginnt, sollte die Datei, in der die wissenschaftliche Arbeit aufgenommen werden soll, entsprechend so vorprogrammiert sein, dass immer wiederkehrende Formatierungen und Ein-

2 Für die Grundkenntnisse des Formatierens unter WORD® eignet sich sehr gut das Buch von Kammer, Manfred: Bit um Bit. Wissenschaftliche Arbeiten mit dem PC. 2. Aufl., Stuttgart 2002.

fügungen weitgehend automatisiert sind. Dafür ist das Arbeiten mit Formatvorlagen und der sichere Umgang mit sog. „Makros" Voraussetzung.

2.1 Das Arbeiten mit Formatvorlagen

Wer häufiger mit der Textverarbeitungssoftware arbeiten will, kommt um die 323
Formatvorlagen nicht herum. Eine Formatvorlage umfasst eine Gruppe von Formatierungsmerkmalen, die dem Text im Dokument per Mausklick zugewiesen werden können. Dadurch kann auf schnelle Weise das Erscheinungsbild geändert werden. Beim Zuweisen einer Formatvorlage zu einem Absatz wird eine Gruppe von Formatierungen (z. B. Schrifttype, Schriftgröße, Fettdruck, Zeilenabstand, Zentrierung, Rahmen, Aufzählungszeichen) in einem einfachen Schritt übernommen. Statt mühselig in mehreren Schritten die Formatierungen durch Öffnen verschiedener Fenster und Mausklicke manuell einzeln vorzunehmen, können die häufig wiederkehrenden Absätze zu Formatvorlagen vorformatiert werden. Es gibt auch Formatvorlagen nur für Zeichen, zum Beispiel für das Fußnotenzeichen oder die Seitenzahl.[3]

Gespeichert werden die Formatvorlagen automatisch in der Datei „nor- 324
mal.dot", die WORD® als Vorlage „Normal" üblicherweise in seinem Vorlagenverzeichnis bereithält. Alle Formatvorlagen können später verändert werden. Wird WORD® gestartet, basiert jedes neue, leere Dokument auf der Vorlage „Normal". Der vorhandene Absatz, in den der Text geschrieben wird, beinhaltet die Formatvorlage „Standard". Wenn mit der Eingabe angefangen wird, verwendet WORD® u. a. Schriftart (in der Regel „Times New Roman"), Schriftgrad (üblicherweise 10 pt), Zeilenabstand (normalerweise „Einfach"), Textausrichtung („Blocksatz" oder „Links") und andere Formate, die für die Standardformatvorlage definiert sind. Die Formatvorlage „Standard" ist die Basisformatvorlage für die Vorlage „Normal". Auf der Formatvorlage „Standard" sind alle anderen Formatvorlagen aufgebaut. Wird in „Standard" z. B. als Schrifttype „Times New Roman" verwendet, und diese bei den weiteren Formatvorlagen, die auf *Standard* basieren, nicht geändert, dann kann mit nur wenigen Mausklicken der gesamte Text schnell geändert werden, wenn nunmehr als Schrifttype „Arial" eingesetzt werden soll. Das Arbeiten mit Formatvorlagen hat also den Vorteil, dass nur noch in der Formatvorlage Änderungen vorgenommen werden müssen und nicht mehr im gesamten Text.

Neben der Formatvorlage Standard stehen in der Vorlage Normal weitere 325
grundlegende Formatvorlagen zur Verfügung. Im Dialogfeld „Formatvorla-

3 Weitere Formatvorlagen gibt es für Tabellen und Listen. Sie bleiben hier aber unberücksichtigt.

gen“ (Menü „Format“, „Formatvorlagen...“) können weitere Formatvorlagen ausgewählt oder auch neue Formatvorlagen erstellt werden. *Absatzformatvorlagen* bestimmen das exakte Erscheinungsbild eines Absatzes, z. B. Textausrichtung, Tabstopps, Zeilenabstand und Rahmen. Sie können auch Zeichenformatierungen enthalten. *Zeichenformatvorlagen* wirken sich auf den markierten Text innerhalb eines Absatzes aus, z. B. auf die Schriftart, die Größe des Textes und/oder auf Fett- und Kursivformatierungen oder Unterstreichungen. Auch wenn dem Absatz eine Absatzformatvorlage zugewiesen ist, können Zeichen darin über eine eigene Zeichenformatvorlage verfügen. Auch Zeichenformatvorlagen können neu erstellt werden.[4]

326 Das Zuweisen einer anderen Formatvorlage geschieht entweder durch Öffnen von Fenstern mit Hilfe des Cursors (↖) der Maus. Sehr viel günstiger ist es aber, den Absatzformatvorlagen eine Tastenkombination zuzuordnen. Das erleichtert das Arbeiten immens. Als Grundvoraussetzung sollte dafür aber der Formatvorlagenkatalog beim PC (für den Mac ist dies nicht notwendig) benutzerdefiniert voreingestellt werden: Im Menü „Format“, Formatvorlagen...“ kann rechts unten unter „Anzeigen“ die Option „Benutzerdefiniert...“ angeklickt werden, sodass sich ein neues Fenster öffnet. Hier sind die Button „Alle anzeigen“ und „OK“ zu betätigen. Jetzt stehen sämtliche Formatvorlagen im Katalog zur Verfügung.

327 Für eine wissenschaftliche Arbeit, die einer Korrektur durch Prüferinnen und Prüfer unterliegt, werden folgende Absätze üblicherweise benötigt:

- Standard,
- Überschriftabsatz erster Ordnung,
- Überschriftabsatz zweiter Ordnung,
- Überschriftabsatz dritter Ordnung,
- Zitatabsatz (wörtliche Zitate),
- Fußnotenabsatz,
- Literaturabsatz,
- Aufzählungsabsatz, Anfang,
- Aufzählungsabsatz, Mitte,
- Aufzählungsabsatz, Ende
- Tabellen-/Schaubildunterschriftsabsatz
- Verzeichnisabsatz erster Ordnung,
- Verzeichnisabsatz zweiter Ordnung,
- Verzeichnisabsatz dritter Ordnung.

---

4 Mit den – auch selbst erstellten – Tabellenformatvorlagen können Rahmen, Schattierungen, Ausrichtung und Schriftarten in Tabellen einheitlich gestaltet werden. Mit den integrierten oder eigenen Listenformatvorlagen wird nummerierten Listen und Aufzählungen die gleiche Ausrichtung zugewiesen.

Für die Überschriftabsätze wird – je nach Ordnung – die Tastenkombination „STRG+1", „STRG+2" und „STRG+3" gewählt, wenn für ihre Erstellung nicht *Begriffsmakros* (s. dazu unten ab S. 152) eingesetzt werden. Die Verzeichnisabsätze benötigen keine Tastenkombinationen, weil sie nur im automatisch erstellten Inhaltsverzeichnis gebraucht werden. Die übrigen Absätze werden mit den Tastenkombinationen „STRG+UMS+*Anfangsbuchstabe* belegt: 328

Absatz (Bezeichnung)[5]	**Tastenkombination**
• Standard	• STRG+UMS+S
• Zitatabsatz	• STRG+UMS+Z
• Fußnotenabsatz (Fußnotentext) – bleibt ohne Tastenkombination	• Tastenkombination wird für ein Makro verwendet (s. u. Kap. 2.2).
• Literaturabsatz	• STRG+UMS+L
• Aufzählungsabsatz, Anfang (AufzAnfang)	• STRG+UMS+A,A
• Aufzählungsabsatz, Mitte (AufzMitte)	• STRG+UMS+A,M
• Aufzählungsabsatz, Ende (AufzEnde)	• STRG+UMS+A,E
• Tabellen-/Schaubildunterschriftsabsatz (TabUnterschrift)	• STRG+UMS+T

Abb. 33: Zuordnung von Tastenkombinationen zu wichtigen Absatzformatvorlagen

Die Zuordnung der Tastenkombination erfolgt über das Menü „Format" und den Befehl „Formatvorlagen...". Öffnet sich dann rechts eine Liste mit Formatvorlagen, ist die entsprechende auszuwählen und das Fenster der Formatvorlage zu öffnen oder es muss zuvor eine neue Formatvorlage erstellt werden. Wird das Vorlagenfenster geöffnet, ist „Ändern" anzuklicken. Daraufhin öffnet sich ein neues Fenster. Hier kann (unten links) das Fenster „Format" geöffnet werden, das ganz unten in der Auflistung den Befehl „Tastenkombination" ermöglicht. Sollten einzelne Formatvorlagen nicht aufgelistet sein, sind sie im Dialogfeld „Formatvorlagen" (Menü „Format", „Formatvorlagen...", „Neu...") neu zu erstellen und danach mit einer Tastenkombination zu belegen. Die Formatierung der einzelnen Formatvorlagen bleibt der jeweiligen Dokumentation vorbehalten. Darauf wird noch unten in Bezug auf wissenschaftliche Arbeiten genauer eingegangen (s. u. Kap. 3.1, S. 156). 329

Zweites Element der Arbeitserleichterung bilden die Makros, die hier in zwei Varianten unterteilt sind. Hier muss aber eingestanden werden, dass ei- 330

5 Da der Formatvorlagenkatalog bei WORD® nur ganze Wörter aufnimmt, sind einzelne Bezeichnungen als Vorschlag für den Katalog in Klammern hinzugesetzt.

nige neuere Versionen von WORD® (z. B. Office 2008 für iMAC) Makros nicht mehr zulassen. Das ist bei der eigenen Software leicht festzustellen, wenn der Begriff im Menüfenster „Extras“ unten nicht mehr angezeigt wird.

2.2 Das Erstellen von Makros

331 Ein Makro ist ein erstelltes Programm, in dem eine Reihe von Maus- oder Tastaturbefehlen gespeichert werden, die später als einzelner Befehl ausgeführt werden können. Durch Makros können komplexe Aufgaben automatisiert und die Vielzahl von Schritten bei häufig ausgeführten Aufgaben reduziert werden.

332 Grundsätzlich können zwei Arten von Makros unterschieden werden, nämlich die *Begriffsmakros*, die bei WORD® gar nicht unter den Begriff „Makro“ subsumiert werden, und die *Befehlsmakros*.

2.2.1 Arbeitserleichterung durch Erstellen von Begriffsmakros

333 Begriffsmakros werden bei WORD® unter den Befehl „Autokorrektur“ geführt. Sie sind nichts anderes als selbst ernannte Abkürzungen für ganze Begriffe. Wer zum Beispiel eine Arbeit über das „Bundesinstitut für Risikobewertung“ (BfR) schreiben will, wird diesen Begriff häufig verwenden. Ähnliches gilt für eine Vielzahl von Begriffen, etwa

- Accord européen relatif au travail des équipages des véhicules effectuant des transports internationaux par route (AETR)[6],
- Bundesamt für Migration und Flüchtlinge (BAMF),
- Bundeskriminalamt (BKA),
- Bundesamt für Bevölkerungsschutz und Katastrophenhilfe (BBK),
- Lysergsäurediäthylamid (LSD),
- North Atlantic Treaty Organization (NATO)[7],
- polycyclische aromatische Kohlenwasserstoffe (PAK)[8],

etc. Um diese Begriffe in der wissenschaftlichen Arbeit immer korrekt und vor allem rasch zu schreiben, werden sie nach einem bestimmten System in den Katalog der Autokorrekturen aufgenommen.

334 Das System dazu ist einfach: Es gilt die Abkürzung in Kleinbuchstaben, wird der letzte Buchstabe verdoppelt, wird die Abkürzung ausgeschrieben.

---

6 Europäisches Übereinkommen über die Arbeit des Fahrpersonals im internationalen Straßenverkehr vom 1.7.1970.

7 Nordatlantik-Pakt-Organisation.

8 Krebs erzeugende Arbeitsstoffe, die durch unvollständige Verbrennung aus allen organischen Stoffen gebildet werden.

Soll der Begriff in der Genitivform geschrieben werden, kommt ein „s", für die Mehrzahl kommt ein „n" hinzu. Die Eingabe erfolgt auf folgende Weise: Der Text wird ausgeschrieben und markiert. Dann wird im Dialogfeld „AutoKorrektur" (Menü „Extras", „AutoKorrektur...") die Abkürzung eingetragen. Das Dialogfeld „AutoKorrektur" lässt sich auch mit einer Tastenkombination erreichen, beim PC durch „ALT+X,E", beim Mac durch „ALT+⌘+C". Danach werden nur noch die Abkürzungen geschrieben; sobald ein Satzendezeichen oder ein Leerzeichen folgt, schreibt WORD® automatisch den gesamten Begriff aus. An Stelle von Begriffen können auch ganze Texte, Überschriften, Literatureingaben etc. in abgekürzter Form automatisiert werden. Hier vier Beispiele zur Anschauung:

Abkürzung	Text	Abkürzung	Text
bka	BKA	stgb	StGB
bkaa	Bundeskriminalamt	stgbb	Strafgesetzbuch
bkaas	Bundeskriminalamts	stgbbs	Strafgesetzbuchs
eu	EU	pdv	PDV
euu	Europäische Union	pdvv	Polizeidienstvorschrift
euus	Europäischen Union	pdvvn	Polizeidienstvorschriften

Abb. 34: Zuordnung von Abkürzungen zu Begriffsmakros

Sind aber mehrere einzelne Befehle auszuführen, kommen nur echte Befehlsmakros in Betracht.

2.2.2 Arbeitserleichterung durch Erstellen von Befehlsmakros

Wenn bestimmte Aufgaben wiederholt ausgeführt werden sollen, empfiehlt 335 sich die Verwendung eines Befehlsmakros. Ein solches (echtes) Makro besteht aus einer Reihe von Befehlen und Anweisungen, die mit Hilfe der Tastatur und/oder der Maus ausgeführt werden. In dem Makro werden sie zu einem einzigen Befehl gruppiert, der die gewünschte Aufgabe durchführt. Befehlsmakros beschleunigen also Bearbeitungs- und Formatierungsaufgaben und automatisieren eine komplexe Reihe von Aufgaben. Für wissenschaftliche Arbeiten kommen Makros zum Beispiel für das Erstellen von Tabellen bestimmter Größe mit Rahmen und einer festgelegten Anzahl von Spalten und Zeilen oder das Erstellen von formatierten Fußnoten in Betracht. Auch können Makros die Zugriffsmöglichkeit auf eine Option in einem Dialogfeld des Menüs verbessern.

Grundsätzlich gibt es zwei Möglichkeiten zum Erstellen von Makros: die 336 Makroaufzeichnung und den Visual Basic-Editor. Letzterer erfordert aber

Programmiersprachenkenntnisse, sodass hier nur die Makroaufzeichnung angesprochen wird.

337 Die *Makroaufzeichnung* funktioniert wie ein Rekorder. Per Mausklick wird im Dialogfeld „Aufzeichnen“ (Menü „Extras“, „Makro“, „Aufzeichnen“) der Rekorder eingeschaltet. Es öffnet sich ein Fenster, indem dazu aufgefordert wird, dem Makro einen Namen (als ganzes Wort) zu geben. Zur Automatisierung ist ihm außerdem entweder eine Stelle oben in der Symbolleiste zuzuordnen oder eine Tastenkombination. Letztere ist deshalb zu empfehlen, weil schneller mit der Tastatur gearbeitet werden kann als mit der Maus, die für die Symbolleiste wieder notwendig wird. Für die Tastenkombination können alle Tasten – auch die des Nummernblocks rechts – verwendet werden. Ist die Kombination eingegeben, wird der Rekorder zur Aufzeichnung des Makros eingeschaltet. Angezeigt wird dies durch ein kleines Fenster mit zwei Schaltknöpfen (links „Makro beenden“, rechts „Makro anhalten“). Danach werden alle für die Aufgabe des Makros notwendigen Befehle eingegeben. Durch den Schaltknopf „Makro beenden“ wird der Rekorder wieder abgestellt. Jetzt ist der Makro in der Vorlage „Normal“ gespeichert und kann künftig unter der Tastenkombination aufgerufen werden.

338 Grundsätzlich werden beim Aufzeichnen von Makros Befehle und Optionen durch *Klicken* mit der Maus berücksichtigt. Nicht aufgezeichnet werden aber die Maus*bewegungen* im Dokumentfenster. Soll also die Einfügemarke beispielsweise verschoben werden, ist dafür nur die Tastatur zu verwenden. Ebenso wenig können Objekte durch Klicken oder Ziehen ausgewählt, verschoben oder kopiert werden. Zum Aufzeichnen solcher Aktionen ist ausschließlich die Tastatur einzusetzen.

339 Als konkretes Beispiel für die Erstellung eines Befehlsmakros sei hier die automatisierte Erstellung von Fußnoten gezeigt. Denn WORD® hat kein optisch ansprechendes Format für Fußnoten automatisiert.[9] Dies kann aber über das Makro nachgeholt werden:

340 Zunächst muss die Formatvorlage für Fußnotentext angepasst werden. Dazu ist das Dialogfeld „Formatvorlage“ (Menü „Format“, Formatvorlage...“) zu öffnen. In der Auflistung ist die Vorlage „Fußnotentext“ anzukli-

---

9 Allerdings wurde diese „WORD®-Besonderheit“ durch Änderung der DIN 5008 mit der Fassung von 1996 in die Norm aufgenommen: vgl. Manekeller, Frank W.: DIN 5008 von A bis Z. Perfekt schreiben mit Word 2003. Präzise Erläuterungen und Anwendungshinweise zu den „Schreib- und Gestaltungsregeln für die Textverarbeitung“ in der Fassung von 2001 sowie der Änderung A1 von 2004, Troisdorf 2004, S. 118. Darin wird im Übrigen genau die Erstellung von Fußnoten unter WORD® beschrieben. Wer eine neuere Version von Word® verwendet, richtet sich nach Manekeller, Frank W.: DIN 5008 von A bis Z: Perfekt schreiben mit Word 2007, 2. Aufl., Troisdorf 2008.

cken und auf „Änderung“, „Format“ zu gehen. Es öffnet sich ein neues Fenster, das folgende Auflistung enthält:

- Schriftart... (Zeichen...)
- Absatz...
- Tabstopp(s)...
- Rahmen...
- Sprache...
- Positionsrahmen...
- Nummerierung...
- Tastenkombination...

Für wissenschaftliche Arbeiten sollte für Haupttext und Fußnoten dieselbe 341
Schrift*type* verwendet werden. Die Schrift*größe* des Fußnotentextes ist aber um 2 pt kleiner als die des Haupttextes. Wird letzterer in 12 pt gesetzt, soll der Fußnotentext in 10 pt geschrieben sein.[10] Entsprechendes wird unter „Schriftart...“ („Zeichen...“) eingetragen. Unter „Absatz...“ wird bei Kartei „*Einzüge und Abstände*“ alles erhalten bis auf „Sondereinzug“ („Extra“), der nun in „Hängend“ um „0,6 cm“ verändert wird. Bei Kartei „*Zeilen- und Seitenumbruch*“ wird unter „Paginierung“ das Kästchen „Zeilen nicht trennen“ angekreuzt. Letzteres gewährleistet, dass sich die Fußnotentexte immer komplett auf der entsprechenden Seite befinden und sich nicht über zwei – oder sogar mehr – Seiten erstrecken. Schließlich ist unter „Tabstopp...“ noch einzugeben, dass bei 0,6 cm ein Tabstopp links festgelegt wird. Damit ist die Formatvorlage „Fußnotentext“ eingerichtet.[11]

Für das Fußnotenmakro sind mit der Maus folgende Befehle einzugeben: 342
Menü „Extras“, „Makro“, „Aufzeichnen“ – als Fußnotenname ist „Fußnotenerstellung“ zu wählen, als Tastenkombination „STRG+UMS+F“. Danach folgen die Befehle Menü „Einfügen“, (ggf. „Referenz“), „Fußnote...“, „OK“ („Einfügen“). Jetzt erscheint im Fußnotenraum ein Fußnotenzeichen und ein Leerzeichen. Mit der Tastatur ist das Leerzeichen durch die Taste „←“ zu löschen. Danach sind das Fußnotenzeichen mit der Tastatur zu markieren und folgende Befehle mittels der Maus durchzuführen: Menü „Format“, „Formatvorlage“, „Absatz-Standardschriftart“ anklicken (oder beim Mac „OK“ drücken). Schließlich wird noch durch den Tastendruck der Tab-Taste („→|“ oder „⇆“) ein Tabulatorzeichen gesetzt und der Makrorekorder durch „Makro beenden“ abgeschaltet. Der Fußnotenmakro ist damit fertig gestellt. Mit der Tastenkombination „STRG+UMS+F“ werden jetzt fertig formatierte Fußno-

10 In diesem Buch wird die Schriftgröße 10 pt für den Haupttext und 8 pt für die Fußnoten verwendet.

11 Soll die wissenschaftliche Arbeit mehr als 999 Fußnoten enthalten, dann ist als „Hängend“ und „Tabstopp“ jeweils 0,8 cm zu wählen.

tenabsätze erzeugt, in die der jeweils neue Text hineingeschrieben werden kann. Für die wissenschaftliche Arbeit sollten entsprechend der vorgenannten Erläuterungen konkrete Vorarbeiten zu einem ansprechenden Layout geleistet werden.

3 Das konkrete Layout der wissenschaftlichen Arbeit

343 Für das konkrete Layout der wissenschaftlichen Arbeit gibt es genormte Schreib- und Gestaltungsregeln, die in der DIN 5008:2011 festgelegt sind.[12] Dieses kleine Regelwerk in DIN A5 findet sich in jeder Bibliothek. Es enthält u. a. Hinweise zur Gliederung und Kennzeichnung von Texten, zeigt wie Aufzählungen und der Fußnotenapparat gestaltet werden und gibt über das Layout von Inhalts-, Literatur- und anderen Verzeichnissen Auskunft. Außerdem beschäftigen sich die Schreib- und Gestaltungsregeln auch mit Tabellen, Diagrammen und Abbildungen im Text.[13]

344 Für das konkrete Layout der wissenschaftlichen Arbeit kommt es darauf an, möglichst zurückhaltend die vielfältigen Möglichkeiten des Textverarbeitungsprogramms einzusetzen. Wie in vielen Fällen so gilt nämlich auch hier: „Weniger ist mehr".

345 *Überschriften* sollen sich zwar vom Text optisch absetzen, aber nicht notwendig bunt oder auch nur in einer anderen Schriftart sein. Von den Möglichkeiten der *Hervorhebungen* im Text (z. B. kursiv, fett, gesperrt, unterstrichen) sollte für die gesamte Arbeit nur eine einzige Form gewählt werden. *Bilder* sind nur einzusetzen, wenn sie einen sachlich notwendigen Zweck der Veranschaulichung erfüllen; ein solcher Zweck liegt nicht vor, wenn Bilder lediglich „zur Auflockerung" eingefügt werden. Ähnliches gilt für *Tabellen*.

346 Deshalb sollten zunächst die notwendigen Standardformatvorlagen für die wissenschaftliche Arbeit erstellt bzw. eingerichtet werden, wenn sie schon im Formatvorlagenkatalog aufgelistet sind.

3.1 Erstellung der Standardformatvorlagen für die Arbeit

347 Bevor mit der Erstellung der Standardformatvorlagen begonnen wird, ist zunächst das äußere Erscheinungsbild der wissenschaftlichen Arbeit – bezogen

12 DIN Deutsches Institut für Normung e. V. (Hrsg.): Schreib- und Gestaltungsregeln für die Textverarbeitung. Sonderdruck von DIN 5008:2011. 5. Aufl., Berlin / Wien / Zürich 2011.

13 Eine gute Übersicht geben das Inhaltsverzeichnis und das Stichwortverzeichnis bei DIN Deutsches Institut für Normung e. V., a. a. O. (Fn. 12), S. 2-4 und 71-74.

auf ein DIN-A4-Blatt – in Erinnerung zu rufen.[14] Regelmäßig werden dazu von der Hochschule Vorgaben gemacht (s. o. Kap. 3 zum 1. Teil, ab S. 38). In diesem Kapitel geht es um die Texte. Zur Wiederholung: Für eine wissenschaftliche Arbeit, die einer Korrektur durch Prüfer/innen unterliegt, werden folgende Absätze üblicherweise benötigt:

- Standard,
- Zitatabsatz (für wörtliche Zitate),
- Aufzählungsabsatz, Anfang,
- Aufzählungsabsatz, Mitte,
- Aufzählungsabsatz, Ende,
- Literaturabsatz,
- Tabellenabsatz
- Tabellen-/Schaubildunterschriftsabsatz
- Fußnotenabsatz,
- Überschriftabsatz erster Ordnung,
- Überschriftabsatz zweiter Ordnung,
- Überschriftabsatz dritter Ordnung,
- Verzeichnisabsatz erster Ordnung,
- Verzeichnisabsatz zweiter Ordnung,
- Verzeichnisabsatz dritter Ordnung.

Die Formatvorlage „Standard" ist die Basis, von der aus alle anderen Formatvorlagen gebildet werden. Für den fließenden Text werden noch Zitatabsätze und Aufzählungsabsätze benötigt, wenn man die Überschriftenabsätze, Fußnotenabsätze und Tabellen-/Schaubildunterschriftsabsätze durch Begriffsmakros (s. o. S. 152) erstellt und die Verzeichnisabsätze, die nur im Inhaltsverzeichnis auftauchen, sowie die Literaturabsätze, die nur im Literaturverzeichnis und/oder Quellenverzeichnis eine Rolle spielen, einmal formatiert. 348

Als „Schriftart..." („Zeichen...") ist „Times New Roman" zu wählen, die weniger Platz verwendet als „Arial" oder „Courier". 349

Als „Schriftart..." („Zeichen...") ist „Times New Roman" zu wählen, die weniger Platz verwendet als „Arial" oder „Courier".[15]

Als „Schriftart..." („Zeichen...") ist „Times New Roman" zu wählen, die weniger Platz verwendet als „Arial" oder „Courier".[16]

---

14 Vgl. zu den Standardformatvorlagen ausführlich Kammer, a. a. O. (Fn. 2), S. 40 ff.; vgl. auch Lingen Verlag (Hrsg.): Leichter lernen visuell: Word2003 – leicht – verständlich – praxisnah, Köln 2006, S. 166 ff. Siehe für die neuere Version Lingen Verlag (Hrsg.): WORD 2010 leicht verständlich praxisnah – mit Begleit-CD-Rom, Köln 2011.

15 Dies ist die Schriftart „Arial" – ebenfalls in 10 pt Schriftgröße – zum Vergleich.

16 Dies ist die Schriftart „Courier" – ebenfalls in 10 pt Schriftgröße – zum Vergleich.

350 Die Formatvorlage „Standard“ ist im Dialogfeld „Formatvorlagen“ (Menü „Format“, „Formatvorlagen...“) für die wissenschaftliche Arbeit, zum Beispiel für eine Diplomarbeit, nach Auswahl der Schrifttype auch nach folgenden Kriterien einzustellen:

351 Die Schriftgröße sollte bei 12 pt liegen. Im Dialogfeld „Absatz...“ ist unter der Karteikarte „*Einzüge und Abstände*“ bei „Ausrichtung“ „Blocksatz“, alle Einzüge und Abstände auf „0“ und der „Zeilenabstand“ auf „Einfach“ zu setzen (wenn nicht im Einzelfall von der Hochschule „1,5 Zeilen“ der ein anderes Maß gefordert wird). Unter der Karteikarte „*Zeilen- und Seitenumbruch*“ ist nur die „Absatzkontrolle“ mit Häkchen zu versehen.

352 „Tabstopp(s)...“ sind nicht einzugeben, ebenso kein „Rahmen...“. Bei „Sprache...“ ist zu überprüfen, ob auch „Deutsch“ eingegeben ist, damit später die Rechtschreib- und Grammatikprüfung richtig funktioniert, die anderen Dialogfelder „Positionsrahmen...“, „Nummerierung...“ und „Tastenkombination...“ bleiben wie sie sind.

353 Die Formatvorlage „Zitatabsatz“ basiert auf „Standard“. Hier könnte unter „Schriftart...“ („Zeichen...“) „kursiv“ oder die Schriftgröße 11,5 pt eingegeben werden. Im Dialogfeld „Absatz...“ sind unter der Karteikarte „*Einzüge und Abstände*“ die Einzüge links und rechts mit jeweils 0,5 cm anzugeben, die Abstände vor und nach mit jeweils 6 pt.

354 Die Formatvorlage „AufzAnfang“ basiert ebenfalls auf „Standard“. Hier könnte unter „Schriftart...“ („Zeichen...“) die Schriftgröße auf 11 pt reduziert werden. Im Dialogfeld „Absatz...“ ist unter der Karteikarte „*Einzüge und Abstände*“ der „Sondereinzug“ („Extra“) auf „Hängend“ um „0,5 cm“ einzustellen. Der Abstand vor ist mit 6 pt auszuführen. Unter der Karteikarte „*Zeilen- und Seitenumbruch*“ sind zusätzlich zur „Absatzkontrolle“ auch „Zeilen nicht trennen“ und „Absätze nicht trennen“ mit Häkchen zu versehen. Im Dialogfeld „Nummerierung...“ ist unter der Karteikarte „*Aufzählungszeichen*“ (beim Mac „*Aufzählungen*“) ein vorgegebenes Zeichen zu wählen. Sollte keines gefallen, ist dennoch eines anzuklicken und über den Button „Anpassen“ entsprechend zu ändern.

355 Die Formatvorlage „AufzMitte“ basiert auf „AufzAnfang“. Zu ändern ist hier zum einen der Abstand vor, der auf „0“ zurückzusetzen ist. Zum anderen müssen die Häkchen bei „Zeilen nicht trennen“ und „Absätze nicht trennen“ wieder entfernt werden.

356 Die Formatvorlage „AufzEnde“ basiert ebenfalls auf „AufzAnfang“. Zu ändern ist hier lediglich der Abstand nach, der auf „6 pt“ zu setzen ist.

357 Die Formatvorlage „Literaturabsatz“ basiert wieder auf „Standard“. Im Dialogfeld „Absatz...“ ist unter der Karteikarte „*Einzüge und Abstände*“ bei

„Ausrichtung“ statt „Blocksatz“ „Links“ einzugeben. Der „Sondereinzug“ („Extra“) ist auf „Hängend“ um „0,5 cm“ einzustellen. Der Abstand nach ist mit 6 pt auszuführen. Unter der Karteikarte *„Zeilen- und Seitenumbruch“* sind zusätzlich zur „Absatzkontrolle“ auch „Zeilen nicht trennen“ mit Häkchen zu versehen.

Die Formatvorlage „Tabellenabsatz“ basiert ebenfalls auf „Standard“. Im Di- 358
alogfeld „Schriftart...“ („Zeichen...“) ist die Schrift auf „Arial Narrow“ und die Schriftgröße auf 10 pt zu reduzieren. Im Dialogfeld „Absatz...“ ist unter der Karteikarte *„Einzüge und Abstände“* bei „Ausrichtung“ statt „Blocksatz“ „zentriert“ einzugeben. Der „Einzug“ links und rechts ist jeweils auf 0,1 cm zu setzen, die Abstände vor und nach sind je mit 1 pt auszuführen. Unter der Karteikarte *„Zeilen- und Seitenumbruch“* sind zusätzlich zur „Absatzkontrolle“ auch „Zeilen nicht trennen“ und „Absätze nicht trennen“ mit Häkchen zu versehen.

Die Formatvorlage „TabUnterschrift“ basiert ebenfalls auf „Standard“. Im 359
Dialogfeld „Schriftart...“ („Zeichen...“) ist die Größe der Schrift auf 10 pt zu reduzieren. Im Dialogfeld „Absatz...“ ist unter der Karteikarte *„Einzüge und Abstände“* bei „Ausrichtung“ statt „Blocksatz“ „Links“ einzugeben. Der „Sondereinzug“ („Extra“) ist auf „Hängend“ um „2,0 cm“ einzustellen. Die Abstände vor und nach sind je mit 6 pt auszuführen. Unter der Karteikarte *„Zeilen- und Seitenumbruch“* sind zusätzlich zur „Absatzkontrolle“ auch „Zeilen nicht trennen“ mit Häkchen zu versehen. Im Dialogfeld „Tabstopp(s)...“ ist bei 2,0 cm ein Tabstopp links festzulegen.

Der „Fußnotenabsatz“ basiert grundsätzlich auch auf „Standard“. Im Dialog- 360
feld „Schriftart...“ („Zeichen...“) ist die Größe der Schrift auf 10 pt zu reduzieren. Im Dialogfeld „Absatz...“ ist unter der Karteikarte *„Einzüge und Abstände“* der „Sondereinzug“ („Extra“) in „Hängend“ um „0,6 cm“ zu verändern. Bei Kartei *„Zeilen- und Seitenumbruch“* wird unter „Paginierung“ das Kästchen „Zeilen nicht trennen“ angekreuzt. Letzteres gewährleistet, dass sich die Fußnotentexte immer komplett auf der entsprechenden Seite befinden und sich nicht über zwei – oder sogar mehr – Seiten erstrecken. Schließlich ist unter „Tabstopp...“ noch einzugeben, dass bei 0,6 cm ein Tabstopp links festgelegt wird. Damit ist die Formatvorlage „Fußnotentext“ eingerichtet.

Die Formatvorlage „Überschrift 1“ basiert auf „Standard“ und steht für den 361
Überschriftabsatz erster Ordnung. Im Dialogfeld „Schriftart...“ („Zeichen...“) ist Fettdruck einzustellen. Im Dialogfeld „Absatz...“ ist unter der Karteikarte

„Einzüge und Abstände“ der „Sondereinzug“ („Extra“) in „Hängend“ um „0,65 cm“ zu verändern. Außerdem ist bei „Ausrichtung“ statt „Blocksatz“ „Links“ einzugeben und der Abstand vor mit „30 pt“, der Abstand nach mit „18 pt“ auszuführen. Unter der Karteikarte *„Zeilen- und Seitenumbruch“* sind zusätzlich zur „Absatzkontrolle“ auch „Zeilen nicht trennen“ und „Absätze nicht trennen“ mit Häkchen zu versehen. Im Dialogfeld „Tabstopp(s)...“ ist bei 0,65 cm ein Tabstopp links festzulegen.

362 Bei der Formatvorlage „Überschrift 2“, die für den Überschriftabsatz zweiter Ordnung steht, basiert auf „Überschrift 1“. Hier ist im Dialogfeld „Schriftart...“ („Zeichen...“) der Fettdruck in kursiv (ohne fett) zu ändern. Im Dialogfeld „Absatz...“ ist unter der Karteikarte *„Einzüge und Abstände“* der „Sondereinzug“ („Extra“) in „Hängend“ um „0,9 cm“ zu verändern. Außerdem ist der Abstand vor mit „18 pt“, der Abstand nach mit „9 pt“ auszuführen. Im Dialogfeld „Tabstopp(s)...“ ist der Tabstopp 0,65 cm auf 0,9 cm festzulegen. Alles andere bleibt.

363 Bei der Formatvorlage „Überschrift 3“, die für den Überschriftabsatz dritter Ordnung steht, basiert auf „Überschrift 2“. Hier ist im Dialogfeld „Schriftart...“ („Zeichen...“) der Normaldruck einzustellen. Im Dialogfeld „Absatz...“ ist unter der Karteikarte *„Einzüge und Abstände“* der „Sondereinzug“ („Extra“) in „Hängend“ um „1 cm“ zu verändern. Außerdem sind die Abstände vor und nach mit jeweils „10 pt“ auszuführen. Im Dialogfeld „Tabstopp(s)...“ ist der Tabstopp 0,9 cm auf 1 cm festzulegen. Alles andere bleibt.

364 Die Formatvorlage „Verzeichnis 1“ basiert auf „Standard“ und steht für den Verzeichnisabsatz erster Ordnung. Im Dialogfeld „Absatz...“ ist unter der Karteikarte *„Einzüge und Abstände“* der „Einzug“ rechts in 1 cm sowie der „Sondereinzug“ („Extra“) in „Hängend“ um „1 cm“ zu verändern. Außerdem ist bei „Ausrichtung“ statt „Blocksatz“ „Links“ einzugeben und der Abstand vor mit „6 pt“ auszuführen. Im Dialogfeld „Tabstopp(s)...“ ist bei 1 cm ein Tabstopp links und bei 11 cm ein Tabstopp rechts festzulegen.

365 Bei der Formatvorlage „Verzeichnis 2“, die für den Verzeichnisabsatz zweiter Ordnung steht, basiert auf „Verzeichnis 1“. Im Dialogfeld „Absatz...“ ist unter der Karteikarte *„Einzüge und Abstände“* lediglich der Abstand vor in „4 pt“ zu verändern. Alles andere bleibt wie es ist.

366 Bei der Formatvorlage „Verzeichnis 3“, die für den Verzeichnisabsatz dritter Ordnung steht, basiert auf „Verzeichnis 2“. Im Dialogfeld „Absatz...“ ist unter der Karteikarte *„Einzüge und Abstände“* lediglich der Abstand vor in „2 pt“ zu verändern. Alles andere bleibt wie es ist.

Wenn die einzelnen Formatvorlagen für die wissenschaftliche Arbeit herge- 367
stellt sind, dann fehlt nur noch die Vereinfachung der Erstellung von Abbildungsrahmen und Tabellen.

3.2 Erstellung von Abbildungsrahmen und Tabellen für die wissenschaftliche Arbeit

Ob überhaupt Abbildungen oder Tabellen[17] in die wissenschaftliche Arbeit 368
eingefügt werden, kann sich nur sachlich aus dem Thema ergeben. Bilder haben keinen Selbstzweck, sie müssen aus dem Sachzusammenhang heraus notwendig sein. Es ist nicht notwendig, eine Gruppe von Muslimen abzubilden, nur weil das Thema sich mit dem Islam beschäftigt. Ebenso muss nicht jede Zahlenreihe nochmals zur Veranschaulichung in einer Tabelle dargestellt werden.

Wenn aber Abbildungen in den Text aufgenommen werden sollen, dann 369
bietet es sich an, einen wiederkehrenden Abbildungsrahmen zu erstellen, der nur einmal hergerichtet wird und dann über ein selbst definiertes Kürzel immer wieder eingeschoben werden kann. Ein Abbildungsrahmen sollte über die gesamte Textbreite gehen, die bei wissenschaftlichen Arbeiten nur etwa 13 cm beträgt. Dafür ist eine Tabelle mit 1 Spalte und 2 Zeilen zu erstellen, indem im Menü „Tabelle" durch „Einfügen, Tabelle" ein neues Fenster geöffnet und darin die entsprechenden Spalten- und Zeilenanzahlen eingegeben wird. Automatisch erstellt WORD® folgende Tabelle:

Die gesamte Tabelle wird markiert. Im Menü „Tabelle" öffnet sich bei „Ta- 370
belleneigenschaften" ein neues Fenster. Hier wird die Breite der Tabelle auf 13 cm (bzw. 21 cm minus vorgegebene Ränder, bei 6 cm links und 2 cm rechts also 13 cm) gesetzt und die gesamte Tabelle als „zentriert" festgelegt. Der Cursor wird danach in die obere Zeile gesetzt und die Formatvorlage „Tabellenabsatz" eingegeben. In die untere Zeile wird die Formatvorlage „TabUnterschrift" eingegeben und der gesamte Zeilenabsatz markiert. Im Menü „Format" wird unter „Rahmen und Schattierung" die Umrahmung der Zeile so geändert, dass nur noch die obere Linie übrig bleibt. Jetzt wird in der unteren Zeile eingetragen: „Schaubild 1: Text". Der Abbildungsrahmen sieht dann so aus:

---

17 Für die Erstellung von mehrspaltigen und mehrzeiligen Tabellen vgl. Kammer, a. a. O. (Fn. 2), S. 87 ff.

Schaubild 1: Text

371 Wenn anschließend die fertige Tabelle komplett markiert wird, kann dann im Menü „Extras“ unter „Autokorrektur“ ein Kürzel eingegeben werden, zum Beispiel „Tab1“ für die 1-spaltige Tabelle. Immer wenn ein solcher Abbildungsrahmen benötigt wird, braucht nur noch „Tab1“ eingegeben zu werden und der Abbildungsrahmen wird automatisch erstellt. In der oberen Zeile wird dann im Menü „Einfügen“ durch „Bild, Aus Datei“ das gewünschte Bild eingefügt. Schaubildnummern und Text werden jeweils angepasst.

372 Für Tabellen kommt es jeweils auf die Zahlenreihen an. Hier ist zu berücksichtigen, dass die Seiten senkrecht länger sind und daher mehr Zeilen leichter her- und darzustellen sind als Spalten. Die Erstellung von Tabellen folgt dem gleichen Ablauf wie der Anfang des Abbildungsrahmens.[18] Über das Menü „Tabelle“ können verschiedene Rahmungsvorschläge des Programms WORD® unter „Autoformat für Tabellen“ abgerufen und ausgewählt werden.

4 Technische Abschlussarbeiten nach Fertigstellung der wissenschaftlichen Arbeit

373 Die Arbeit soll so rechtzeitig fertig werden, dass sie nach Möglichkeit von einer anderen Person gelesen werden kann und dass auch Zeit bleibt, die letzten technischen Abschlussarbeiten durchzuführen. Letztere können ganz erheblich die Benotung verbessern und sind mithilfe des Programms WORD® leicht durchzuführen.

374 In erster Linie sollten Rechtschreib- und Grammatikfehler beseitigt werden und durch die automatische Silbentrennung unschöne breite Leerzeichen zwischen den Wörtern beseitigt werden.

18 Genauere Erläuterungen sind den Büchern aus dem Lingen Verlag: Leichter lernen visuell, Word2003, a. a. O. (Fn. 14), S. 228 ff. und WORD2010 leicht verständlich praxisnah, a. a. O. (Fn. 14), sowie der Beschreibung von Kammer, a. a. O. (Fn. 2), S. 87 ff. zu entnehmen.

4.1 Fehlerbeseitigung durch die automatische Rechtschreib- und Grammatikprüfung

WORD® bietet eine automatische Rechtschreib- und Grammatikprüfung. Diese ist über das Menü „Extras“ im neuen Fenster „Rechtschreibung und Grammatik“ einzustellen.[19] **375**

Damit nicht nur die Worte auf Richtigkeit überprüft werden, muss dafür im neuen Fenster „Grammatik prüfen“ angehakt werden. Nur so kann WORD® feststellen, ob die Worte auch grammatisch in den richtigen Fällen (Casus) verwendet wurden. Wird nur die Rechtschreibung überprüft, gibt WORD® ein Wort als richtig an, wenn es diese Schreibweise in irgendeiner Form gibt. Das muss aber im untersuchten Satz nicht richtig sein, wenn zum Beispiel Dativ (3. Fall) und Genitiv (2. Fall) verwechselt werden. Nur die Grammatikprüfung bringt solche Fehler ans Licht. **376**

WORD® hat aber ein paar Schwächen, die durch „Ignorieren“ entsprechend übersprungen werden. **377**

Vor der Fehlerbeseitigung durch die automatische Rechtschreib- und Grammatikprüfung könnte aber noch die Schriftbildverbesserung durch die automatisierte Silbentrennung eingerichtet werden. **378**

4.2 Schriftbildverbesserung durch die automatisierte Silbentrennung

Die automatisierte Silbentrennung wird ebenfalls im Menü „Extras“ unter „Silbentrennung“ eingerichtet. Es genügt, das Kästchen für die „Automatische Silbentrennung“ anzuhaken. Ob auch Worte in Großbuchstaben getrennt werden sollen, ist letztlich eine Geschmacksfrage, die „Trennzone“ kann auf dem Wert 0,75 cm verbleiben.[20] **379**

Wenn WORD® noch nicht die neuesten Rechtschreibregeln berücksichtigt, wird es auch 1-buchstabige Trennungen vornehmen (z. B. a-ber). Diese sind wieder abgeschafft und müssen in dem Fall wieder manuell rückgängig gemacht werden. **380**

Wenn die Grundkenntnisse in WORD® beherrscht werden, sind das richtige Zitieren, unterschiedliche Belegarten und die Erstellung des Literaturverzeichnisses ins Auge zu fassen. **381**

---

19 Vgl. im Einzelnen dazu Kammer, a. a. O. (Fn. 2), S. 58 ff.

20 Vgl. dazu Kammer, a. a. O. (Fn. 2), S. 62 f.

6. Teil: Zitiertechnik, Belegarten und Literaturangaben in Bachelor-, Master- oder Diplomarbeiten

Bei der Verarbeitung fremden Materials sind bestimmte Regeln der Zitierung, die richtige Technik des Belegens und formale Voraussetzungen an das Literaturverzeichnis einzuhalten. 382

1 Die richtige Zitiertechnik

Zitate erfüllen in formaler und materieller Hinsicht mehrere Funktionen. Rein formal geben Belege grundsätzlich die Unterscheidung eigenen Gedankenguts von fremden und garantieren den Leserinnen und Lesern die Nachprüfbarkeit fremder Gedanken. Deshalb kommt es darauf an, aus gedruckten und veröffentlichten Quellen, aus Büchern, aus Beiträgen in Fachzeitschriften und Sammelwerken oder aus offiziell archivierten Quellen zu zitieren. 383

Materiell (inhaltlich) dienen die Zitierungen der Weiterführung und Ergänzung eigener Gedanken oder sind Hinweis auf die Auseinandersetzung mit abweichenden Auffassungen, die man selbst nicht darstellen möchte. Belege können eigene Meinungen und Schlussfolgerungen bestärken und wissenschaftliche Thesen durch anerkannte Autorinnen und Autoren sowie wissenschaftliche Arbeiten bestätigen.[1] 384

Die richtige Zitierweise unterliegt vier allgemeinen Regeln: 385

- Zitate sind im Schriftbild zu kennzeichnen,
- wörtliche Zitate müssen ganz genau sein,
- Zitate müssen aus erster Hand entnommen werden und
- Zitate müssen inhaltlich dem Zweck ihres Belegs entsprechen.

1.1 Zitate sind im Schriftbild zu kennzeichnen

Nur wörtliche Zitate werden im Text durch An- und Abführungszeichen gesondert kennzeichnet („Text“). Eine zusätzliche Kennzeichnung durch Druck in *kursiver* Schrift oder in kleinerer Schriftgröße hindert eher den Lesefluss 386

1 Vgl. Franck, Norbert / Stary, Joachim: Die Technik wissenschaftlichen Arbeitens. Eine praktische Anleitung. 16. Aufl., Paderborn 2011, S. 169.

und sollte deshalb unterbleiben. Eine Ausnahme von dieser Regel kann dann gemacht werden, wenn das Zitat selbst Gegenstand der Erörterung in der Hausarbeit ist oder wenn das Zitat länger als drei Zeilen ist.[2]

> *„Dann bietet es sich an, das zu besprechende Zitat entweder – wie hier – kursiv und darüber hinaus mit Einschüben am linken und rechten Rand zu drucken.“ oder*

„... es wird – wie hier – ohne Einschübe in kleinerer Schriftgröße gedruckt, wobei jeweils der Abstand vor und nach mit 6 pt eingerichtet wird.“[3] Bei wörtlichen Zitaten in Sonderabsätzen brauchen im Übrigen Anführungszeichen nicht mehr (dürfen aber weiterhin) gesetzt zu werden.[4]

387 Nicht wörtliche Zitate, also solche, die nur den Sinngehalt aus einer anderen Arbeit wiedergeben, werden aber keinesfalls in An- und Abführungszeichen gesetzt. Für beide Zitatarten gilt jedenfalls, dass an ihrem Ende jeweils ein Beleg in Form einer Fußnote, einer Endnote oder eines Zeilenbelegs angebracht wird, in dem die Quellen- oder Literaturangabe steht, von der das Zitat stammt (im Einzelnen s. zu den Belegarten unten Kap. 2, ab S. 169).

1.2 Wörtliche Zitate müssen ganz genau sein

388 Wenn Textstellen aus fremden Arbeiten wörtlich zitiert werden, müssen die Zitate sowohl formal als auch materiell ganz genau sein. Das bedeutet, dass Textstellen der fremden Arbeit, die <u>*unterstrichen*</u>, g e s p e r r t, IN VERSALIEN, IN KAPITÄLCHEN, *kursiv* oder **fett** gedruckt sind, im Zitat ebenfalls diese Markierungen enthalten müssen. Ebenso werden alle orthografischen und interpunktionellen Angaben, also die Rechtschreibung und Zeichensetzung – auch wenn sie grammatisch aktuell falsch sind – übernommen. Einzige Ausnahme bilden der Trennstrich und die Trennung selbst, die ja jeweils vom Format des Papierträgers abhängig sind und auf die Sinnhaftigkeit der Aussage keinen Einfluss haben.

389 Inhaltlich muss das übernommene Zitat seinen ursprünglichen Sinn behalten. Alle Veränderungen der übernommenen Textstelle wie Auslassungen, Ergänzungen, Erläuterungen, Hervorhebungen etc. sind besonders zu kennzeichnen. Die Veränderungen dürfen den ursprünglichen Sinn des Zitats nicht abwandeln.

390 Auslassungen (Ellipsen) sind in der Regel durch drei Punkte (...) zu kennzeichnen. Bei Auslassungen am Satzanfang wird das Anführungszeichen vor

---

2 Vgl. dazu Niederhauser, Jürg: Duden: Die schriftliche Arbeit, Mannheim 2011, S. 23.
3 S. dazu die Einrichtung zum „Zitatabsatz“ unter WORD® auf S. 152.
4 Vgl. Niederhauser, a. a. O. (Fn. 2), ebd.

die drei Punkte gesetzt, danach folgt der Text des Zitats („...). Auslassungen mitten im zitierten Satz werden jeweils von einem Leerzeichen an- und abgeführt (...), Auslassungen am Satzende werden ebenfalls von den drei Punkten abgeschlossen, danach folgt das Abführungszeichen und der Satzendepunkt (...“.). Wird das Zitat nach Auslassung eines Satzendes fortgeführt, tritt an Stelle des Abführungszeichens ein Leerzeichen (... .) oder es werden vier Punkte gesetzt (....). Werden ein Satz oder mehrere Sätze in einem Zitat ausgelassen, werden die drei Punkte in eckige Klammern gesetzt ([...]).[5]

Ergänzungen (Interpolationen) von Zitaten durch den Zitierenden dürfen 391
nur dann vorgenommen werden, wenn es sich um eine notwendige und sinnvolle Erläuterung oder um eine grammatikalische Anpassung an den eigenen Text handelt. Grundsätzlich sind Ergänzungen in eckige Klammern zu setzen. Für beide Fälle gilt folgendes Beispiel: „... die örtliche Ordnungsbehörde [wird] bei der Wahrnehmung dieser Aufgaben [Umgang mit Kampfmitteln, d. Verf.] regelmäßig durch den sogenannten „**Staatlichen Kampfmittelräumdienst**„ [sic] unterstützt.[6]“ Das in Klammern gesetzte „[wird]“ ist die grammatikalische Anpassung, der „[Umgang mit Kampfmitteln, d. Verf.]“ die notwendige Erläuterung, die durch den Hinweis auf den Verfasser (d. Verf.) verdeutlicht, dass diese Erläuterung vom Zitierenden ergänzt wurde. Der Druckfehler des An- statt Abführungszeichens bei „**Staatlichen Kampfmittelräumdienst**„ wurde aus dem Originaltext übernommen und mit dem Hinweis „[sic]“ ergänzt. Auch die Hervorhebung des „Staatlichen Kampfmittelräumdienstes“ im Original im Fettdruck wurde übernommen.

Hervorhebungen durch den Zitierenden, die im Original nicht vorhanden 392
sind, müssen ebenfalls kenntlich gemacht werden, z. B. „Grundsätzlich ist *jede* [Hervorh. nicht im Original] Bombendrohung ernstzunehmen.[7]“. Zitate im zitierten Satz werden durch Apostrophe kenntlich gemacht, aber nicht mehr in einer Anmerkung identifiziert, z. B.: „Eine perfektionierte Organisation ist als totale Institution anzusehen, „...an deren Ende die Aufhebung der in unserer Gesellschaft üblichen Trennung der drei Lebensbereiche Arbeit, Freizeit, Schlaf und die ‘soziale Deprivation’ der Mitglieder ... steht.[8]“

5 Vgl. dazu Niederhauser, a. a. O. (Fn. 2), S. 23 f.

6 Kuhleber, Hans-Werner: Einsatzlehre. Bd. 2: Gefahrenlagen und Strafverfolgungslagen. 2. Aufl., Hilden/Rheinland 2004, S. 74 f.

7 Kuhleber, a. a. O. (Fn. 6), S. 75.

8 Altmann, Robert / Berndt, Günter: Grundriß der Führungslehre Bd. 2, Führen in der Organisation. Bearbeitet von Robert Altmann. 2. Aufl., Lübeck 1994, S. 146.

1.3 Zitate müssen aus erster Hand entnommen werden

393 Grundsätzlich sollten die Zitate unmittelbar sein und nicht aus zweiter Hand stammen. Denn es besteht die Gefahr, dass bereits die durch den Erstverwender gemachten Zitierfehler übernommen werden. Bei Überprüfungen durch die Korrektorin bzw. den Korrektor gehen solche Fehler dann zu Lasten der Verfasserin / des Verfassers der wissenschaftlichen Abschlussarbeit.

394 Das Zitieren aus zweiter Hand, das sog. „Sekundärzitat“[9], kann aber dann notwendig werden, wenn das Originalmaterial nicht mit einem vertretbaren Aufwand zu beschaffen ist. Einen Sinn, aus zweiter Hand zu zitieren, ergibt sich außerdem dann, wenn ein großer Gegenstandsbereich durch die Zweitautorin / den Zweitautor bereits verarbeitet wurde. Auf das Sekundärzitat muss allerdings in dem Beleghinweis hingewiesen werden, indem der Zusatz „zitiert nach“ hinzugefügt wird[10].

1.4 Zitate müssen inhaltlich dem Zweck ihres Belegs entsprechen

395 Zitate als Beleg der eigenen Aussage müssen inhaltlich „immer dem entsprechen, was man selbst damit zum Ausdruck bringen will.[11]“ Weichen sie hingegen von der eigenen Meinung ab oder bringen Aspekte, die über den Zusammenhang der wissenschaftlichen Arbeit hinausgehen, sind deshalb in der Regel wegzulassen. Nur wenn sie als Beleg einer gegenteiligen oder jedenfalls anderen Auffassung dienen sollen, sind sie erlaubt und entsprechend im Text einzuleiten.

396 Unveröffentlichte Werke, wie Examens- oder Diplomarbeiten, private Unterlagen und persönliche Mitteilungen sind üblicherweise nicht zitierfähig. Nur ausnahmsweise sind sie unter bestimmten, meist mit dem Thema zusammenhängenden Gründen zusätzlich aufzunehmen. In diesen Fällen muss im Zitat dies genau zum Ausdruck kommen, zum Beispiel: „Wiefelspütz, Dieter, MdB: Persönliche eMail an den Verfasser vom 05.10.2007.“ oder „Interview mit Polizeidirektor Christian Mainzinger, Leiter der Koordinierungsabteilung für internationale Polizeieinsätze bei der UN in New York vom 11.11.2007.“ oder „Möllers, Martin H. W.: Rechtsextremismus, Fremden-

9 Theisen, Manuel René: ABC des wissenschaftlichen Arbeitens. Erfolgreich in Schule, Studium und Beruf, München 2006, S. 39.

10 Vgl. Franck / Stary, a. a. O. (Fn. 1), S. 171 sowie Theisen, a. a. O. (Fn. 9), S. 39 f.; Niederhauser, a. a. O. (Fn. 2), S. 24.

11 Franck / Stary, a. a. O. (Fn. 1), ebd.

feindlichkeit und Integration. Politikwissenschaftlicher Reader für die Lehre am Fachbereich Bundespolizei, Lübeck 2013, S. 17.".[12]

Nur sehr beschränkt zitierfähig *als Literaturquellen* sind die meisten Tageszeitungen (z. B. „BILD", „Lübecker Nachrichten", „Welt") und Illustrierten (z. B. „Hörzu", „Brigitte", „Stern"), da sie nicht den Anspruch auf Wissenschaftlichkeit erheben. Hier sind uneingeschränkt zitierfähig nur objektive Fakten wie zum Beispiel Angaben über Veranstaltungen, Wetter, Aktienkurse etc. Als etwas seriöser gelten aber bestimmte überregionale Zeitungen (z. B. „Frankfurter Rundschau", „Süddeutsche Zeitung", „Handelsblatt") sowie Wochenzeitungen und Politmagazine (z. B. „Die Zeit", „Der Spiegel", „Focus"). Aber auch aus diesen genannten seriösen Zeitungen sind zum Beispiel Meldungen über Wachstum und Ursachen der Kriminalität in der Europäischen Union als Literaturquelle völlig unbrauchbar, es sei denn, sie sind selbst Gegenstand der Untersuchung, zum Beispiel wenn die Untersuchung analysieren will, wie sich der Stellenwert der Polizei in einer solchen Zeitschrift im Laufe der Zeit geändert hat.[13] Eine Bachelor- oder Diplomarbeit, die ausschließlich mit Zeitungs- und Zeitschriftenartikeln belegt wird, ist nicht mehr als ausreichend zu bezeichnen. 397

2 Die Technik des Belegens von Literatur und Quellen

Die Technik des Belegens von Literatur und Quellen stellt vor der Frage des „Wie?" zunächst die Frage, wann überhaupt belegt und verwiesen werden sollte und vor allem, ob wörtlich oder nur dem Sinne nach zu belegen ist. 398

2.1 Die Pflicht zum Belegen bei wörtlichen und nicht wörtlichen Zitaten

Da es ein wesentliches Kennzeichen für Wissenschaftlichkeit ist, die eingesetzten Methoden nachprüfbar zu machen, sind immer die verwendeten Literaturquellen offen zu legen. Nur so können die Leser/innen die Darstellung der Argumentation und ihr Hinführen zu den Ergebnissen nachvollziehen. Für die Verfasser/innen von wissenschaftlichen Abschlussarbeiten bedeutet dies, dass sie die Literatur, auf die sie sich stützen, genau angeben. Dazu 399

12 Vgl. zum Vorstehenden Niederhauser, a. a. O. (Fn. 2), S. 24.

13 S. dazu Krämer, Walter: Wie schreibe ich eine Seminar-, Examens- und Diplomarbeit. Eine Anleitung zum wissenschaftlichen Arbeiten für Studierende aller Fächer an Universitäten, Fachhochschulen und Berufsakademien. 4. Aufl., Stuttgart 1998, S. 123 f.

dient einerseits das Literaturverzeichnis, in dem der Gesamtüberblick über die verwendeten Hilfsmittel geboten wird, als auch andererseits die Verweisung, die immer dann notwendig wird, wenn im Text auf eine bestimmte Literaturquelle zurückgegriffen wird.

400 Es ist aber nicht jede Behauptung zu belegen. Grundsätzlich ist Allgemeinwissen nicht mit einer Literaturangabe zu belegen. Wenn zum Beispiel behauptet wird, dass der Innenminister oberster Dienstherr der Polizei ist, dann wird dafür nicht etwa eine Verweisung auf eine „sichere Quelle" erforderlich. Da die wissenschaftliche Abschlussarbeit für ein *Fach*publikum geschrieben wird, unterliegt ebenso wenig *fachliches* Allgemeinwissen einem Belegzwang. Zum Beispiel dass Rechtsverordnungen in der Normenpyramide unterhalb der Gesetze stehen und diese wiederum unterhalb der Verfassung, muss nicht aus „sicherer Quelle" belegt werden. Denn:

401 **„Allgemein bekannte Sachverhalte wie etwa Lehrbuchstoff kommen auch ohne Stammbaum aus."[14]**

402 Sollten aber Zweifel entstehen, ob bestimmte Kenntnisse noch zum Bereich des allgemein bekannten Wissens zählen, schadet keinesfalls der Literaturbeleg, soweit er nicht mithilfe von „Duden", „Brockhaus" und ähnlichen Allgemeinlexika belegt wird. Ebenso ist es unwissenschaftlich, umgangssprachlich eindeutige Begriffe wie etwa „Ideologie", „Minderheit" oder „Analogie" durch Allgemeinlexika definieren zu wollen. Dagegen können allerdings vermeintlich eindeutige Begriffe wie etwa „Islamismus", „Faschismus" oder „Fundamentalismus" mittels *Fach*lexika oder anderer Literatur geklärt werden, wenn eine Definition für die Themenbearbeitung notwendig ist. Letztlich muss dies in der Entscheidung der Schreiber/innen der wissenschaftlichen Abschlussarbeit bleiben.[15]

403 Nicht alles ist in Wortlaut zu zitieren. Der Anteil wörtlicher Zitate darf auch höchstens – dies ist die absolute Grenze – zusammengenommen 10 % des Gesamttextes ausmachen. Die Regel ist es vielmehr, nur dem Sinne nach eine Literaturquelle zu zitieren. Hierbei ist es auch nicht notwendig, bei jedem Satz einen Verweis anzubringen, wenn man in einem Abschnitt intensiv auf eine oder mehrere Gewährsleute zurückgreift. Es genügt vielmehr ein Sammelbeleg in dieser Art: „Die nachfolgenden Ausführungen zur Zitiertechnik stützen sich im Wesentlichen auf Niederhauser (2000), S. 24 ff., Krämer (1994), S. 125 ff., Brauner / Vollmer (2004), S. 100 ff. und Theisen

14 Krämer, a. a. O. (Fn. 13), S. 123.
15 Vgl. Niederhauser, a. a. O. (Fn. 2), S. 24 f.

(2006), S. 34 ff.“. In welcher Form die Belege anzubringen sind, behandelt das nächste Kapitel.

2.2 *Korrekte Formen des Belegens von Literatur*

Die Technik des Belegens bietet mehrere Variationsmöglichkeiten, denn die 404 Belege können unmittelbar im Text als Anmerkung[16], am Ende der jeweiligen Seite als Fußnote oder am Ende des gesamten Textes als Endnote aufgeführt werden. Von allen Formen gibt es jeweils Beispiele in der Literatur: Für unmittelbare Anmerkungen im Text vgl. z. B. die Entscheidungen des Bundesverfassungsgerichts oder Krämer, Walter: Wie schreibe ich eine Seminar-, Examens- und Diplomarbeit. Eine Anleitung zum wissenschaftlichen Arbeiten für Studierende aller Fächer an Universitäten, Fachhochschulen und Berufsakademien, 3. Aufl., UTB, Stuttgart 1994[17]. Für Fußnoten siehe z. B. dieses Buch oder Pyerin, Brigitte: Kreatives wissenschaftliches Schreiben. Tipps und Tricks gegen Schreibblockaden, 2. Aufl., München 2003. Für Endnoten vergleiche die vom BMI herausgegebenen Verfassungsschutzberichte und Altmann, Robert / Berndt, Günter: Grundriss der Führungslehre. Bd. 1. Grundlagen kooperativer Führung. Bearb. v. Günter Berndt. 3., erweiterte und neu bearb. Aufl. Lübeck 1992. Jede Belegweise hat ihre Vor- und Nachteile. Alle Belegarten sind umstritten, aber gleichwohl erlaubt und werden in den einzelnen Fachwissenschaften jeweils bevorzugt. Abzulehnen ist jedenfalls eine Mischung aus zwei oder gar allen Belegformen. Im Grundsatz sollte man sich der jeweiligen fachwissenschaftlichen Bevorzugung anschließen und sich entsprechend mit den Korrektoren absprechen.

Grundsätzlich sollte die Belegform gewählt werden, die den Lesefluss 405 nicht behindert. Daher können Belege unmittelbar im Text selbst immer dann eher störend und wenig lesefreundlich sein, wenn längere Belege eingebaut werden. Dies kann man durch das Lesen von Urteilen des Bundesverfassungsgerichts selbst ausprobieren! Deshalb lehne ich diese Form des Zitierens ab, da sie nur für Kurzzitierungen lesefreundlich ist. Werden Belege erst am Ende des gesamten Textes gebracht, zwingen sie den Leser zu einem ständigen hin- und herblättern und sind deshalb auch eher hinderlich. Am besten geeignet sind meiner Meinung nach daher Fußnoten am Ende der Seite, da sie nicht weit von der Textstelle entfernt die Anmerkungen enthalten und gleichzeitig den Lesefluss nicht behindern. Wer die wissenschaftliche

16 Dies ist nach Krämer, a. a. O. (Fn. 13), S. 129 das sog. „Harvard-System“ bzw. die „sozialwissenschaftliche“ oder „amerikanische“ Zitiertechnik.

17 Krämer ist auch – im Gegensatz zu mir – der Ansicht, dass man Fußnoten nicht braucht, wenn er die Frage aufwirft: „Wozu Fußnoten überhaupt?“ S. dazu Krämer, a. a. O. (Fn. 13), S. 70.

Arbeit mit Hilfe des Computers anfertigt, sollte sich also auf jeden Fall der Fußnotentechnik bedienen. Im Folgenden wird deshalb von der Fußnotentechnik ausgegangen, alle Hinweise dazu können aber genauso in einer Endnote verwandt werden.[18]

406 **Der Text in der Fußnote beginnt wie in einem normalen Satz mit einem Großbuchstaben und endet mit Punkt oder einem anderen Satzendezeichen.**

407 Im Zusammenspiel mit dem Literaturverzeichnis (s. u. ab S. 173) sind Belege anderer Autorinnen und Autoren vereinfacht darzustellen: Dem Nachnamen des Verfassers folgt in Klammern das Erscheinungsjahr seines Werks und dann die Seite(n) wie etwa „Krämer (1999), S. 23 ff.". Nähere Einzelheiten zu dem Werk lassen sich aus dem Literaturverzeichnis entnehmen. Hat der Autor mehrere Werke verfasst, die im Literaturverzeichnis aufgeführt sind, kann an Hand der Jahreszahl des Erscheinens genau das passende Werk gefunden werden. Hat der Verfasser mehrere Werke in einem Jahr verfasst, können diese durch Buchstabenzusatz gekennzeichnet werden, z. B. „Möllers (2003a), S. 11." Diese Vorgehensweise verwendet das hier vorliegende Buch.

408 Wem es darauf ankommt, dass die Titelangaben ausführlich in der Fußnote erscheinen oder – wie zum Beispiel in Lehrbüchern oder Gesetzeskommentaren – einzelne Werke nicht in die Literaturliste aufgenommen werden[19], muss die Titelangaben ausführlicher gestalten: Als Beispiel dient dieses Lehrbuch.

409 Wenn bei Zeitungsartikeln Autorin oder Autor nicht angegeben sind, steht am Anfang der Sachtitel, z. B.: „Rechtsweg zur Organisation von Straßenfesten. In: Mülheimer Report. Nr. 2 vom 15. Juni 1985." Allerdings lassen sich aus angegebenen Namenskürzeln die Autorinnen und Autoren oft mit Hilfe des Impressums erschließen.

410 In den beiden nachfolgenden Abbildungen auf den folgenden Seiten bedeuten die grau unterlegten Felder, dass dafür bei den angegebenen Beispielarten keine Hinweise zu geben sind. Offene Felder können je nach Werk belegt werden, treffen aber auf das angegebene Beispiel nicht zu. Beim angegebenen Buchbeispiel gibt es z. B. keine Bandangabe und keinen Bandtitel, könnte aber bei anderen Werken (z. B. Kuhleber, H.-W.: Einsatzlehre. Bd. 1. Instrumentale Grundlagen und Gewährleistungslagen. Hilden/Rheinland 1992,

18 Wer die Anmerkungen unmittelbar in den Text setzen will, beachte die Hinweise „Verfahren D" bei Rückriem, Georg / Franck, Norbert / Stary, Joachim: Die Technik wissenschaftlichen Arbeitens. Eine praktische Anleitung. 9. Aufl., Paderborn 1995, S. 181 f.

19 Grundsätzlich ist in allen wissenschaftlichen Arbeiten die benutzte Literatur in das Literaturverzeichnis aufzunehmen!

S. 231) eine Rolle spielen. Erste Auflagen werden meistens nicht gesondert aufgeführt, deshalb sind sie in der Tabelle in Klammern gesetzt.

Wenn sich die Belegstelle auf die nächste Seite erstreckt, wird ein „f." für 411
„folgende" angegeben (s. u. das Zeitschriftenbeispiel), erstreckt sie sich sogar über drei und mehr Seiten, dann wird „ff." für „fortfolgende" zugefügt.

Reihenfolge der Angaben	IP	Beispiele		
		Bücher	Zeitschriften	Zeitungen
Nachname (Autor/in)	,	Möllers,	Möllers,	(Möllers,)
Vorname (abgekürzt)	.:	Martin H. W.:	Martin H. W.:	(M.:)
Sachtitel (ohne Untertitel)	.	Polizei und Grundrechte.	Die „Einkesselung" des EGMR durch BVerfG und BGH bei der nachträglichen Anordnung der Sicherungsverwahrung	Rechtsweg zur Organisation von Straßenfesten.
„In"	:		In:	In:
Hg. des Sammelwerks	,			
Titel des Sammelwerks/ der Zeitschrift (abgek.), der Zeitung	.		ZRP,	Mülheimer Report.
Reihentitel	,			
Jahrgang (Jg.)			43. Jg.	
Zeitschriftjahr	,		2010,	
Heftnummer (H.) (Nr.)	,		H. 5,	Nr. 2
„vom"				vom
Datum	.			15. Juni 1985.
ggf. Bandangabe (Bd.)	.			
ggf. Bandtitel	.			
Auflage (Aufl.) (ab 2.)	,	2. Aufl.,		
(Dipl.Arb., Examensarb., Diss., Habil.-Schr.)	,			
(Hochschul)Ort		Frankfurt a. M.		
Jahr	,	2011,		
Seitenangabe (S.)	.	S. 147.	S. 153 f.	

Abb. 35: Zitiertechnik bei Büchern, Zeitschriften und Zeitungen[20]

3 Das Literaturverzeichnis

Im umgangssprachlichen Gebrauch werden die Begriffe „Literatur" und 412
„Quelle" oft synonym verwendet. Das Literaturverzeichnis ist aber *kein* Quellenverzeichnis (s. dazu u. ab S. 180 oder im Glossar)! In das Literaturverzeichnis gehören Bücher (hier vor allem Monografien, ausnahmsweise auch Lehrbücher), Beiträge aus Sammelwerken und Fachzeitschriften.

20 Eigene Darstellung.

Reihenfolge der Angaben	IP	Beispiele		
		Sammelwerke	**Hochschularbeiten**[21]	**Internet**
Nachname (Autor/in)	,	Möllers,	Möllers	Möllers
Vorname (abgekürzt)	.:	Martin H. W.:	Martin H. W.:	Martin H. W.:
Sachtitel (ohne Untertitel)	.	Staats- und verfassungsrechtliche Aufgaben und Kompetenzen	Politisch-administratives Handeln in „neuen Mittelzentren" am Rand des Köln-Bonner Agglomerationsraums, untersucht am Beispiel von Erftstadt und Sankt Augustin	Die Entwicklung der Volkssouveränität und ihre Funktion im 21. Jahrhundert unter Berücksichtigung sicherheitspolitischer Aspekte
„In"	:	In:		In:
Hrsg. des Sammelwerks	,	van Ooyen, Robert Chr. / Möllers, Martin H. W. (Hrsg.),		
Titel des Sammelwerks / der Zeitschrift, der Zeitung (abgk.)	.	Der Bundespräsident im politischen System		Internet-Abfrage
Reihentitel	,			
Jahrgang (Jg.)				
Zeitschriftjahr	,			
Heftnummer (H.) (Nr.)	,			
„vom"				vom
Datum	;			7.5.2012;:
ggf. Bandangabe (Bd.)	.			
ggf. Bandtitel	.			
Auflage (Aufl.) (ab 2.)				
(Dipl.Arb., Examensarb., Diss., Habil.-Schr.)	,		Diss.,	
(Hochschul)Ort		Wiesbaden	Duisburg	
Jahr	,	2012,	1992,	
Seitenangabe (S.) / Webadr.	.	S. 75 ff.	S. 113.	http://martin-moellers.de/aufsaetze/#Volkssouver%E4nit%E4t

Abb. 36: Zitiertechnik bei Sammelwerken, Hochschulschriften und Internet-Recherchen

413 Literatur, auf die nicht im Fließtext der wissenschaftlichen Arbeit unmittelbar Bezug genommen wird, ist grundsätzlich nicht in das Literaturverzeichnis aufzunehmen; eine Ausnahme von dieser Regel bilden allerdings Lehr- und Studienbücher. Denn diese verfolgen mit ihrer Literaturliste nicht nur Zitier-

21 Sonstige unveröffentlichte Manuskripte wie z. B. Manuskripte von Vorträgen, Unterrichtsarbeitsblätter etc. können wie Hochschulschriften zitiert werden. An Stelle von Seitenzahlen wird dann jeweils das Datum (des Vortrags oder des Stands / der Ausgabe der Unterrichtsblätter) angegeben.

zwecke, sondern wollen auch die Studierenden zum weiterführenden Lesen animieren.

Selbst wenn bestimmte Inhalte unmittelbar nicht in die Arbeit aufgenommen werden, können sie aber immer dann in einer Fußnote zitiert werden, wenn sie für die Leserinnen und Leser weiterführend sind, zum Beispiel in der Fußnote: „Zum Begriff Sicherheitsgefühl vgl. Möllers, Martin H. W.: Sicherheitsgefühl; in: Ders., Wörterbuch der Polizei, 2. Aufl., München 2010, S. 1756-1757.“ In diesem Fall ist das Wörterbuch der Polizei in die Literaturliste mit aufzunehmen, weil zumindest in einer Fußnote darauf Bezug genommen wurde. 414

Nicht in das Literaturverzeichnis gehören allgemeinbildende Werke wie Duden, Brockhaus, Lexika auf CD-ROM für jedermann etc. Wissenschaftliche Fachlexika wie z. B. Möllers, Martin H. W. (Hrsg.): Wörterbuch der Polizei, 2. Aufl., München 2010, können aber ins Literaturverzeichnis aufgenommen werden. Gültige Gesetzestexte (Gesetze, Rechtsverordnungen, kommunale Satzungen) sind grundsätzlich weder Quellen noch Literatur, wohl aber gehören zur Literatur Kommentare zu solchen Gesetzen. 415

Aufgenommen werden können auch spezielle CD-ROM, die wissenschaftlichen Ansprüchen genügen (z. B. Entscheidungssammlungen des BGH; Zipfel, W. u. a. (Hrsg.): Lebensmittelrecht, CD-ROM, 1997), Dokumentarfilme (z. B. Dünnebier, A.: Frauen mit Kaliber, Die Geschichte der bewaffneten Frau, Dok., 30 Min., D 1997), Karteikarten (z. B. Schwemer, H.: Grundrechte, 37 Karten, 1996), Disketten (z. B. Slizyk, A. / Schlindwein, H.: Schmerzensgeld-Datenbank IMM-DAT, u. Hb., 1996) sowie Kassetten / Tonbänder (z. B. Alpmann, J. / Schmidt, P. (Hrsg.): Grundrechte I (Grundrechtsdogmatik) u. II (einzelne Grundrechte), 60 u. 80 min., 1996). Alle Beiträge werden nach dem Nachnamen des Verfassers oder Herausgebers, der nicht nur eine Person, sondern auch eine Institution sein kann (z. B. Bundesministerium des Innern (Hrsg.): Verfassungsschutzbericht 2006, Berlin 2007), alphabetisch geordnet. 416

Gesondert von der übrigen Literatur abzusetzen sind Artikel aus allgemeinen Tages- oder Wochenzeitungen und Magazinen, soweit sie überhaupt aufzunehmen sind (z. B. FAZ, Die Zeit, Stern, Focus, Spiegel). Ebenso sind Internet-Abfragen gesondert in der Literaturverzeichnis aufzulisten. 417

Nicht mit aufgenommen in Fußnoten und in der Literaturliste werden für Autoren und Herausgeber Titel aller Art wie Professor, Dr., PD, PHK, MR, Staatssekretär, Inspekteur etc.! 418

Bei Experteninterviews muss aber im Text dargelegt werden, warum jemand Experte ist, z. B. weil er als Oberbürgermeister Leiter der städtischen Exeku- 419 tive ist, weil er als PD eine Inspektion leitet, weil er als PM im untersuchten Arbeitsfeld arbeitet, etc.; dann erscheint in der Fußnote: „Gedächtnisprotokoll[22] eines Interviews mit dem Fachlehrer Schiffsicherheitstraining des Maritimen Schulungs- und Trainingszentrums (MAST) der BPOL in Neustadt/Holstein, PHM Werner Müller, im der Kantine des MAST am 11. November 2012".

3.1 Standardabweichungen der Literaturlistenbelege vom jeweiligen Fußnotenbeleg

420 Die Belegweise im Literaturverzeichnis entspricht derjenigen in den Fußnoten, wie sie in den obigen Tabellen 1 und 2 dargestellt ist. Es werden jedoch bei Büchern, Sammelwerken und Hochschulschriften die Untertitel mit angegeben sowie in Klammern ggf. die Angabe über die Schriftenreihe, in der das Werk erschienen ist. Im obigen Buchbeispiel würde dann in der Literaturliste die vollständige Angabe lauten: „*Möllers*, Martin H. W.: Business-Knigge. Internationales Lexikon des guten Benehmens, Kiel 2005." Bei Zeitschriften und Sammelwerken wird der Gesamtseitenumfang angegeben: „*Möllers*, Martin H. W.: Das Prinzip der Volkssouveränität in modernen Gesellschaften. In: DVP, 44. Jg. (1993) H. 9, S. 339-341." oder „*Möllers*, Martin H. W. / *van Ooyen*, Robert Chr.: Parlamentsbeschluss gegen Volksentscheid: Die demokratische Legitimation der Rechtschreibreform in Schleswig-Holstein. In: ZfP, 47. Jg. (2000) H. 4, S. 458-467.".

421 Bei Sammelwerken kann der Herausgeber bzw. können die Herausgeber eigenständig aufgeführt werden, sodass dann bei den einzelnen Aufsätzen die Herausgeberschaft abgekürzt werden kann. Bei obigem Beispiel in Abb. 36, S. 174 eines Sammelwerkbelegs würde also zusätzlich in das Literaturverzeichnis aufgenommen: „*van Ooyen*, Robert Chr. / *Möllers*, Martin H. W. (Hrsg.): Der Bundespräsident im politischen System. Wiesbaden 2012." Bei periodischen Sammelwerken verkürzt sich die Literaturangabe: Aus „*Möllers*, Martin H. W.: Der Bielefeld-Beschluss des Bundesverfassungsgerichts im Lichte von ‚Wunsiedel': Zum Sonderrecht bei Meinungsäußerungen von Rechtsextremisten. In: Ders. / van Ooyen, Robert Chr. (Hrsg.), Jahrbuch Öffentliche Sicherheit 2010/11. Erster Halbbd., Frankfurt/M 2011, S. 173-179." wird dann „*Möllers*, Martin H. W.: Der Bielefeld-Beschluss des Bundesverfassungsgerichts im Lichte von ‚Wunsiedel': Zum Sonderrecht bei Meinungsäußerungen von Rechtsextremisten. In: JBÖS 2010/11, 1. Halbbd., S. 173-179.

---

22 Oder Protokoll oder Tonbandaufzeichnung.

3.2 Literaturverzeichnisergänzungen zur Vereinfachung des Fußnotenapparats

Grundsätzlich wird das Literaturverzeichnis *alphabetisch* sortiert, unabhän- 422
gig davon, ob es sich im Einzelfall um einen Autor oder Herausgeber handelt. Um den Fußnotenapparat nicht übermäßig zu füllen, bietet es sich an, nach dem Autorennamen das Erscheinungsjahr des Werks anzugeben, sodass sich eine *Verkürzung des Fußnotenbelegs* und damit auch eine bessere Leseweise ergeben. Hat eine Autorin / ein Autor mehrere Werke verfasst, auf die zurückgegriffen wird, dann erscheint das *älteste zuerst*, das *jüngste zuletzt*. Hat sie / er zusätzlich gemeinsam mit anderen Bücher verfasst oder herausgegeben, dann erscheinen die Gemeinschaftsbücher und -aufsätze nach den allein verfassten alphabetisch (unabhängig vom Erscheinungsjahr). Sind mehrere Werke im selben Jahr erschienen, werden den Jahresangaben Buchstaben zugefügt. In die Literaturliste wird das Werk auch nur unter dem erstgenannten Autor oder Herausgeber einmal aufgeführt. Hier einige Beispiele:

Möllers, Martin H. W.: PISA und Polizei – Zur Lesekompetenz im Fachhochschulstudium als Schlüsselqualifikation für den Polizeiberuf. In: Ders. / van Ooyen, Robert Chr. (Hrsg.), Jahrbuch Öffentliche Sicherheit 2002/2003, Frankfurt/M 2003a, S. 101-121.

Möllers, Martin H. W.: Vom Nutzen einer Diplomarbeit für den Polizeiberuf – ein Essay zur Einführung der Diplomarbeit an der Hochschule des BGS. In: Ders. / van Ooyen, Robert Chr. / Spohrer, Hans-Thomas (Hrsg.), Die Polizei des Bundes in der rechtsstaatlichen pluralistischen Demokratie. Opladen 2003b, S. 29-33.

Möllers, Martin H. W.: Nach der PISA-Studie – Didaktische Konzepte an Fachhochschulen nach finnischem Vorbild? In: Ders. / van Ooyen, Robert Chr./Spohrer, Hans-Thomas (Hrsg.), Die Polizei des Bundes in der rechtsstaatlichen pluralistischen Demokratie. Opladen 2003c, S. 35-57.

Möllers, Martin H. W.: Die Diskussion über die Menschenwürde und das Urteil des Bundesverfassungsgerichts zum »Großen Lauschangriff«. In: Ders. / van Ooyen, Robert Chr. (Hrsg.), Jahrbuch Öffentliche Sicherheit 2004/2005, Frankfurt/M 2005a, S. 101-116.

Möllers, Martin H. W.: Business-Knigge. Internationales Lexikon des guten Benehmens. Praxis & Erfolg Bd. 3. Kiel 2005b.

Möllers, Martin H. W.: Lehren und Prüfen bei der Polizei. Ein Lehrbuch der Didaktik mit Entwürfen und Material für polizeifachspezifische Unterrichte einschließlich Tipps für erfolgreiches Lernen. Frankfurt/M 2005c.

Möllers, Martin H. W.: Ausländerzentralregister. In: Lange, Hans-Jürgen (Hrsg.), Wörterbuch zur Inneren Sicherheit, Wiesbaden 2006.

Möllers, Martin H. W. (Hrsg.): Wörterbuch der Polizei. 2. Aufl., München 2010.

Möllers, Martin H. W.: Polizei und Grundrechte. Ein Lehrbuch zu den Menschenrechten in der polizeilichen Praxis. 2. Aufl., Frankfurt/M 2011.

Möllers, Martin H. W. / *van Ooyen*, Robert Chr. (Hrsg.): Jahrbuch Öffentliche Sicherheit 2002/2003. Frankfurt/Main 2003.

Möllers, Martin H. W. / *van Ooyen*, Robert Chr. (Hrsg.): Jahrbuch Öffentliche Sicherheit 2004/2005. Frankfurt/Main 2005.

Möllers, Martin H. W. / *van Ooyen*, Robert Chr. (Hrsg.): Jahrbuch Öffentliche Sicherheit 2006/2007. Frankfurt/Main 2007.

Möllers, Martin H. W. / *van Ooyen*, Robert Chr. / *Spohrer*, Hans-Thomas (Hrsg.): Die Polizei des Bundes in der rechtsstaatlichen pluralistischen Demokratie. Opladen 2003.

van Ooyen, Robert Chr. / *Möllers*, Martin H. W. (Hrsg.): Die Öffentliche Sicherheit auf dem Prüfstand. 11. September und NPD-Verbot. Frankfurt/M 2002.

van Ooyen, Robert Chr. / *Möllers*, Martin H. W. (Hrsg.): Das Bundesverfassungsgericht im politischen System. Wiesbaden 2006.

van Ooyen, Robert Chr. / *Möllers*, Martin H. W. (Hrsg.): Der Bundespräsident im politischen System. Wiesbaden 2012.

Schott, Tilmann / *Möllers*, Martin H. W. (2005): Strafrecht in der Sozialarbeit. Ein Leitfaden über die Praxis des Strafens, der Strafzumessung und des Strafverfahrens. Regensburg 2005.[23]

423 In den Fußnoten genügt jetzt die Angabe: „Möllers (2003a), S. 114.“ oder „Schott / Möllers (2005)“. Handelt es sich aber um Bücher mit Herausgebern, dann ist der jeweilige Autor mit seinem Beitrag zu nennen. Es darf also als einzelne Belegliteraturquelle nicht das Buch von Herausgebern genannt werden! Falsch wäre die Angabe „van Ooyen / Möllers (2006), S. 187 ff.“. Hier müsste vielmehr stehen: „Vorländer, Hans: Die Deutungsmacht des Bundesverfassungsgerichts. In: van Ooyen / Möllers (2006), S. 187 ff.“. Daher werden bei Sammelwerken in das Literaturverzeichnis nicht nur ganze Bücher mit ihren Herausgebern eingetragen, sondern auch diejenigen Autorinnen und Autoren, deren Aufsätze verwendet wurden. In diesen Fällen würde dann in der Fußnote nicht die lange Version gebraucht, sondern genügen: „Vorländer (2006), S. 187 ff.“. Deshalb enthält die Angabe „Möllers (2005a), S. 110.“ sowohl den Aufsatz als auch das Sammelwerk als Ganzes. Da gelegentlich auf solche Sammelwerke ohne konkreten Einzelbeitrag in der Fußnote hin-

---

23 Auch wenn die Arbeit bei Möllers geschrieben wird, darf nicht er zuerst genannt werden; Schott bleibt vorne stehen, sodass das Werk unter „S“ eingereiht wird.

gewiesen wird, kann in diesen Fällen stehen: „Möllers / van Ooyen (2005).“. Mit Hilfe des Literaturverzeichnisses ist jederzeit die genaue Belegangabe festzustellen. Nur wenn Autorinnen oder Autoren mit demselben Nachnamen vorkommen, müssen zur Unterscheidung die Vornamenkürzel oder sogar ausgeschriebene Vornamen hinzugefügt werden.

3.3 Abfragen und Literaturbelege aus dem Internet

Da die Verwendung des Internets inzwischen üblich geworden ist und viele 424
Autorinnen und Autoren zumindest frühere, bereits in Printform erschienene Aufsätze ins Web einstellen[24], werden Internetbelege in Aufsatzform in das Literaturverzeichnis aufgenommen. Soweit Internetquellen als Belege für Fakten dienen, z. B. Zahlenangaben von der Website des Bundesministeriums des Innern (BMI) oder DPA-Meldungen, können sie in einer eigenen Rubrik als „Quellen“ vor der Literaturliste aufgeführt werden. Das lohnt aber nur, wenn mehrere solcher Quellen zusammenkommen. Im Regelfall reicht es aus, ein gemeinsames „Quellen- und Literaturverzeichnis“ in der Abschlussarbeit zu erstellen.[25]

Da das Internet sehr kurzlebig ist, kommt es darauf an, den genauen Zeit- 425
punkt der Recherche anzugeben. Das bedeutet, dass nicht nur das Jahr angegeben wird, sondern sogar das genaue *Datum*.[26] Hier einige Beispiele:

Deutscher Bundestag (Hrsg.): Konferenz der Parlamentarischen Kontrollgremien vom 27.-28.10.2011. In: http://www.bundestag.de/dokumente/textarchiv/2011/36261823_kw43_kontrollgremien/index.html (Abruf: 4.5. 2012).

Carstens, Peter: Neue Polizei des Bundes? De Maizière gegen ein „deutsches FBI“. In: FAZ.net vom 9.12.2010, http://www.faz.net/aktuell/politik/inland/neue-polizei-des-bundes-de-maiziere-gegen-ein-deutsches-fbi-1580713.html (Abruf: 4.5.2012).

Möllers, Martin H. W.: Die Entwicklung der Volkssouveränität und ihre Funktion im 21. Jahrhundert unter Berücksichtigung sicherheitspolitischer Aspekte. Aktualisierter Beitrag auf Grundlage früherer Aufsätze zum Thema vom 22.3.2008a. In: http://martin-moellers.de/aufsaetze/#Volkssouver%E4nit%E4t (Abruf: 4.5.2012).

24 Vgl. etwa www.thomasfeltes.de/veroeffentlichungen.php (Abruf: 10.10.2014).
25 Zur Unterscheidung von „Quelle“ und „Literatur“ s. das nächste Kapitel ab S. 174.
26 Manchmal wird auch die genaue Uhrzeit verlangt, z. B. nach Nr. 8 der DiplRL – FB BPOL.

Möllers, Martin H. W.: Selbstmotivation für Studentinnen und Studenten bei unliebsamen Ausbildungsthemen im Hochschulstudium für polizeiliche Führungsaufgaben des gehobenen Dienstes. Aktualisierter Beitrag auf Grundlage früherer Aufsätze zum Thema vom 26.4.2008b. In: http://martin-moellers.de/aufsaetze/#Selbstmotivation (Abruf: 10.10.2014).

426 Zur Vereinfachung des Fußnotenapparats genügt nun z. B. die Angabe: „Carstens (w2010).“ oder „Deutscher Bundestag (w2011).“ Mehrere Recherchen im selben Jahr werden wieder durch Buchstabenhinzufügung kenntlich gemacht „Möllers (w2008a)“, wenn es sich um eine Internetadresse desselben Herausgebers handelt. Wenn der Name wie im Beispiel „Carstens (w2010)“ nicht direkt angegeben wird, ist aus anderen Angaben – etwa dem Namenskürzel am Ende des Beitrags – der Name herauszufinden. Er befindet sich regelmäßig auf der Impressum-Seite. Dies gilt hier genauso wie bei den Printausgaben der Zeitungen und Zeitschriften. Lassen sich kein Autor und keine Autorin feststellen, bleibt aber immer noch der Herausgeber der Website, im Beispiel wäre das Frankfurter Allgemeine Zeitung (Hrsg.).

4 Die Unterscheidung von Quellen und Literatur

427 Bei der Polizei werden „Literaturverzeichnis“ und „Quellenverzeichnis“ häufig wie ein und dasselbe behandelt. Tatsächlich sind Quellen aber üblicherweise historische Zeugnisse, die in der Regel in Archiven lagern! Sie können schriftlich, mündlich (Experteninterview[27]) oder gegenständlich (z. B. Grabsteine) vorliegen. Als Quellen können z. B. Gerichtsprotokolle, Bundestags- und Bundesratsdrucksachen angesehen werden sowie *Entwürfe* von wirksamen oder inzwischen außer Kraft gesetzten Erlassen, Anweisungen, Dienstvorschriften etc., *ausnahmsweise* auch – in Abhängigkeit vom gestellten Thema – solche Erlasse, Anweisungen, Dienstvorschriften etc. selbst.

428 Quellen können darüber hinaus ausnahmsweise auch Aufsätze in Büchern sein, wenn man z. B. nachweisen will, dass der Autor rechtsextremistische Ansichten vertritt. Seine Aufsätze sind dann Quellen; so wie etwa die Texte von Extremisten, die in den Verfassungsschutzberichten analysiert werden. Gültige Gesetzestexte (Gesetze, Rechtsverordnungen, kommunale Satzungen) sind grundsätzlich keine Quellen und werden weder in der Literaturliste noch in einem Quellenverzeichnis, sondern gar nicht außerhalb des Textes

27 Es ist nicht erlaubt, ein Experteninterview mit einem gesuchten Straftäter durchzuführen! Dies könnte ein Disziplinarverfahren nach sich ziehen!

erwähnt. Allenfalls werden sie im Abkürzungsverzeichnis aufgeführt, wenn es sich nicht um gängige Gesetze handelt.

„Internetquellen" sind ebenfalls differenziert zu betrachten! Aufsätze, die Wissenschaftlerinnen und Wissenschaftler eingestellt haben,[28] gehören zur Literaturliste und sind keine „Quellen". Ebenso sind im Regelfall Beiträge von Online-Zeitungen – wie aus Printversionen – in die Literaturliste einzustellen. Es können allerdings die Zeitungsbeiträge, die ja keinen wissenschaftlichen Apparat haben und sich dadurch von wissenschaftlichen Büchern und Aufsätzen unterscheiden, in einer eigenständigen Liste geführt werden, wenn genügend Zeitungspublikationen zusammenkommen. Soweit auf Präsentationsseiten im Web zurückgegriffen wird (z. B. Innenministerien, Polizeiseiten, amnesty international und andere NGO), sind dies Internet-„Quellen". 429

Ein Quellenverzeichnis ist nur anzulegen, wenn mindestens fünf Quellen oder mehr benutzt worden sind, ansonsten genügt die Angabe an passender Stelle in der Fußnote zum Text. Alternativ bietet es sich auch an, in der Überschrift die Bezeichnung „Literatur- und Quellenverzeichnis" zu verwenden und dann – alphabetisch sortiert – die Quellen in die Literaturliste einzureihen. 430

Wenn die Anfertigung des wissenschaftlichen Apparats damit geklärt ist, dann kommt es im Folgenden nur noch auf die konkreten Inhalte von Einleitung, Hauptteil, Schluss und ggf. Abstract sowie die sonstigen Kriterien für die Bewertung von wissenschaftlichen Arbeiten an. 431

28 Vgl. etwa www.thomasfeltes.de/veroeffentlichungen.php (Abruf: 10.10.2014).

7. Teil: Verständliche Sprache und Formulierungshilfen

Eine wissenschaftliche Arbeit soll in erster Linie der Wissenschaftlichkeit dienen. Das darf die Autorin bzw. den Autor aber nicht daran hindern, sie so zu formulieren, dass sie von den Korrektorinnen und Korrektoren leicht gelesen werden kann. Es ist ein Irrtum zu glauben, dass sich Wissenschaftlichkeit vor allem durch den Gebrauch von Fremdwörtern und übermäßige Anhäufung von mehrfach verschachtelten Sätzen auszeichnet.[1] 432

1 Sprache als notwendige Voraussetzung einer wissenschaftlichen Arbeit

Eine Bachelor-, Master- oder Diplomarbeit ist untrennbar mit Sprache verbunden. Diese Verbindung basiert auf der Beziehung zwischen Gemeintem (Vorstellung) und Gesagtem (Ausdruck). Insbesondere in technischen, politikwissenschaftlichen oder rechtswissenschaftlichen Fragestellungen, aber auch allgemein bei anderen geisteswissenschaftlichen Problembewältigungen in einer wissenschaftlichen Arbeit liegt die Beziehung zwischen technischer, politikwissenschaftlicher oder juristischer Auslegungsarbeit einerseits und der Textarbeit andererseits.[2] Zu berücksichtigen sind bei wissenschaftlichen Texten in Bachelor-, Master- oder Diplomarbeiten der Handlungscharakter von Sprache, ihre Festlegung zwischen geistiger Wissensstruktur und kultureller Prägung[3] sowie die Einbeziehung von emotionalen Elementen, die dem Menschen eigen sind.[4] Da sich die meisten wissenschaftlichen Abschlussar- 433

---

1 Vgl. Blaha, Michaela: Typische Texte aus der Verwaltung – und wie man es besser macht. In: Dies. / Wilhelm (Hrsg.), Verständliche Sprache in Recht und Verwaltung – Herausforderungen und Chancen, Frankfurt/M 2011, S. 89 ff.

2 Vgl. Ebert, Helmut: Verwaltungssprache aus Sicht der Sprachwissenschaft; in: Blaha / Wilhelm (Hrsg.), Verständliche Sprache in Recht und Verwaltung – Herausforderungen und Chancen, Frankfurt/M 2011, S. 13 ff.; für die Rechtswissenschaft vgl. Felder, Ekkehard: Grenzen der Sprache im Spiegel von Gesetzestext und Rechtsprechung. Das Konzept der juristischen Textarbeit; in: Eichhoff-Cyrus / Antos (Hrsg.), Verständlichkeit als Bürgerrecht?, Mannheim 2008, S. 98.

3 Vgl. Kämper, Heidrun / Eichinger, Ludwig (Hrsg.): Sprache, Kognition, Kultur. Sprache zwischen mentaler Struktur und kultureller Prägung, Berlin 2008.

4 Vgl. Jahr, Silke: Emotionen und Emotionsstrukturen in Sachtexten. Ein interdisziplinärer Ansatz zur qualitativen und quantitativen Beschreibung der Emotionalität von Texten (Collection VIS-A-VIS), Berlin 2000, S. 121-132.

beiten an Polizeihochschulen mit der Institution Polizei auseinandersetzen, müssen auch institutionelle Kontexte sowie praxisnahe und praxisgerechte Realitäten, die sprachlich bedingt sind, berücksichtigt werden.[5]

2 Wissenschaftssprache als besonderer Sprach- und Stiltyp

434 Die in wissenschaftlichen Arbeiten verwendete Sprache unterscheidet sich wesentlich vom alltäglichen Sprachgebrauch. Die wissenschaftliche Sprache erfordert

- Klarheit,
- Genauigkeit,
- Eindeutigkeit und
- Verständlichkeit.

435 Dies gilt insbesondere dann, wenn die in der wissenschaftlichen Arbeit behandelte Problematik sehr komplex ist. In diesen Fällen ist es umso wichtiger, dass die Sprache informativ, also vollständig ist. Außerdem muss zu erkennen sein, dass der Verfasser durch genügend Hintergrundwissen zum bearbeiteten Thema legitimiert ist, auch eigene Aussagen zu Einzelproblemen und ungeklärten Fragen beizusteuern und dadurch zu weiterführenden Lösungen zu gelangen.

436 Denn: „Wissenschaftliche Theorien im eigentlichen Sinn sind abstrakte, systematisierte Erkenntnisse. Damit sind sie von Alltagserfahrungen abgelöst. Sie werden unter methodisch kontrollierten und nachvollziehbaren Bedingungen gewonnen.“[6]

---

5 Vgl. Ebert, a. a. O. (Fn. 2), S. 13 f.; Zu den institutionellen Kontexten in der Rechtswissenschaft zum Beispiel vgl. Hoffmann, Ludger: Wie verständlich können Gesetze sein?; in: Grewendorf (Hrsg.), Rechtskultur als Sprachkultur, Frankfurt a. M. 1992, S. 236-275 und Felder, a. a. O. (Fn. 2). Zu den sprachlich bedingten Realitäten vgl. Wimmer, Rainer: Weltansichten aus sprachlicher und rechtlicher Perspektive. Zur Ontisierung von Konzepten des Rechts; in: Eichhoff-Cyrus / Antos (Hrsg.), Verständlichkeit als Bürgerrecht? Mannheim 2008, S. 81-95.

6 Spohrer, Hans-Thomas: Der Theorie-Praxis-Streit am Beispiel des Hochschulstudiums der Polizei – ein Beitrag aus sozialwissenschaftlicher Sicht. In: Möllers / van Ooyen / Spohrer (Hrsg.), Die Polizei des Bundes in der rechtsstaatlichen pluralistischen Demokratie, Opladen 2003, S. 63.

2.1 Wissenschaftssprache richtet sich an einen speziellen Leserkreis

Auch wissenschaftliche Texte sind nicht Selbstzweck, sondern – wie bei anderen Texten auch – immer für Leserinnen und Leser aufgestellt. Geht es um Bachelor-, Master- oder Diplomarbeiten, gibt es – wie bei Briefen – konkrete Adressaten, nämlich die mit der Korrektur der Arbeit beauftragten Lehrenden an Hochschulen. Darüber hinaus erheben sie aber auch den Anspruch, eine weitergehende nutzbringende Verwendung als nur für die Notenfindung einzunehmen: 437

„Zudem beinhaltet der wissenschaftliche Anspruch einer Diplomarbeit auch einen Beitrag zur Forschung. Das verlangt über die Erfassung und Darstellung bekannter Überlegungen hinaus die Erarbeitung neuer Sichtweisen und Erkenntnisse zur Themenstellung. Hierbei spielt die Kreativität der Studierenden eine besondere Rolle. Abhängig von der Themenstellung kann der Erfolg einer Diplomarbeit davon abhängen, in welchem Maße es den Studierenden auch gelingt, mit wissenschaftlichen Methoden herrschende Meinungen und verbreitete Auffassungen in Frage zu stellen.“[7]

Bei wissenschaftlichen Arbeiten ist grundsätzlich davon auszugehen, dass die Leserinnen und Leser des vorgelegten Textes vom Fach sind. In den überwältigend meisten Fällen wird es sich ohnehin nur um die beiden Korrektoren der Arbeit handeln, denn die Hochschulen sehen oft bei Bachelor-, Master- oder Diplomarbeiten ein allgemeines Publikationsverbot vor bzw. regeln intern über die Hausbibliothek eine Form der Veröffentlichung einer Arbeit, soweit sie mit sehr guten Noten beurteilt worden ist. 438

Auch wenn die Betreuer der Arbeit und gegebenenfalls weitere Gutachter mit dem Fach vertraut sind, ist für die Verfasserin bzw. den Verfasser der wissenschaftlichen Arbeit sprachlich davon auszugehen, dass in Thema, Fragestellung und Forschungsergebnisse eingeführt werden muss. Es ist im Regelfall davon auszugehen, dass die Erst- und Zweitkorrektoren die Fragestellungen der Arbeit noch nicht selbst bearbeitet haben. Unterstellen darf man aber, dass sie sich allgemein für das Thema interessieren, sonst hätten sie zur Betreuung gar nicht erst angenommen.[8] Daraus kann abgeleitet werden, dass die beiden Korrektoren möglicherweise – aber nicht zwingend – die in der Arbeit verwendete Literatur und die verarbeiteten Quellen kennt. Zum Teil muss aber erfahrungsgemäß an Polizeihochschulen damit gerechnet werden, dass eine Leserin bzw. ein Leser sich Literatur oder Quellen, die häufig als 439

7 Richtlinie für die Anfertigung von Diplomarbeiten am Fachbereich Bundespolizei der Hochschule des Bundes für öffentliche Verwaltung (DiplRL – FB BPOL) Nr. 3 Sätze 3-6.

8 Vgl. Pospiech, Ulrike: Wie schreibt man wissenschaftliche Arbeiten? Alles Wichtige von der Planung bis zum fertigen Text. Duden-Ratgeber, Dudenverlag : Mannheim/Zürich 2012, S. 148 f.

Aussagebeleg herangezogen werden, besorgt. Das gilt umso eher, je leichter an Literatur bzw. Quelle – z. B. über das Internet bequem vom heimischen Sessel aus – heranzukommen ist! Als Verfasserin bzw. Verfasser der wissenschaftlichen Arbeit muss man jedoch davon ausgehen, dass bei den Lesenden solche Vorlagen nicht vorhanden sind. Daher müssen sie beim Schreiben darauf achten, ihren gewählten Gedankengang für die Lesenden nachvollziehbar zu machen. Die Aussagen sind so zu formulieren, dass sie klar nacherlebt und für sich verständlich sind.[9]

440 Bei Bachelor- und Diplomarbeiten in der hochschulmäßigen Ausbildung für die Kommissarlaufbahn und erst Recht bei Masterarbeiten an der Deutschen Hochschule der Polizei (DHPol) in Münster kommt es darauf an, möglichst breit Literatur recherchiert und die gefundenen Texte auch gelesen zu haben. Dabei ist es auch eine Kunst, ganze Bücher quer zu lesen, also über für die Bearbeitung des eigenen Themas unwichtige Passagen hinweg zu flitzen und mehr Zeit für wichtige Abschnitte aufzuwenden. Die gelesenen Texte werden inhaltlich geordnet und zusammengeführt. Daraus entsteht ein neuer Text, der auch neue Aspekte und Schlussfolgerungen beinhaltet und damit dem Forschungsinteresse der wissenschaftlichen Arbeit dient. Ein systematisches Vorgehen und das Verarbeiten möglichst vieler, gerade auch sich (scheinbar) widersprechender Texte, die unterschiedliche Sichtweisen zu gleichen oder ähnlichen Sachlagen bieten, führen dazu, dass ein nennenswerter Umfang des Hinausgehens über vorhandene Erkenntnisse erreicht wird, der einen Erkenntnisfortschritt bringt. Zu achten ist aber dabei einerseits darauf, dass der geschriebene Text für die Leserinnen und Leser auch ohne Kenntnis der eingesetzten Literaturquellen nachvollziehbar und verständlich ist. Gleichzeitig muss er aber auch für diejenigen, welche die Literaturquellen kennen, neuartig sein und zumindest eine neue Sichtweise präsentieren.[10] Dies erfordert eine Vorbereitung des Textes:

2.2 Wissenschaftliche Texte erfordern einen vorbereitenden Vorlauf

441 Während der Sichtung der verschiedenen Literaturquellen sind bereits einzelne Ausschnitte für die Endfassung der wissenschaftlichen Arbeit in eigenen Dateien festgehalten und gesammelt worden.[11] Das sind in erster Linie selbst formulierte Zusammenfassungen der gelesenen Abschnitte oder gelegentlich auch wörtliche Zitate, die auch als solche gekennzeichnet werden. Der Quel-

9 Pospiech, a. a. O. (Fn. 8), S. 149.

10 Pospiech, a. a. O. (Fn. 8), S. 151.

11 Das ist das sog. Exzerpieren: vgl. Wagner, Lothar: Die wissenschaftliche Abschlussarbeit. Ratgeber für effektive Arbeitsweise und inhaltliches Gestalten, Saarbrücken 2007, S. 71.

lenbeleg muss dann ebenfalls von Anfang an in einer Fußnote oder auf andere Weise festgehalten werden, damit nicht später das lange Suchen erforderlich wird. Ein wissenschaftlicher Text enthält beschreibende und erläuternde Sätze, aus den verwendeten Literaturquellen sind wörtliche und sinngemäße Zitate entnommen. Die Zitate führen zu Schlussfolgerungen, indem sie zur Bereicherung des Arbeitsziels der Bachelor-, Diplom- oder Masterarbeit kommentiert werden. Alle Sätze sind so aufeinander abgestimmt, dass die Leserinnen und Leser dem Text leicht folgen können.

Je besser der Vorlauf ist, je mehr Literatur gesichtet und durch Festhalten 442
in kleine relevante Abschnitte abgearbeitet wurde, desto besser wird der zusammenfassende Text in der Bachelor-, Master- oder Diplomarbeit ausfallen und desto leichter wird auch seine Erstellung sein. Die Zusammensetzung des endgültigen Textes setzt sich nämlich aus den vielen kleinen gesammelten Einzelaspekten zusammen. Diese sind sinnvoll mit der Blickrichtung auf das zu untersuchende Ziel der wissenschaftlichen Arbeit hintereinander zu ordnen und danach sprachlich so aufeinander abzustimmen, dass der gesamte Text logisch-konstruktiv aufgebaut und leicht nachvollziehbar ist.

Damit der Text wie aus einem Guss erscheint, werden dem Text – in An- 443
lehnung an Ulrike Pospiech[12] – kommentierende Einleitungen und Überleitungen hinzugefügt. Diese können aus Begriffen bestehen, welche die Textstruktur betreffen, zum Beispiel „*Kapitel*", „*Absatz*", „*zu Beginn*", „*anfangs*", „*einleitend*", „*nachfolgend*" etc., oder welche die Funktion von Textelementen zum Ausdruck bringen, zum Beispiel „*Überblick*", „*Darstellung*", „*im Vergleich zu*", „*als Argumentation für*" „*in Zusammenfassung*" etc.; aber auch ganze Sätze können solche Leseanweisungen enthalten. Verwendet werden dafür *hinführende Textkommentare*, die dazu dienen, den zu erwartenden Inhalt des nachfolgenden Textes aufzuzeigen und ihm eine Strukturierung vorab anzuzeigen. Das wird zum Beispiel so formuliert: „*Im nachfolgenden Kapitel sollen die unterschiedlichen Perspektiven aus Sicht des A, des B und der C nachvollzogen werden, um...*"; „*Damit die Zusammenhänge verstanden werden können, wird im Folgenden ein kurzer Überblick über die für das hier bearbeitete Thema wichtigsten historischen Ereignisse für den Zeitraum zwischen 1950 und heute gegeben.*"; „*Unter Anwendung der klassischen rechtswissenschaftlichen Auslegungsregeln sollen Sinn und Zweck der Vorschrift geklärt werden.*"; „*Im Nachfolgenden ist daher eine systematische Auswertung der aus dem Literaturstudium gewonnenen Erkenntnisse bezüglich der für die Aufgabenstellung maßgeblichen Theorien erforderlich.*"[13] Außerdem werden *zusammenfassende Textkommentare* abgegeben, die nach-

12 Pospiech, a. a. O. (Fn. 8), S. 152 f.
13 Vgl. dazu Wagner, a. a. O. (Fn. 11), S. 29.

träglich die Hauptaussagen, Ergebnisse und/oder wichtige Schlussfolgerungen nochmals betonen. Sie werden beispielhaft so formuliert: *„Daraus lässt sich zusammenfassend sagen,...“*; *„Die logische Konsequenz ist daher, dass...“*; *„Wie die einzelnen Untersuchungsgegenstände gezeigt haben,...“*; *„Folge dieser Überlegungen ist es,...“*; *„Damit schließt sich der Kreis: Die drei einzelnen Untersuchungsergebnisse führten alle zum selben Ziel:“* Schließlich werden auch *überleitende Textkommentare* eingesetzt, welche die Eigenschaften von Hinführungen und Zusammenfassungen miteinander verbinden und die bisher erarbeiteten Abschnitte auf den Punkt bringen. Sie werden zum Beispiel so formuliert: *„Nachdem geklärt ist, welche Definition dem Begriff Terrorismus für diese Arbeit zuzuordnen ist,...“*; *„Es fragt sich daher, welche Ursachen diese Entwicklung in Gang gesetzt haben.“*; *„Es lassen sich mehrere Gründe für dieses Ergebnis anführen:“*; *„Dieser Zusammenhang zwischen A und B muss bestimmte Ursachen haben, die im Folgenden zu erläutern sind.“* Zu beachten ist immer, dass die Textkommentierungen nur unterstützende Funktion haben, das Textverständnis zu erleichtern, und daher nicht im Mittelpunkt stehen dürfen.[14]

444 Ganze Kapitel zu Leseanweisungen sind in der Einleitung und im Schlussteil zu finden sowie – falls dies in der Bachelor-, Master- oder Diplomarbeit vorgesehen ist – auch im Abstract.

2.3 Wissenschaftssprache beansprucht lückenlose Vollständigkeit und Genauigkeit

445 Als Fachsprache beansprucht die Wissenschaftssprache – anders als die Alltagssprache – lückenlose Vollständigkeit und Genauigkeit. Die Zusammenhänge zur Problemlösung eines Einzelaspekts erfordern ihre Vollständigkeit, damit alle möglichen Eventualitäten erfasst werden. Genauigkeit wird vor allem durch Präpositionen verdeutlicht. Mit ihrer Hilfe werden die logischen Beziehungen klargestellt, zum Beispiel „*zur Verarbeitung von Texten durch Interpretation*“, „*zur Beherrschung der Kriminalität*“, „*durch gezielte Information des Führungspersonals*“, „*infolge der Beurteilung der Lage*“. Auch die Konstruktion von Funktionsverben dienen der Genauigkeit, wenn sie Begriffe hervorheben (z. B. „*theoretisches und praktisches Lernen ermöglichen*“), ein Akkusativobjekt verzichtbar machen (z. B. „*Hintergrundwissen zum Handeln liefern*“) oder Nuancen zum Ausdruck bringen, die das Einzelverb nicht ausdrücken kann (z. B. „*in Erfahrung bringen*“, „*Nutzen aus den Arbeiten ziehen*“, „*zur Unterzeichnung schreiten*).[15] Diese lückenlose Voll-

14 Pospiech, a. a. O. (Fn. 8), S. 153.
15 Ebert, a. a. O. (Fn. 2), S. 14 f.

ständigkeit und Genauigkeit betrifft nicht nun einzelne Passagen sondern den gesamten Text. Deshalb ist darauf zu achten,

- dass jedes Kapitel auf nur eine einzige konkrete Frage ausgerichtet ist,
- dass nicht umständlich geschrieben wird und keinesfalls Überflüssiges mit aufgenommen ist, das für die Themenstellung nicht zielgerichtet ist,
- dass der Grundsatz gilt: Ergänzen ist besser als kürzen.

Ein einzelnes Kapitel darf nur eine einzige konkrete Frage behandeln. Es ist 446 darauf zu achten, dass die Argumentationsstränge im Text selbst und nicht zwischen den Zeilen stehen. Von den Leserinnen und Lesern darf nicht erwartet werden, Gedankensprünge mitzumachen. Wörter und Sätze müssen vielmehr inhaltlich ineinander greifen, sprachliche Aussagen und gedankliche Bezüge müssen interdependent logisch sein. Schreibart und Ausdruck sind ableitend und begründend formuliert und nicht behauptend. Es wird zunächst argumentiert und reflektiert. Dabei dürfen nicht nur bloß Zitate und Anschauungen übernommen werden und es ist darauf zu achten, Tatsachen von Meinungen und Interpretationen zu unterscheiden sind. Argumentation und Interpretation müssen klar voneinander getrennt sein. Im Text werden die Fachtermini beherrscht.[16]

Ein häufig vorkommender Fehler ist es, sich zu sehr und zu ausschwei- 447 fend mit sachlichen Exkursen zu beschäftigen und Inhalte einzufügen, die für die Bewältigung des Themas der wissenschaftlichen Arbeit überhaupt keinen Nutzen bringen können. Daher ist immer zu überlegen, ob einzelne Abschnitte oder gar ganze Kapitel wirklich in die Arbeit mit eingebaut werden müssen. Von der Vorgehensweise ist es jedenfalls sinnvoller, Nebensächliches gar nicht erst in den Haupttext der Bachelor-, Master- oder Diplomarbeit aufzunehmen, weil es sehr schwer fällt, diese Teile später wieder zu kürzen oder ganz herauszunehmen. Es fällt leichter zu ergänzen.[17]

Ausdruck und Sprache müssen präzise und verständlich sowie fach- 448 sprachlich korrekt sein. Unsäglich ist die Verwendung einer pseudo-wissenschaftlichen „Anbiederung“ oder Kunstsprache, wie sie in Form von Beamten- und Soziologendeutsch daherkommt. Ebenso ist zu vermeiden den Text mit Fremdwörtern zu überladen. Vor allem aber ist keine Umgangssprache zu gebrauchen. Zu beachten ist mit Blick auf Vollständigkeit und Genauigkeit, dass die Leserinnen und Leser ja nicht nachfragen können. Alle notwendigen Informationen müssen daher zur Verfügung stehen. Die Formulierungen werden so gewählt, dass die wissenschaftlichen Erkenntnisse vorangetrieben, eingeordnet und verdeutlicht werden.[18] Zusammenfassend lässt sich somit

16 Pospiech, a. a. O. (Fn. 8), S. 156, 158.
17 So auch Pospiech, a. a. O. (Fn. 8), S. 156.
18 Pospiech, a. a. O. (Fn. 8), S. 160.

für den Sprachstil sagen, dass der Text der Bachelor-, Master- oder Diplomarbeit

- sachbezogen darstellen,
- eine klare Sprache verwenden und
- eine deutlich fassbare Gedankenführung enthalten muss.

8. Teil: Referate und Präsentationen von Bachelor-, Master- oder Diplomarbeiten erfolgreich ohne PowerPoint vortragen

Wissenschaftliche Vorträge in Referaten und Präsentationen sollen zwar in erster Linie das fundierte Fachwissen widerspiegeln. Das darf die Autorin bzw. den Autor aber nicht daran hindern, sie anschaulich zu gestalten, damit sie von den Korrektorinnen und Korrektoren leicht verstanden werden können. **449**

1 Die Arbeitsschritte für die Erstellung eines themengebundenen Vortrags

Die Arbeitsschritte für die Erstellung eines themengebundenen Vortrags sind immer gleich, unabhängig davon, ob es sich um ein Referat zu einem vorgegebenen Thema oder um die Präsentation einer Bachelor-, Master- oder Diplomarbeit handelt. Denn letztere haben ebenfalls ein konkretes Thema, das präsentiert werden soll. Der Unterschied besteht lediglich darin, dass bei der Präsentation bereits das Thema in der Abschlussarbeit umfänglich behandelt wurde und daher als Quelle für den Vortrag dienen kann. Bei Referaten müssen zunächst noch die Inhalte recherchiert und die gefundene Literatur ausgewertet werden. Die Arbeitsschritte zur Erstellung des Vortrags sind in beiden Fällen gleich: **450**

- Informationssammlung,
- Literaturauswertung,
- Gliederungserstellung,
- Schreiben des Referats- bzw. Präsentationstextes im Vortragsstil,
- Anfertigen von Stichpunktkarten für den Vortrag auf DIN A5 Karten,
- Medienauswahl,
- Handout-Erstellung und
- Üben des Vortrags.[1]

---

1 Vgl. Langer, Nicole: Schneller und leichter lernen: Referate und Vorträge halten. Gezielt vorbereiten und überzeugend präsentieren, München 2009, S. 14.

451 Die Informationssammlung erfolgt über recherchierte Literatur. Hier entscheiden sowohl Qualität als auch Quantität. Es ist sinnvoll, sich für das Referat Exzerpte von gelesenen Texten zu erstellen. Beim Lesen können folgende Fragen bei der Einordnung von Textpassagen hilfreich sein:

- Welchen Standpunkt nimmt die Autorin, der Autor in seinem Text ein?
- Mit welchen Argumenten wird die Ansicht begründet?
- Gibt es Verbindungen zu anderen Autoren (Fußnotenhinweise beachten)?
- An welcher Stelle des Referats kann diese Textpassage gezielt eingesetzt werden?[2]

452 Erst wenn nach Literaturauswertung eine Gliederung des Referats bzw. der Präsentation der Bachelor-, Master- oder Diplomarbeit erstellt worden ist, der Referats- bzw. Präsentationstext im Vortragsstil aufgeschrieben ist und Stichpunktkarten für den Vortrag auf DIN A5 Karten angefertigt wurden, ist der Zeitpunkt gekommen, sich über die Medien und die Veranschaulichung von Vortragsthemen Gedanken zu machen.

2 Die Veranschaulichung von Vortragsthemen

453 Wie bei allen Vorträgen und Referaten kommt es vor allem darauf an, dass die Zuhörerinnen und Zuhörer inhaltlich dem Redner folgen können. Dies gilt eben nicht nur im Ober-Unter-Verhältnis Lehrer – Schüler sondern auch dann, wenn der Vortrag, das Referat, die Rede im Unter-Ober-Verhältnis von Schülerinnen und Schülern, Studentinnen und Studenten oder Berufsbewerberinnen und Berufsbewerbern vor Lehrerinnen und Lehrern oder Professorinnen und Professoren gehalten werden. Erst wenn die Zuhörerinnen und Zuhörer den Redner verstanden haben, ist der Vortrag, das Referat, die Präsentation von Erfolg gekrönt.

454 Dafür ist es erforderlich, den Theoriegehalt des Präsentationsstoffes unter Berücksichtigung der Veranschaulichung deutlich herauszuarbeiten.[3] Die Veranschaulichung von schwierigen Inhalten ist als pädagogisches Prinzip eine der wichtigsten und auch unbestrittenen Forderungen. Denn besonders

---

2 Vgl. Langer, a. a. O. (Fn. 1), S. 46.

3 Vgl. Klingberg, Lothar: Einführung in die Allgemeine Didaktik. Reprint der Ausgabe des Verlags Volk und Wissen Volkseigener Verlag, Berlin-Ost. Frankfurt am Main o. J. [1975], S. 266.

ergiebig sind solche Referate und Präsentationen, die das Prinzip der Veranschaulichung am stärksten berücksichtigen.[4]

Inhalte zu veranschaulichen heißt, solche besonderen Fälle, Phänomene, 455
Versuche, Personen und Ereignisse zu finden, in oder an denen die Struktur des jeweiligen Inhalts der Präsentation den Zuhörenden interessant, fragwürdig, zugänglich, begreiflich, also eben besonders „anschaulich" gemacht werden kann.[5] Veranschaulichung lässt sich auf zweierlei Weise erreichen: entweder durch die Wirklichkeit selbst oder durch Nachbildung der Wirklichkeit.[6] Bei der Wirklichkeit selbst werden die Referatsgegenstände vor die Sinne der Zuhörenden gestellt, damit sie diese erfassen. Denn die „Vorstellung von Gegenständen bilden wir letztlich immer an der konkreten Wirklichkeit."[7]

3 Formen der Veranschaulichung für Referat und Präsentation

Inhalte von Referaten und Präsentationen können in unterschiedlichen For- 456
men veranschaulicht werden. Typische Formen sind in diesem Fall das Arbeiten mit Beispielsfällen oder der Einsatz von Medien.[8]

3.1 Einbringung eines Sachverhalts als Fallmethode mit existierenden Personen

Wenn zu Beginn des Referats ein kurzer Sachverhalt steht, aus dem die Zu- 457
hörenden die Problemlage erkennen sollen und ihnen ermöglicht, dem in der Präsentation eingeschlagenen Lösungsweg zu folgen, ist es didaktisch vorteilhafter, in den Beispielsfällen existierende Personen agieren zu lassen. Der häufig strapazierte „POM Fritz" in den Sachverhalten bringt schon lange keinen Lacher mehr hervor, sondern sorgt eher für Ablenkung, die den Präsentationserfolg behindert.

---

4 Vgl. Beck, Horst: Die Veranschaulichung von Lehrstoffen, dargestellt an Beispielen aus kaufmännischen Fächern. In: Gönner, Kurt / Reip, Hubert (Hg.), Unterrichtsplanung für kaufmännische Schulen. 3. Aufl., Bad Homburg 1998, S. 335.

5 So Klafki, Wolfgang: Studien zur Bildungstheorie und Didaktik. Durch ein kritisches Vorwort ergänzte Auflage, Weinheim / Basel 1975, S. 140.

6 Vgl. Beck, a. a. O. (Fn. 4), S. 335 ff.

7 S. Aebli, Hans: Zwölf Grundformen des Lehrens. Eine allgemeine Didaktik auf psychologischer Grundlage. Medien und Inhalte didaktischer Kommunikation, der Lernzyklus. 13. Aufl., Stuttgart 2006, S. 101.

8 Vgl. Beck, a. a. O. (Fn. 4), S. 335 ff.

458 Wird der Sachverhalt von der referierenden Person eingegeben, ist es für sie leichter, Menschen für den Sachverhalt auszuwählen, die sie kennt, weil dadurch eine besonders hohe Wirklichkeitsnähe erreicht wird. Dies gilt insbesondere, wenn der Sachverhalt mit Gegenständen dargestellt wird, die zu den betreffenden Personen passen. Treten diese Personen dann auch noch selbst akustisch oder visuell auf, wird fast das Stadium einer erlebten Wirklichkeit erreicht, die durchsichtig, mühelos vorstellbar, also anschaulich ist.

3.2 Geistige Anschauung durch Medien

459 Nicht immer ist es aber möglich, durch Nachahmung eine beinahe lebendige Wirklichkeit zu erzeugen, die eine „primäre, unmittelbare, direkte, sinnliche Anschauung“[9] vermittelt. Denn auch unter der Voraussetzung, dass das Komplizierte und Komplexe durchschaubar gemacht und das Vielfache und Vielfältige auf das Einfache zurückgeführt wird,[10] ist es schwierig Realität zu erzeugen. Denn selbst unter dem Gesichtspunkt der didaktischen Reduktion, bei der die Referatsinhalte sowohl sachgerecht als auch zuhörendengemäß dargestellt werden, benötigen Sachverhalte, die eine lebendige Wirklichkeit widerspiegeln sollen, innerhalb des Referats viel Zeitaufwand. Dem kann aus zeitökonomischen Gründen nicht immer Rechnung getragen werden.

460 Dann muss versucht werden, mit Hilfe von Medien (Tafelbild, Folie, Arbeitsblatt, Posterpräsentation) die Wirklichkeit abzubilden, zu symbolisieren. Diese Nachbildung vermittelt eine „sekundäre, mittelbare, indirekte, geistige Anschauung“.[11] In diese Rubrik der Nachbildung der Wirklichkeit fallen auch die zu erfahrenden Situationen, die nur in einer verbalen Schilderung symbolisch vertreten sind. Das bedeutet, dass das Bild von einer Sache durch Worte vermittelt wird.[12]

461 Bei der Durchführung der Lehrveranstaltungen muss aber bedacht werden, dass die Abstraktionsfähigkeit des Menschen vom Lebensalter und seiner damit verbundenen Reifeentwicklung abhängig ist. Bei der Präsentation eines Referats oder der Diplomarbeit spielt dieses Phänomen aber dann keine Rolle, wenn die Zuhörenden – etwa als Prüferin oder Prüfer der vortragenden Person eine ohnehin fachlich und lebensaltermäßig höhere Reifeentwicklung haben.

---

9 Beck, a. a. O. (Fn. 4), S. 335. Vgl. auch Ahl, Peter: Möglichkeiten und Grenzen der Fallmethode im Betriebswirtschaftskundeunterricht an der kaufmännischen Berufsschule. In: Pilz, Roland (Hrsg.), Entscheidungsinitiierte Unterrichtsgestaltung in der Wirtschaftslehre, Paderborn 1974, S. 121-138.

10 Vgl. dazu die Ausführungen bei Beck, a. a. O. (Fn. 4), S. 339 ff.

11 Beck, a. a. O. (Fn. 4), S. 333.

12 Beck, a. a. O. (Fn. 4), ebd.

Von Veranschaulichung kann nur dann gesprochen werden, wenn „unzugängliche begrifflich abstrakte Zusammenhänge auf ihre wesentlichen Züge hin reduziert und so gestaltet werden, dass die verwickelten Zusammenhänge durchsichtig werden."[13] Ist also die Sprache der referierenden Person Trägerin der Übermittlung, muss besonders darauf geachtet werden, dass das Abstraktionsniveau der angestrebten Vermittlungsziele und die Abstraktionsfähigkeit der Zuhörenden, die der Präsentation folgen, übereinstimmt. Das bedeutet, dass einerseits die Maßnahmen zur Veranschaulichung des Lehrstoffes (Beispiele, Analogien oder Modelle) für die Zuhörerinnen und Zuhörer durchsichtig übermittelt werden, zum anderen aber auch, dass die auf die angestrebten Vermittlungsziele hin gerichteten Fragen und Impulse konkret sein müssen. Dabei wird ein höheres Maß an Veranschaulichung erreicht, wenn sich die Ergebnisse der Maßnahmen optisch durch den Einsatz von geeigneten Medien niederschlagen.[14] 462

4 Der Einsatz von Medien für den Vortrag eines Referats oder der Präsentation einer Bachelor-, Master- oder Diplomarbeit

Bei Referaten zu einem vorgegebenen Thema und bei der Präsentation der eigenen Diplomarbeit handelt es jeweils um wissenschaftliche Inhalte, die in entsprechenden Medien als solche gekennzeichnet werden sollten. Gleichzeitig muss Berücksichtigung finden, dass für langwierige Tafel- oder Flipchart-Anschriebe oder für umständliche Metaplan-Aktionen wenig Zeit bleibt und der Redefluss des Referats bzw. der Präsentation jeweils unterbrochen wird. Nicht erlaubt sind bei Präsentationen von Bachelor-, Master- oder Diplomarbeiten, die Prüfenden mit einzubinden und etwa ein anfängliches Brainstorming einzuplanen mit dem Ziel, spontan Einfälle von diesen zu sammeln, nur um sie aktiv in die Präsentation bzw. das Referat mit einzubinden.[15] 463

Deshalb bietet es sich nur an, entsprechende Medien auszuwählen und komplett vor der Präsentation erstellt zu haben, um sie passend zu offenbaren. Voraussetzung ist es deshalb, nicht zuerst an die Medien zu denken, sondern zunächst die Präsentation aus den Inhalten der Bachelor-, Master- oder Diplomarbeit auszuwählen. 464

13 Beck, a. a. O. (Fn. 4), S. 336.
14 So Beck, a. a. O. (Fn. 4), ebd.
15 Für das Brainstorming vgl. Langer, a. a. O. (Fn. 1), S. 93.

4.1 Die Ausarbeitung des Vortrags für Referat oder Präsentation

465 Ausgangspunkt für die Zusammenstellung der Präsentation muss zunächst die fertiggestellte Bachelor-, Master- oder Diplomarbeit sein. Sie steht für die Informationssammlung und die Auswertung der Literatur für die Präsentation. Grundsätzlich ist dabei klar, dass nicht die Ganze Abschlussarbeit vorgetragen werden kann, weil die Zeit der Präsentation dafür bei weitem nicht ausreichen würde.[16] Daher müssen die Kapitel im Mittelpunkt stehen, die für die zielgerichtete Themenbewältigung unabdingbar sind. Die einzelnen Kapitel werden zusammengestellt und unter Umständen neu gegliedert, wenn die Bachelor-, Master- oder Diplomarbeit mehrere Aspekte bearbeitet, für die Präsentation aber nur ein Aspekt, möglichst einer, der schon in der Arbeit besonders gelungen ist, zur Sprache kommen soll. Nach der Gliederung des Referats bzw. der Präsentation der Bachelor-, Master- oder Diplomarbeit wird der Referats- bzw. Präsentationstext im Vortragsstil aufgeschrieben. Mindestens muss der Vortrag eine Einleitung, einen Hauptteil und einen zusammenfassenden Schluss enthalten. Dies gilt auch für das Referat, dessen Inhalte erst noch aus verschiedenen Informationsquellen recherchiert werden müssen.

4.1.1 Die Einleitung des Referats bzw. der Präsentation

466 Die Einleitung muss vor allem bei den Zuhörerinnen und Zuhörern eine gewisse Spannung aufbauen, damit sie Lust haben, dem Referat, der Präsentation folgen zu wollen. Dafür ist es eine Überlegung wert, ob es nicht einen Zusammenhang zwischen dem vorzutragenden Thema und den Erfahrungen bzw. dem Wissen der Zuhörenden gibt, das als Basis herangezogen werden könnte. Weitere Möglichkeiten bieten eigene Erfahrungen und Erlebnisse aus dem polizeilichen Alltag oder aktuelle in den Medien berichtete Vorkommnisse, die mit der vorzutragenden Thematik zu tun haben. Interesse kann aber auch auf andere Weise bei den Zuhörerinnen und Zuhörern geweckt werden. Zum einen können gegensätzliche Positionen zum Thema aufgeführt oder eine provozierende These aufgestellt werden. Ebenso bietet es sich an eine rhetorische Frage zu stellen oder eine überspitzte Karikatur zum Thema zu präsentieren. Denselben Effekt kann auch eine ungewöhnliche Statistik oder, um das Mittel der gegensätzlichen Positionen wieder aufzugreifen, zwei scheinbar sich widersprechende Statistiken auf Folie dargeboten werden. In selte-

---

16 Im Regelfall werden lediglich 5-10 Minuten für die Präsentation zur Verfügung gestellt; vgl. dafür z. B. § 19 Abs. 3 Nr. 1 GBPolVDVDV. In dieser Zeit lässt sich nicht einmal eine nur 30-seitige Diplomarbeit komplett vortragen.

nen Fällen können auch eine erzählte Anekdote oder ein Witz den Effekt des Interessenweckens erzielen.[17]

Die Einleitung muss außerdem einen kurzen Ablauf des Referats bzw. der Präsentation enthalten. Dabei ist die Problemstellung deutlich zu machen und der Zusammenhang zwischen vortragender Thematik und Polizeipraxis zu erläutern. Insofern ist auch die Zielrichtung des Vortrags zu nennen, damit bei einem möglicherweise sehr offen formulierten Thema nicht falsche Erwartungen bei den Zuhörenden geweckt werden. Es ist auch auf die Abgrenzung des Themas einzugehen, sodass anzuführen ist, welche Aspekte behandelt werden und welche nicht. Da es sich um einen wissenschaftlichen Vortrag handelt, sind auch die Hauptgewährsleute ihrer literarischen Quellen zu nennen oder – bei sehr kurzer Redezeit – über Medien zu präsentieren, auf die nur kurz hingewiesen wird. 467

Zusammenfassend kann als Arbeitshilfe für die Anfertigung der Einleitung aufgezählt werden: 468

- Originell in das Thema einführen;
- Zuhörer motivieren und Interesse wecken;
- Vortragsziel benennen und Thema mit Polizeibezug einordnen;
- Vortragsgliederung offenbaren;
- Literaturquellen angeben.[18]

4.1.2 Der Hauptteil des Referats bzw. der Präsentation

Die zentralen Informationen stehen im Hauptteil. Dieser muss so in sich abgeschlossen sein, dass er auch ohne Einleitung und Schluss auskommen könnte. Wichtig ist, das Referat bzw. die Präsentation logisch-konstruktiv mit einem durchgehenden roten Faden aufzubauen. Überflüssige „Exkurse“ sind wegzulassen. Das Wesentliche muss den größten Vortragsumfang haben. Zu viele Fakten und zu viel Zahlenmaterial ist für die Zuhörerinnen und Zuhörer auch bei grafischer Unterstützung nicht verarbeitbar! Wenn solche Fakten in den Vortrag mit aufgenommen werden, dann müssen sie marginal und geordnet sein und durch *lesbare* Grafiken unterstützt werden. *Eigene* Beurteilungen und Bewertungen sind im Vortrag erwünscht, müssen aber entsprechend als eigene deutlich gemacht werden. 469

Um die vorgetragenen, persönlichen Gedankengänge nachvollziehen zu lassen, ist es sinnvoll, mit sehr vielen Beispielen zu arbeiten und anschauliche Medien dafür zu präsentieren. 470

17 Vgl. Langer, a. a. O. (Fn. 1), S. 71.
18 Vgl. Langer, a. a. O. (Fn. 1), S. 72.

471 Zusammenfassend kann als Arbeitshilfe für die Anfertigung des Hauptteils aufgezählt werden:

- Nur die wesentlichen Teile des Themas vortragen;
- Logisch-konstruktiv das Thema aufbauen;
- Mit veranschaulichenden Beispielen arbeiten;
- Den roten Faden niemals verlieren;
- Mit lesbaren Medien arbeiten.[19]

4.1.3 Der Schlussteil des Referats bzw. der Präsentation

472 Im Schlussteil werden die wichtigsten Ergebnisse des Vortrags zusammengefasst. Es werden keine neuen Aspekte und keine neuen Argumente angeführt! Es wird festgestellt, ob das Ziel des Vortrags erreicht wurde und die in der Einleitung gestellte Ausgangsfrage nochmals (wie im Hauptteil) wiederholt und beantwortet. Schließlich sollte auch darauf hingewiesen werden, welche Fragen im Vortrag offen geblieben sind. Notwendig ist außerdem ein kurzer Ausblick auf weitere Entwicklungen des Problems der Thematik.

473 Am Ende sollte – falls das Thema ohnehin nicht schon in der Praxis angelegt ist – auch noch auf den Zusammenhang mit der Polizeipraxis hingewiesen werden, um einen Anwendungsbezug und die Nähe zur Realität zu dokumentieren. Wenn die Zeit reicht, ist abschließend eine kritische Würdigung der eigenen Arbeit bzw. des Referats wünschenswert.

474 Zusammenfassend kann als Arbeitshilfe für die Anfertigung des Schlusses aufgezählt werden:

- Den Vortrag ohne neue Aspekte oder Argumente zusammenfassen;
- Offene gebliebene Fragen dokumentieren;
- Einen Ausblick auf künftige Entwicklungen geben;
- Gesamtbewertung mit Polizeibezug kundtun;
- Ggf. eine kritische Würdigung des Vortrags abgeben.[20]

475 Ist der Vortrag für das Referat oder die Präsentation der Bachelor-, Master- oder Diplomarbeit fertig, erfolgt die Ausarbeitung der Stichpunktkarten.

4.2 Die Ausarbeitung der Stichpunktkarten für den Vortrag

476 Bei einem Vortrag kommt es darauf an, möglichst frei zu sprechen und den Text nicht vom Blatt abzulesen, denn einer monotonen Vorlesung kann man

19 Vgl. Langer, a. a. O. (Fn. 1), S. 73.
20 Vgl. Langer, a. a. O. (Fn. 1), S. 74.

nur sehr angestrengt folgen und hat Mühe zuzuhören. Für die vortragende Person ist es schwierig, Kontakt zu den Zuhörerinnen und Zuhörern zu halten und der Medieneinsatz erweist sich als zusätzliches Problem, weil bei einem vorgelesenen Text der Redefluss abrupt abbricht, wenn der oder die Vortragende zum Beispiel eine Folie auflegt. Auch ist es meistens schwer, die richtige Stelle der Vortragsunterbrechung wiederzufinden.[21] Frei vorzutragen fällt nicht allen Menschen leicht. Bei der Polizei muss es aber weitgehend eingeübt werden, weil es zum Beispiel in Form von Lagevorträgen gegenüber vorgesetzten Personen oder Unterrichten für Mitarbeiterinnen und Mitarbeiter letztlich zum Alltagsgeschäft gehört. Zur Erleichterung des freien Vortrags gibt es die Stichpunktkarten.

Die Stichpunktkarten für den Vortrag des Referats oder der Präsentation 477
der Bachelor-, Master- oder Diplomarbeit werden auf DIN A5 Karten angefertigt. Denn dies ist die optisch optimale Größe für das Gelingen des Vortrags. Kleinere Karten wirken bei Zuschauern oft lächerlich und größere sind in der Handhabung zu sperrig. DIN A5 Karten haben das richtige Maß. Sie sind auch leicht in einer guten Qualität im Fachhandel zu bekommen. Es ist nämlich darauf zu achten, dass die Karten beschichtet sind. Dadurch wird verhindert, dass Nervositätsschweiß die Karten miteinander verklebt und sie nicht mehr – ohne besondere Aufmerksamkeit, die sich für den Vortrag nachteilig auswirkt – leicht abziehbar sind. Auch ist es günstiger, mehrere feste Stücke Pappe in den Händen zu halten, damit die infolge von Aufregung zitternden Hände sich etwas beruhigen können. Denn die Karten sollen der Referentin bzw. dem Referenten Stichworte nennen. Es ist darauf zu achten, dass die Karten in großen Lettern möglichst in Maschinenschrift beschriftet werden, damit die Stichworte mit nur einem kurzen Blick aus größerer Entfernung inhaltlich wahrnehmbar sind.[22]

Es ist sinnvoll, für unterschiedliche Kapitel Karteikarten in unterschiedli- 478
chen, aber hellen Farben zu verwenden. Denn für den Fall, dass alle Karten durcheinander geraten sollten, lassen sie sich leicht wieder sortieren. Außerdem kann die Referentin bzw. der Referent schon an der Farbe während des Vortrags erkennen, dass ein neues Kapitel beginnt. Wenn alle Karten endgültig fertig sind (keinesfalls vorher!) sollten sie außerdem durchnummeriert werden. Das darf also erst kurz vor Vortragsbeginn erfolgen.[23]

Die Karten werden nur auf einer Seite beschriftet, damit abgearbeitete 479
Karten ans Stapelende gezogen werden können und das Wenden einer Karte grundsätzlich entfällt. Auf den oberen Teil jeder Karte kann die Kapitelüberschrift geschrieben werden, auf den unteren Rand Überleitungen zum nächs-

21 Vgl. Langer, a. a. O. (Fn. 1), S. 76.
22 Langer, a. a. O. (Fn. 1), S. 76 f.
23 Vgl. Langer, a. a. O. (Fn. 1), S. 77.

ten Kapitel. Der Rest der Karte dient dem Stichwort. Allerdings können auch Definitionen, Rechtsvorschriften und Zitate aufgeschrieben werden, die im Vortrag vorgelesen werden sollen. Für eine bessere Übersicht ist es grundsätzlich möglich, für die Schrift unterschiedliche Farben zu verwenden. So ist es ratsam auf der Karte in einer anderen Schriftart zu vermerken, welches visuelle Mittel wann eingesetzt werden soll. Wichtig ist insgesamt jedenfalls, jede einzelne Karte nicht übermäßig vollzuschreiben, damit die Übersichtlichkeit nicht verloren geht.[24]

480 Wenn Stichpunktkarten für den Vortrag des Referats oder der Präsentation der Bachelor-, Master- oder Diplomarbeit auf DIN A5 Karten angefertigt wurden, ist der Zeitpunkt gekommen, sich über die Medien und die Veranschaulichung des Vortragsthemas Gedanken zu machen.

4.3 Die Auswahl von geeigneten Medien für die Präsentation ohne PowerPoint

481 Für die Präsentation der Bachelor-, Master- oder Diplomarbeit würde sich eigentlich als bestes Medium eine PowerPoint-Präsentation – wie der Name bereits verrät – anbieten. Da dieses Medium aber nur mit einem weitergehenden technischen Aufwand betrieben werden kann, wird an den meisten Polizeihochschulen von einem solchen Einsatz Abstand genommen. Denn neben einem Computer benötigt eine PowerPoint-Präsentation auch einen Beamer, wenn dieses Medium vor einer Gruppe von Menschen eingesetzt werden soll. Die Erfahrung lehrt aber, dass nicht alle Beamer und alle Computer ohne weiteres kompatibel sind und es daher zu Ausfällen im Einzelfall kommen kann. In diesen Fällen müsste die Wiederholung der Präsentation aus technischen Gründen gewährt werden, was in den zeitlich sehr engen Lehrplänen von Hochschulen meist nur sehr schwer unterzubringen ist. Daher wird regelmäßig vorgegeben, auf PowerPoint zu verzichten.[25] Daraus ergibt sich, dass auf andere Art und Weise Kreativität gefordert ist. Typische Medien sind entwickelnde Tafelbilder, Mind-Maps, Flipcharts oder Folien. In Mode gekommen ist neuerdings auch die Posterpräsentation.

482 Für Vorträge sind entwickelnde Tafelbilder und Folien, die durch „rutschendes“ Abdeckpapier, Hinweispfeile, „Begleitkuli“ oder Laserpointer sich entwickeln sollen, abzulehnen. Sie führen ausnahmslos zur Unterbrechung

24 Vgl. Langer, a. a. O. (Fn. 1), ebd.

25 So zum Beispiel bei der modularen Studienausbildung an der Fachhochschule des Bundes für öffentliche Verwaltung, Fachbereich Bundespolizei in Lübeck. Die Präsentation der Diplomarbeit als Teil der mündlichen Abschlussprüfung muss ohne PowerPoint auskommen.

des Vortrags und lenken zusätzlich die Zuhörerinnen und Zuhörer vom Vortrag ab. Ähnliches gilt auch für Mind-Maps, weil das Aufstecken der kleinen Karten mit Nadeln oder Magneten zu viel Zeit beansprucht und ebenfalls den Vortrag unterbricht. Folien sind nutzbar als Fertigmedien, die hintereinander auf den Projektor gelegt werden, ebenso das Flipchart, auf dem mehrere Blätter anfangs befestigt sind, die im Laufe des Vortrags nur abgerollt werden. Wenn sie gut gemacht ist, ist eine Posterpräsentation ebenfalls empfehlenswert.

Für den Einsatz von Folien ist zu berücksichtigen, 483

- dass alle Folien in der Reihenfolge ihres Gebrauchs nummeriert sind,
- dass eine Sans-Serif-Schrift (Arial) verwendet wird,
- dass die Schriftgröße zwischen 20 und 24 pt liegt,
- dass nicht zu viel Text auf der Folie steht,
- dass der Text aus griffigen Stichworten besteht,
- dass sich der Text aus Groß- und Kleinbuchstaben zusammensetzt und
- dass mit Pfeilen und Symbolen und vor allem mit Grafiken gearbeitet wird.[26]

Livefolien, die erst während des Vortrags handschriftlich angefertigt werden, 484
sind wie Tafelbilder aus Zeitgründen und aus Gründen der Unterbrechung des Vortrags abzulehnen. Auch Teilfertigfolien, die einen Lückentext enthalten, der erst während des Vortrags handschriftlich ausgefüllt wird, sind für einen wissenschaftlichen Vortrag eher ungeeignet. Anders sind entwickelnde Folien zu beurteilen, die nur übereinandergelegt werden. Für diesen Zweck sind die Stifte am Overhead-Projektor zu nutzen, die genau den Abstand eines Papierlochers haben. Wenn die Folien auf die Stifte gesteckt werden, verrutschen sie nicht und können sich gut ergänzen. Mehr als drei Folien sind aber nicht übereinander zu verwenden, weil sonst zu wenig Licht bis an die Wand geführt wird (vorher ausprobieren!).

Wenn einzelne Blätter eines Flipcharts vorbereitet werden, dann bietet es 485
sich an, die Vorlage dazu in DIN A4 vorzubereiten und danach das Blatt in einem Copyshop auf DIN A0 oder A1 vergrößern zu lassen. Das einzusetzende Flipchart-Gestell wird vorher begutachtet, um die Aufhängelöcher an die richtigen Stellen zu setzen, wenn das Gestell keine Klemmvorrichtung hat. Mehrere Blätter können von Anfang an auf das Gestell gehängt werden. Nach und nach werden die Blätter nach hinten umgeblättert.

Für den Einsatz eines Flipcharts ist zu berücksichtigen, 486

- dass alle Blätter in der Reihenfolge ihrer Verwendung durchnummeriert sind,

---

26 Vgl. Langer, a. a. O. (Fn. 1), S. 93.

- dass eine Sans-Serif-Schrift (Arial) verwendet wird,
- dass die Schriftgröße in der Computervorlage zwischen 20 und 24 pt liegt,
- dass nicht mehr als 10 Zeilen Text auf einem Blatt stehen,
- dass der Text aus griffigen Stichworten besteht,
- dass sich der Text aus Groß- und Kleinbuchstaben zusammensetzt und
- dass mit Pfeilen und Symbolen und vor allem mit Grafiken gearbeitet wird.

487 Für handschriftlich gefertigte Blätter gilt zusätzlich,

- dass die Schrift sorgfältig leserlich sein muss,
- dass die Schriftgröße etwa 5 cm beträgt,
- dass dazu der Stift eine Schreibbreite von 5 mm aufweist,
- dass die Buchstaben eng nebeneinander gesetzt werden und
- dass einzubauende Grafiken und Diagramme mindestens die Größe eines DIN A4-Blattes haben.[27]

488 Für alle Medien gilt jedenfalls: Sie müssen der Veranschaulichung dienen und dürfen das gesprochene Wort des Referenten bzw. der Referentin nicht überlagern. Insofern kommen nur Bilder und Grafiken in Betracht. Zu beachten sind dabei auch die Tücken insbesondere von Bildern.

4.4 Bilder lügen mehr als tausend Worte

489 Tagtäglich prasseln Bilder aus Zeitschriften, Fernsehen und Internet über uns herein. „Nur was ich sehe, ist auch passiert“ – „Nur Bilder sind modern, keine langweiligen Texte“. Das scheint zumindest nicht nur bei Zuschauern und Medienmachern gängige Ansicht zu sein, sondern greift auch immer mehr in das Unterrichtsgeschehen ein: Wir befinden uns offensichtlich im „optischen Zeitalter“.[28] Und so überrollt uns eine Bilderflut. Medienkritik wird eher gescheut, denn Bilder kann ja jeder lesen. Außerdem sagen sie mehr als tausend Worte und versetzen uns in die Situation des Zeitzeugen. So sind wir es aus dem Internet und dem Fernsehen gewohnt. So sind wir sozialisiert.[29]

490 Dass wir einer „Augenzeugenillusion“[30] unterliegen, zeigt die Geschichte der Fotografie. Sie ist angefüllt von Manipulationen aller Art, Retuschie-

---

27 Vgl. Langer, a. a. O. (Fn. 1), S. 96.

28 Pawek, Karl: Das optische Zeitalter. Grundzüge einer neuen Epoche, Walter-Verlag Olten : Freiburg 1963.

29 Vgl. Maier, Wolfgang: Mit Medien motivieren. Beispiele für den Unterricht, Universum Verlagsanstalt : Wiesbaden 2001, S. 113.

30 Vgl. Weidenmann, Bernd: Mit Bildern informieren; in: Pädagogik 51/1993, S. 8-13.

ren, Einkopieren und anderen Tricks, die das entsprechende Softwareprogramm bereit hält. Diktatoren wurden ins „rechte Licht“ gerückt,[31] unliebsame Personen verschwanden buchstäblich von der Bildfläche.[32] Die digitale Aufnahme und Bildbearbeitung ist inzwischen nicht nur im modernen Journalismus sondern für jedermann erschwinglich und Standard geworden. Sie „erweitert die Eingriffsmöglichkeiten um ein Vielfaches und in kaum kontrollierbarer Perfektion.“[33] Daher sind Bilder ein geeignetes Mittel für eine Posterpräsentation.

Damit eine Posterpräsentation aussagekräftig und erfolgreich wird, gilt es, **491**
bei der Gestaltung eines Posters einige Kriterien zu beachten.

4.5 Kriterien für die gelungene Gestaltung eines Posters

Insbesondere für die Vorstellung abgeschlossener wissenschaftlicher Projekte **492**
wie es bei der Präsentation von Bachelor-, Master- oder Diplomarbeiten der Fall ist, können Posterpräsentationen eine wichtige Rolle übernehmen. Denn mit einem wissenschaftlichen Poster soll „auf einen Blick“ eine sprachlich-grafische Zusammenfassung von Ergebnissen präsentiert werden. Das Poster kommt deshalb als *Plakat* daher.[34] Mit seiner Hilfe soll das Interesse geweckt werden, sich das Poster näher zu betrachten und sich mit der plakatierten Thematik auseinanderzusetzen.

Um ein Plakat zu erstellen, bieten sich grundsätzlich zwei Möglichkeiten **493**
an: Es kann eine Collage direkt auf das Papier in DIN A0 aufgebracht werden, indem mithilfe des Computers und verschiedener Software auf Blättern einzelne Teile des Gesamtposters hergestellt und auf das Plakat aufgeklebt werden. Die elegantere Lösung ist es, das gesamte Poster mithilfe von PowerPoint oder anderer Präsentationssoftware zu gestalten und zunächst auf DIN A4 in Farbe auszudrucken. Anschließend wird es auf DIN A0 im Copyshop vergrößert.

Für eine gelungene Gestaltung eines Posters, muss es einerseits inhaltlich **494**
korrekt und andererseits unterhaltsam sein. Denn ein Poster soll

- durch hervorgehobene Kernaussagen und Ergebnispräsentation eine Botschaft vermitteln,

---

31 Vgl. Jaubert, Alain: Fotos die lügen. Hain Verlag : Bodenheim 1997.

32 Stiftung Haus der Geschichte (Hrsg.): X für U. Bilder die lügen, Das Buch zur Ausstellung, 2. Aufl., Verlag Bouvier : Bonn 2000.

33 Maier, a. a. O. (Fn. 29), S. 113.

34 Pommerening, Klaus: Ein Poster ist ein Plakat. IMBEI, Universitätsmedizin Mainz, 10. November 2009, Folie 1; http://www.staff.uni-mainz.de/pommeren/Vortraege/Gutes_Poster.pdf; Nicol, Adelheid A. M. / Pexman, Penny M.: Displaying Your Findings. A Practical Guide for Creating Figures, Posters, and Presentations, Washington 2003.

- durch Schlagzeilen, Bilder und Grafiken ins Auge springen und
- zum Betrachten animieren, um dadurch das Interesse an der Thematik zu wecken.

495 Ein Poster ist somit kein Medium für Text, sondern im Mittelpunkt stehen Bilder und Grafiken. Aufgenommener Text muss wie ein Bild wirken, darf also nur als Schlagzeile daherkommen. Um den Inhalt des Posters festzusetzen, kommt es zunächst darauf an, die Eignung des Stoffs der Bachelor-, Master- oder Diplomarbeit gut zu durchdenken. Zu überlegen ist, welche Teile von der Arbeit überhaupt posterfähig sind. Sie sollten immer ein besonderes Ergebnis enthalten, damit die inhaltliche Qualität stimmt. Dabei sollen Kernaussagen klar dargestellt und belegt werden. Insofern versteht es sich von selbst, dass ein Poster keine technischen Details enthalten darf. Deshalb werden auf Poster nicht die Methoden hervorgehoben, sondern zentrale Thesen oder Fragestellungen und die Ergebnisse. Alles, was die Kernaussage(n) nicht betont, ist grundsätzlich wegzulassen. Dazu gehören auch sog. „Platzhalter", die keinen eigenen Inhalt haben wie zum Beispiel „Einleitung", „Historische Grundlagen", „Definitionen", „Ergebnis", „Fazit" etc. Denn die Überschriften müssen schlagartig mit konkreter Aussage sein.[35]

496 Es sind, ohne Schachtelsätze zu bilden, knappe, präzise Sätze zu formulieren, die nichts enthalten, was nicht unbedingt erforderlich ist. Abkürzungen sind nach Möglichkeit zu vermeiden, wenn sie nicht fachlich – zum Beispiel für polizeitaktische Zeichen – gebraucht werden. Die Schrift muss groß genug sein. Es darf nicht durch Verkleinern der Schrift mehr Text auf das Poster gezwängt werden. Wenn das Poster im Querformat gestaltet werden soll, müssen grundsätzlich mindestens 3 und höchstens 4 Spalten gebildet werden.[36]

497 Grundsätzlich gilt, den Untergrund weiß und auf jeden Fall monochrom zu lassen oder als Hintergrundfarbe – ebenfalls monochrom – einen hellen Farbton auszuwählen, da dunkle Schrift auf hellem Untergrund leichter lesbar ist. Die Schrift sollte dementsprechend in Schwarz gefasst sein. Außerdem macht es sich gut für die Übersicht, einzelne Textblöcke durch Rahmen voneinander absetzen. Insgesamt ist auf eine dezente und harmonische Farbgebung zu achten.

498 Da Poster – anders als Buchtexte – immer aus Entfernung gelesen werden, ist es besser eine Schriftart ohne Serifen (feine Linien, die einen Buchstabenstrich quer zu seiner Grundrichtung abschließen) zu wählen, also z. B.

---

35 Vgl. Pommerening, a. a. O. (Fn. 34), Folie 7.

36 Vgl. Pommerening, a. a. O. (Fn. 34), Folie 8; Hess, George R. / Tosney, Kathryn / Liegel, Leon: Creating Effective Poster Presentations, http://www.ncsu.edu/project/posters, North Carolina state university 2013.

Arial oder Helvetica. Grundsätzlich ist auch der Gebrauch von Groß- und Kleinbuchstaben für eine bessere Wahrnehmung ebenso notwendig wie die richtige Größe der Schrift.[37] Um eine gute Lesbarkeit zu gewährleisten, müssen bei einer Collage die Überschriften und Kernsätze mindestens in der Schriftgröße 80 pt gedruckt werden, damit sie auch aus einer Entfernung von 3-5 m lesbar bleiben. Um denselben Effekt bei Einsatz von PowerPoint oder einer anderen Präsentationssoftware zu erreichen, genügt eine Schriftgröße von 20 pt, da die Schrift durch die Vergrößerung im Copyshop ebenfalls verbreitert wird. Für die Hervorhebungen sind Großbuchstaben und Unterstreichungen tabu. Sie werden vielmehr durch Farbe gestaltet oder durch Fett- oder Kursivdruck.[38]

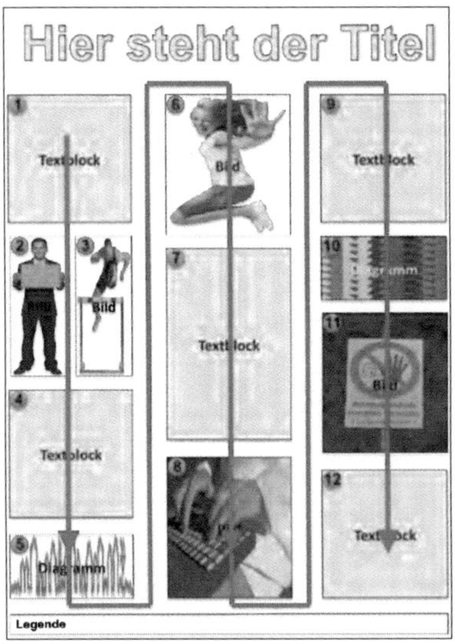

Abb. 37: Posterpräsentation in Spalten

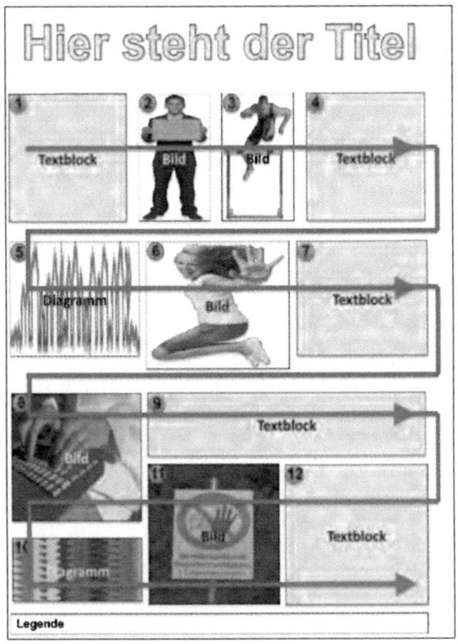

Abb. 38: Posterpräsentation in Zeilen[39]

37 Vgl. Langer, a. a. O. (Fn. 1), S. 90 ff.

38 Vgl. Pommerening, a. a. O. (Fn. 34), Folie 9; Zimmermann, Benno F.: Gestaltung wissenschaftlicher Poster, Erlangen 2007, http://www.ag-jlc.de/files/wissPoster.pdf, S. 1 ff.

39 Abb. 37 und 38 sind eigene Darstellungen nach: 10. Wissenschaftstagung Ökologischer Landbau (Hrsg.): Anleitung Postergestaltung, ETH Zürich 2009, http://www.wissenschaftstagung.de/de/programm/anleitung_postergestaltung.pdf; vgl. auch Rechenzentrum der Julius-Maximilians-Universität Würzburg (Hrsg.): Tipps zur Gestaltung von Postern mit wissenschaftlichen Auswertungen, Würzburg 2. Oktober 2014, http://www.rz.uni-wuerzburg.de/dienste/druck/posterdruck/postergestaltung (Abruf jeweils: 10.10.2014).

499 Die Betrachter müssen optisch durch das Poster geführt werden, sodass auf eine übersichtliche Anordnung großer Wert gelegt werden muss. Durch Pfeile oder Nummerierungen werden die optischen Blöcke geordnet und in die richtige (Lese-)Reihenfolge entweder in Spalten oder in Zeilen gebracht (s. Abb. 37 f., S. 205). Weniger die Hälfte der Fläche darf für Text eingesetzt werden. Es sind schlichte, übersichtliche Grafiken und Diagramme einzubauen, die aber nicht überladen wirken dürfen. Tabellen und Formeln sind wegzulassen, wenn die Thematik diese nicht zwingend erfordert. Die Bilder, Fotos, Karikaturen müssen jedenfalls eine konkrete Aussage beinhalten, die einen Bezug zur Thematik hat. Inhaltsleere Illustrationen (z. B. kreisende Polizeihubschrauber) sind überflüssig und lenken nur ab. Wenn überhaupt, dann sind die Bilder in einer Legende zu erklären, nicht im Text.[40]

500 Wenn das Poster fertig ist, fehlt nur noch das Handout, das bei Referaten und Präsentationen von Bachelor-, Master- oder Diplomarbeiten sinnvoll einzusetzen ist.

4.6 Kriterien für die gelungene Gestaltung eines Handouts

501 Ein Handout kann nicht nur einen nachhaltigen Eindruck bei den Zuhörerinnen und Zuhörern hinterlassen, sondern ermöglicht ihnen auch, wenn die Verteilung vor dem Vortrag erfolgt, dem Vortrag zu folgen. Dann wird es zum Leitfaden. Das Handout muss das Thema des Referats widerspiegeln und dient dann als Thesenpapier, das eine anschließende Diskussion erleichtern hilft. Bei einer reinen Präsentation einer Bachelor-, Master- oder Diplomarbeit geht es ebenfalls um den Sachzusammenhang mit dem Vortrag. Hier darf es aber weitere über den Vortrag hinausgehende Aspekte mit aufnehmen, um so zu verdeutlichen, dass die Thematik nicht abgeschlossen vorgetragen wurde. Die weiteren Aspekte sind insbesondere in Prüfungssituationen von Bedeutung, da sie den Prüferinnen und Prüfern in dem Handout signalisieren, dass nichts vergessen wurde.

502 Das Handout darf nicht zu ausführlich sein. Es sollte jedenfalls die Gliederungspunkte des Vortrags beinhalten. Ferner ist es angebracht, die maßgeblichen Begriffe, Definitionen, Namen, Daten und Zahlen in das Handout mit aufzunehmen. Dazu gehört unter Umständen bei für die Zuhörenden fremden, komplexen Themeninhalten ein Abkürzungs-, bzw. Begrifferegister. Soweit es Hypothesen und Fragestellungen im Vortrag gibt, sind diese ebenfalls im Handout festzuhalten. Soweit Grafiken und (selbstverständlich nur übersicht-

---

40 Vgl. Pommerening, a. a. O. (Fn. 34), Folie 7 f.; Hammarling, Sven / Higham, Nicholas J.: How to Prepare a Poster; Society for Industrial and Applied Mathematics, Philadelphia 2014, http://www.siam.org/meetings/guidelines/poster.php.

liche) Tabellen im Vortrag eine Rolle spielen, sind sie ebenfalls ins Handout zu platzieren. Schließlich müssen die wichtigsten Ergebnisse des Vortrags in Spiegelstrichen übersichtlich zusammengetragen werden. Bei Referaten und Präsentationen mit anschließender Diskussion geben sie die Grundlage dazu. Alternativ können auch Thesen für die anschließende Diskussion aufgeführt werden.

Sinnvoll ist es ebenfalls, die für das Referat bzw. die Präsentation verwendete Literatur in das Handout mit aufzunehmen. Bei umfänglicher Literaturliste in der Bachelor-, Master- oder Diplomarbeit sind aber nur die wesentlichen Gewährsleute aus dem Literaturverzeichnis zusammenzustellen, insbesondere die, welche im Vortrag eine Rolle spielen. 503

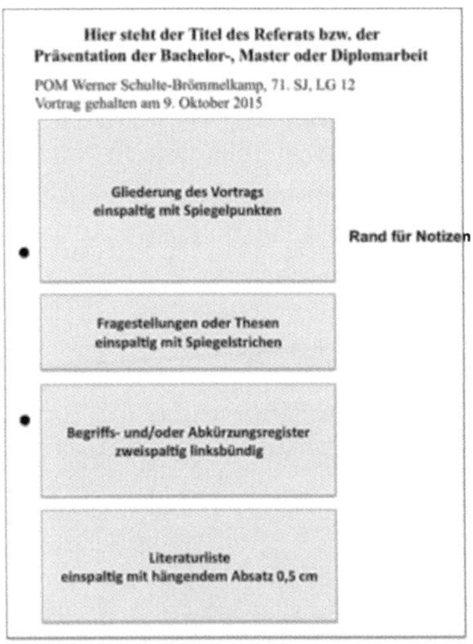

Abb. 39: Handout Deckblatt

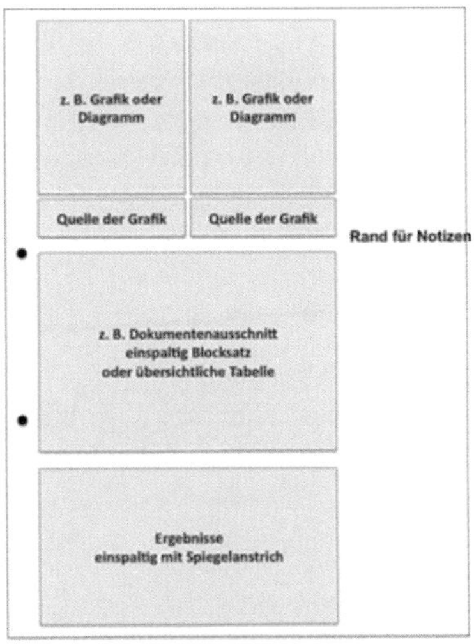

Abb. 40: Handout Rückseite[41]

Das Handout ist übersichtlich mit ausreichendem Rand für eigene Notizen der Zuhörerinnen und Zuhörer zu gestalten. Es wird vorher zum Abheften gelocht. Die Struktur des Handouts richtet sich nach dem Referat bzw. der Präsentation. Wichtig ist es, das Handout nach dem Verlauf des Vortrags zu gliedern, damit die Zuhörerinnen und Zuhörer mithilfe des Handouts gut folgen können. Im oberen Teil des Handouts steht das Vortragsthema. Es kann 504

41 Abb. 39 und 40 sind eigene Darstellungen; vgl. Rechenzentrum der Julius-Maximilians-Universität Würzburg (Hrsg.): Tipps zur Gestaltung von Postern mit wissenschaftlichen Auswertungen, Würzburg 2. Oktober 2014, http://www.rz.uni-wuerzburg.de/dienste/druck/posterdruck/postergestaltung (Abruf: 10.10.2014).

im Softwareprogramm auch in die Kopfzeile geschrieben werden, damit es sich auf jeder Seite wiederholt. Da das gesamte Handout aber nicht mehr als zwei Seiten umfassen soll, genügen auch die Angaben auf dem Deckblatt, wenn beidseitig bedruckt wird. Unter dem Vortragsthema in kleinerer Schrift stehen dann Dienstbezeichnung (z. B. PKA oder POM'in) und Vor- und Zuname der/des Vortragenden mit genauen Hinweisen auf Studienjahrgang und Lehrgruppe, wie es an Polizeihochschulen üblich ist. Darunter sollten noch Ort und Datum des Vortrags verzeichnet werden (s. Abb. 39 f., S. 207).

505 Zusammenfassend sollte beim Handout berücksichtig werden,

- dass es genügend Rand für eigene Notizen der Zuhörerinnen und Zuhörer lässt,
- dass es vorab gelocht wurde,
- dass es in einer Serifen-Schrift (Times New Roman) geschrieben ist,
- dass Vortragsthema, Name und Dienstbezeichnungen aufgeführt sind,
- dass die Gliederung des Vortrags am Anfang steht,
- dass Thesen und/oder Fragestellungen auf dem Deckblatt stehen,
- dass es ggf. ein Begriffe- oder Abkürzungsregister enthält,
- dass eine abgestimmte Literaturliste aufgeführt ist,
- dass alle grafischen, bildlichen und/oder tabellarischen Inhalte erfasst sind, auf die es beim Vortrag ankommt,
- dass zum Schluss auf der Rückseite die Ergebnisse gesichert wurden.

506 Dann kann eigentlich am Vortrag nichts mehr schief gehen und das Referat bzw. die Präsentation der Bachelor-, Master- oder Diplomarbeit gelingt.

9. Teil: Die konkreten Inhalte von Einleitung, Hauptteil, Schluss und Abstract sowie die sonstigen Kriterien für die Bewertung von Bachelor-, Master- oder Diplomarbeiten

Eine wissenschaftliche Arbeit wie die Bachelor-, Master- oder Diplomarbeit, **507** die von Prüferinnen und Prüfern bewertet wird, lässt sich zielgerichteter erstellen, wenn man sich bewusst macht, welche Kriterien überhaupt für die Bewertung herangezogen werden. Wenn dazu auch die einzelnen Hochschulen spezifische Schwerpunkte legen und auch alle Bewerterinnen und Bewerter subjektive Bewertungsvorstellungen haben, so lassen sich dennoch einige wichtige Kriterien herauskristallisieren, die Allgemeingültigkeit besitzen und daher beachtenswert sind.

Grundsätzlich ist zu sagen, dass allgemein auf der einen Seite das Äußere **508** und auf der anderen Seite der Inhalt der Arbeit bewertet wird. Zu den äußeren Bewertungspunkten gehört die Beachtung von Regeln, die unabhängig von dem konkreten Thema sind. Dies sind vor allem Vollständigkeit, Wissenschaftlichkeit, Erscheinungsbild, Sprache. Sie zählen zu den formalen Bewertungskriterien. Dagegen bezieht sich der Inhalt der Arbeit auf die materiellen Bewertungskriterien. Trotz verschiedener Schwerpunktsetzung auch bei einzelnen Polizeihochschulen werden daher grundsätzlich formale und materielle Bewertungsaspekte unterschieden. In welchem Verhältnis beide zueinander stehen, entscheidet die jeweilige Hochschule, hier wird ein Verhältnis von 30 % für die formale und 70 % für die materielle Bewertung angenommen.[1]

Das inzwischen übliche mathematische Bewertungsverfahren geht vom **509** 100-Punkte-System aus. Die Bewertung der geforderten Prüfungsleistung in der wissenschaftlichen Arbeit erfolgt auf der Grundlage von *Leistungspunkten* (LP), bei denen die Skala von 1-100 reicht. Diese Leistungspunkte werden anschließend in *Rangpunkte* (RP) umgerechnet, aus denen sich letztlich die Benotung ergibt.[2]

Um die Gewichtung leichter einschätzen zu können, werden für die for- **510** malen und die materiellen Bewertungsaspekte im Folgenden jeweils 100 LP

1 Dies entspricht der aktuellen DiplRL – FB BPOL, die an der Fachhochschule des Bundes für öffentliche Verwaltung, Fachbereich Bundespolizei, in Lübeck gilt.

2 Vgl. dazu Möllers: Lehren und Prüfen bei der Polizei, a. a. O. (Fn. 40), S. 97.

vergeben. Erst in der Schlussabrechnung soll dann das Verhältnis 30 : 70 berücksichtigt werden.

1 Allgemein formale Bewertungsaspekte

511 Die äußere Form von wissenschaftlichen Abschlussarbeiten ist bereits oben im 1. Teil ausführlich beschrieben worden (s. o. ab S. 38). An dieser Stelle werden die Kriterien aufgeführt, die zu den formalen Bewertungsaspekten gehören. Sie sind hier in Anlehnung an den Kriterienkatalog, der für wissenschaftliche Abschlussarbeiten an der Fachhochschule des Bundes für öffentliche Verwaltung, Fachbereich Bundespolizei, in Lübeck gilt[3], aufgestellt worden. Insgesamt sind vier Bereiche zu den formalen Bewertungsaspekten zu zählen: das äußere Erscheinungsbild, die formale Vollständigkeit, die korrekte Regelanwendung bei Rechtschreibung, Zeichensetzung, Grammatik und Satzbau sowie der Gebrauch von Ausdruck und Sprache.

1.1 Das äußere Erscheinungsbild

512 Folgende Stichpunkte für das äußere Erscheinungsbild sind zu nennen, auf die zu achten ist:

- Deckblatt,
- Tippfehler,
- Randmaße,
- Seitennummerierung,
- Klarheit / Lesbarkeit,
- technische Ausführung von Tabellen und Abbildungen.

513 Das äußere Erscheinungsbild beginnt bereits beim Deckblatt, das in der Regel von der Hochschule vorgegeben wird und formalisiert ist. Erstaunlicherweise zeigt die Erfahrung, dass hier bereits unsorgfältig gearbeitet wird, indem Namen falsch geschrieben und unrichtige Dienststellen zugeordnet werden.[4] Überhaupt wird darauf geachtet, ob die Arbeit viele Tippfehler enthält und von der Rechtschreib- und Grammatikprüfung Gebrauch gemacht wurde.

3 Vgl. dazu die aktuellen DiplRL – FB BPOL.

4 Zum Beispiel werden Prüferinnen und Prüfer des Fachbereichs Bundespolizei der Fachhochschule des Bundes der Bundespolizeiakademie zugeordnet; beide Behörden teilen sich dasselbe Gelände in Lübeck.

Schließlich gehören zum äußeren Erscheinungsbild, ob die vorgegebenen Randmaße eingehalten wurden und die Seitennummerierung stimmt. Denn zwar ist es korrekt, mit römischen Ziffern die Titelei auszustatten, nicht aber mehr den Anhang. Sobald mit arabischen Zahlen der Haupttext beginnt, müssen – auch im Anhang – die Nummerierungen fortlaufend in arabischen Ziffern weiter gesetzt werden.

Schließlich prägt das äußere Erscheinungsbild auch noch die formale 514
Klarheit und Lesbarkeit des Textes. Dazu gehört, dass durchgängig ein einheitliches Schriftbild verwendet und die Überschriften optisch abgesetzt wurden. Insgesamt ist es notwendig, sparsam mit Einzügen, Fett- und Kursivschrift sowie Unterstreichungen umzugehen. Auch sollte der Text durchgängig schwarz ausgeführt werden. Farbe könnte allenfalls bei Tabellen und Abbildungen eingesetzt werden, deren technische Ausführung mit in die Bewertung zum äußeren Erscheinungsbild fließen.

1.2 Die formale Vollständigkeit

Folgende Stichpunkte für die formale Vollständigkeit sind zu nennen, auf die 515
zu achten ist:

- Gliederung des Textes mindestens aus Einleitung, Hauptteil und Schluss,
- Gebrauch eines Fußnotenapparates,
- Vorhandensein eines Inhalts- und Literaturverzeichnisses,
- Vorhandensein der „ehrenwörtlichen Erklärung“
- ggf. Abstract,
- ggf. Quellenverzeichnis,
- fallweise Abkürzungsverzeichnis,
- ggf. Tabellenverzeichnis,
- ggf. Abbildungsverzeichnis.

Für die formale Vollständigkeit ergibt sich aus den Vorgaben, welche die je- 516
weilige Polizeihochschule einfordert. Dies regelmäßig in Diplomrichtlinien festgelegt.

Bei der Bindung der Arbeit – für Hardcover- und Softcoverbindungen s. 517
Abb. 41 und 42, S. 212 – sollte darauf geachtet werden, dass die Bewerterinnen und Bewerter keine Probleme mit der Handhabung des Werks bekommen. Manche Bindungen sind so gestaltet, dass ein Aufschlagen und Umblättern nur bei Gebrauch beider Hände möglich ist, weil die Arbeit sonst zuklappt oder weil die Bindung andernfalls zerstört wird. Hier ist unbedingt ein Verzicht auf aufwändige und teure Bindungen angeraten. Eine einfache Spiralbindung (s. dazu Abb. 43 und 44, S. 213) erfüllt den Korrigierzweck am

besten. Die Diplomandinnen und Diplomanden sollten aber zuvor herausfinden, ob den Betreuerinnen und Betreuern eine einfache Spiralbindung genügt.

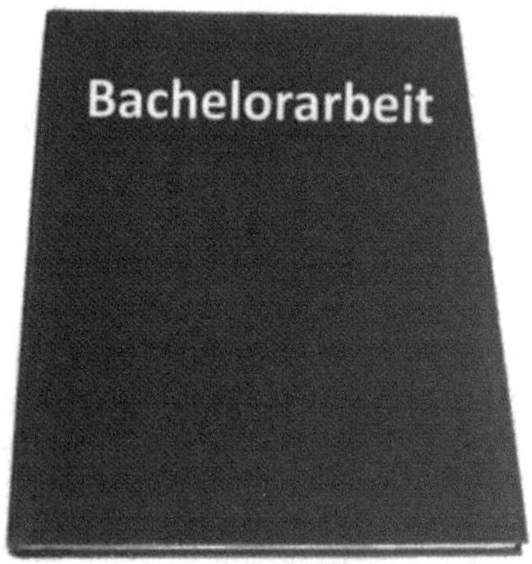

Abb. 41: Hardcoverbindung

Abb. 42: Gewebebindung

518 Mindestteile einer jeden wissenschaftlichen Arbeit sind neben dem Text ein Inhaltsverzeichnis (Gliederung) und ein Verzeichnis der verwendeten Literatur. Abschlussarbeiten erfordern regelmäßig am Ende oder auf dem vorgegebenen Deckblatt eine „ehrenwörtliche Erklärung", dass die Arbeit selbstständig verfasst wurde. Gelegentlich wird auch ein „Abstract", eine kurze Übersicht zur Arbeit, gefordert. Dieses wird – wenn nicht die Position genau festgelegt ist – entweder unmittelbar vor den Text (wie bei Fachzeitschriften üblich) oder unmittelbar dahinter platziert.

519 In Abhängigkeit vom Fach und vom Thema können bzw. müssen zusätzlich zum Inhalts- und Literaturverzeichnis auch noch ein Abkürzungs- und Quellenverzeichnis und Verzeichnisse über die eingearbeiteten Schaubilder und Tabellen aufgenommen werden. In juristischen Abschlussarbeiten zum Beispiel ist ein Abkürzungsverzeichnis zwingend. Die *Reihenfolge des Apparates* erfolgt nach Zweckmäßigkeit und auch nach fachwissenschaftlicher Gewohnheit. Hier geben etwa Lehrbücher aus dem entsprechenden Fach hinreichend Aufschluss. In gesellschaftswissenschaftlichen Abhandlungen erscheint das Literaturverzeichnis und im Anschluss daran das Abkürzungsverzeichnis regelmäßig am Ende der Arbeit, in juristischen Arbeiten stehen beide Verzeichnisse vor dem eigentlichen Text unmittelbar hinter dem Inhaltsverzeichnis. Bei den formalen Anforderungen sollten vor Beginn der wissenschaftlichen Abschlussarbeit mit dem Erstkorrektor Absprachen getroffen werden. Weitere Hinweise zur äußeren Form sind oben ab S. 38 beschrieben.

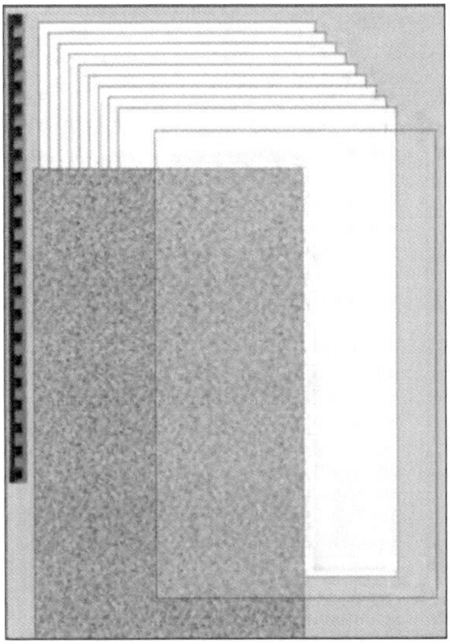

Abb. 43: Diplomarbeit in Spiralbindung, in Einzelteile zerlegt

Abb. 44: Diplomarbeit in Spiralbindung gebunden[5]

Der Text selbst muss – wie bereits aus der Gliederung zu erkennen ist –aus Einleitung, Hauptteil und Schluss bestehen. Der Fußnotenapparat muss den wissenschaftlichen Charakter der Abhandlung erkennen lassen. 520

1.3 Die korrekte Regelanwendung bei Rechtschreibung, Zeichensetzung, Grammatik und Satzbau

Für die korrekte Regelanwendung sind folgende Stichpunkte bei Recht- 521
schreibung, Zeichensetzung, Grammatik und Satzbau zu nennen, auf die zu achten ist:

- korrekte Regelanwendung bei Rechtschreibung, Zeichensetzung, Grammatik und Satzbau,
- die Sprachkenntnisse entsprechen dem Niveau einer Diplomarbeit und deren Adressaten,
- die Sprachkenntnisse fördern den Lesefluss.

5 Abb. 43 und 44 sind eigene Darstellungen.

522 Gravierende und/oder häufige Rechtschreibfehler wie etwa Mängel bei der Groß- und Kleinschreibung, falscher Gebrauch von Fremdworten sowie sonstige falsche Schreibweisen (z. B. „Vorraussetzung“) und vor allem eine falsche Interpunktion wirken sich negativ auf die Beurteilung und Benotung der wissenschaftlichen Arbeit aus, weil sie den Lesefluss nicht fördern. Hier kommt es auf die Verwendung der aktuell geltenden Rechtschreibungsregeln an. Diese sind notfalls in neuesten Regelwerken nachzulesen.[6] Unkorrektheiten in Grammatik und im Satzbau, zum Beispiel der Gebrauch falscher Fälle (z. B. Dativ statt Genitiv) und verstümmelte Sätze, die dem Niveau einer Diplomarbeit oder sonstigen wissenschaftlichen Arbeit und deren Adressaten nicht mehr entsprechen, greifen ebenfalls in die Bewertung ein.

1.4 Der Gebrauch von Ausdruck und Sprache

523 Für den Gebrauch von Ausdruck und Sprache sind folgende Stichpunkte zu nennen, auf die zu achten ist:

- die Formulierung ist präzise, verständlich und fachsprachlich korrekt,
- es gibt keine pseudo-wissenschaftliche „Anbiederung“ oder Kunstsprache,
- Umgangssprache und bekräftigende Ausdrücke sind vermieden.

524 Mit der korrekten Regelanwendung bei Rechtschreibung, Zeichensetzung, Grammatik und Satzbau einhergehen schließlich auch Ausdruck und Sprache. Hier kommt es darauf an, dass die Formulierungen präzise, verständlich und auch fachsprachlich korrekt sind. Allgemein kann festgehalten werden, dass eine gute Lesbarkeit den weitmöglichen Verzicht auf Fremdwörter und einen sparsamen Gebrauch von Abkürzungen erfordert. Gut lesbar und verständlich sind kurze und vollständige Sätze. Statt zu vieler Substantive (Hauptwörter), eine typische Form der „Beamtensprache“, sollten mehr Verben (Tätigkeitswörter) benutzt werden Als „Beamtensprache“ gilt z. B.: „Die Bearbeitung des Widerspruchs erfordert die Beibringung des Einzahlungsbelegs“. Besser wäre: „Ihr Widerspruch wird bearbeitet, wenn der Zahlungsbeleg vorliegt“ oder „Ohne Zahlungsbeleg kann der Widerspruch nicht bearbeitet werden“.

525 Sehr nachteilig wirken sich auch pseudo-wissenschaftliche „Anbiederungen“ oder typische Kunstsprache aus. Neben der oben aufgeführten „Beamtensprache“ ist in diese Kategorie vor allem das sog. „Soziologendeutsch“ einzuordnen, das immer wieder anzutreffen ist und eigentlich platte Argu-

6 Nachzulesen ist die seit 1. August 2006 geltende Neuregelung der deutschen Rechtschreibung, die auf dem amtlichen Regelwerk 2004 aufbaut, auf der Website des Instituts für deutsche Sprache unter http://www.ids-mannheim.de/service/reform/ (Abruf: 4.5.2012).

mente durch Bandwurmsätze, Fremdwörter und Substantive („Hauptwörterei“[7]) zu vertuschen sucht, um so eine geistige Tiefe vorzutäuschen, die nicht vorhanden ist.[8] Auch nachteilig ist es, den Text – außerhalb der notwendigen Fachsprache – mit Fremdwörtern zu überladen. Andererseits muss unbedingt ein umgangssprachlicher Schreibstil sowie bekräftigende Ausdrücke wie „zweifelsfrei“, „selbstverständlich“, „sicherlich“ vermieden werden.

Die allgemeinen formalen Bewertungsaspekte schließen mit der Beurteilung 526
von Ausdruck und Sprache. Die hier erreichten Leistungspunkte (LP) machen in der Regel 30 % der Gesamtbewertung aus. Dagegen schlagen die erreichten LP der nachfolgenden, besonderen materiellen Bewertungsaspekte mit 70 % der Gesamtbewertung zu Buche.

2 Besondere materielle Bewertungsaspekte in Bezug auf die Inhalte von Einleitung, Hauptteil, Schluss und Abstract

Zur materiellen Beurteilungsseite von wissenschaftlichen Abschlussarbeiten 527
an Hochschulen für die Polizei gehören die Angemessenheit der Themenbearbeitung, die Strukturierung des Themas und die Absicherung der Thesen. Für die Benotung dieses Teils ist dabei ausschlaggebend, ob das Thema[9] entsprechend der Themenstellung und dem wissenschaftlichen Ausbildungsniveau optimal behandelt worden ist. Dafür ist eine sachgerechte Schwerpunktsetzung erforderlich, die erkennen lässt, dass das Thema insgesamt beherrscht wurde. Beurteilt wird die Auswahl einschlägiger neuester Literatur. Dabei gehören allgemeine Lexika nicht zur Literaturliste; es reichen keinesfalls nur 5-7 Literaturangaben aus. Nachteilig wirkt es sich auf die Benotung aus, wenn für das Thema wesentliche Argumentationen ausgelassen oder wesentliche Aspekte in Fußnoten verbannt wurden. Überflüssige Nebenerörterungen in „Exkursen“ oder aufgeblähten Fußnoten sind jedenfalls wegzulassen. Beurteilt wird auch der Zusammenhang zwischen materiellem Gehalt der Ausführungen und dem Umfang der Arbeit. Dabei spielen die richtige Auswahl und der Gebrauch von Fachbegriffen (das sind nicht immer notwendig Fremdwörter) eine große Rolle.

7 Begriff nach Krämer, Walter: Wie schreibe ich eine Seminar-, Examens- und Diplomarbeit. Eine Anleitung zum wissenschaftlichen Arbeiten für Studierende aller Fächer an Universitäten, Fachhochschulen und Berufsakademien. 4. Aufl., Stuttgart 1998, S. 101.

8 Beispiele zur Form- und Sprachanalyse in diesem Buch ab S. 58.

9 Die eigenständige inhaltliche Veränderung des Themas kann bis zur Nichtanerkennung der Abschlussarbeit führen.

528 Bewertet wird inhaltlich die optimale Gliederung, wobei in der Einleitung Zielrichtung und Zweck der Themenbearbeitung und im Schlusskapitel Ergebnis der Untersuchung aufgeführt werden müssen. Bewertet wird ferner der logisch-konstruktive Aufbau der gesamten Arbeit sowie, ob der Umfang der einzelnen Unterthemen ihrer Relevanz für die Gesamtuntersuchung entspricht. Unter Umständen sind wesentliche Einzelergebnisse an den Abschnittsenden zusammenzufassen. Beurteilt werden auch die Belege aus Quellen und durch Literaturhinweise. Dabei kommt es auf die richtige Zitiertechnik an: Jede Tatsachenbehauptung außerhalb des Allgemeinwissens muss belegt werden! Allgemein bekannte Sachverhalte sind nicht zu belegen, schon gar nicht durch „Duden" oder „Brockhaus". Ebenso ist es unwissenschaftlich, umgangssprachlich eindeutige Begriffe wie etwa „Ideologie", „Minderheit" oder „Analogie" durch Allgemeinlexika definieren zu wollen. Dagegen können allerdings vermeintlich eindeutige Begriffe wie etwa „Islamismus", „Faschismus" oder „Fundamentalismus" durchaus, wenn eine Definition für die Themenbearbeitung notwendig ist, mit Hilfe von *Fach*lexika oder anderer Literatur geklärt werden. Zumindest müssen die Bearbeiterinnen und Bearbeiter darlegen, was sie in ihrer Arbeit unter dem verwendeten Begriff verstehen, wie sie ihn definieren. Denn: *Immer erfordern fremde Gedanken in der Arbeit die Bekanntgabe der Urheberschaft!*

529 Eine Aneinanderreihung fremder Gedanken lässt die wissenschaftliche Abschlussarbeit nicht mehr „ausreichend" sein. Vielmehr basiert die Benotung auf Quantität und Qualität eigener Gedanken und Schlussfolgerungen. Der Anteil wörtlicher Zitate bezüglich der Gesamtarbeit darf kumulativ höchstens 5-10 % betragen. Wer aus fremder Literatur (nahezu) wörtlich zitiert, ohne diese kenntlich zu machen und in die Literaturliste aufzunehmen (Plagiat), macht sich einer Täuschung schuldig, die entsprechende Konsequenzen nach sich zieht.

2.1 Der Umgang mit Plagiaten

530 Welche Folgen Plagiate nach sich ziehen können, zeigten zum Beispiel die Ereignisse um den ehemaligen Verteidigungsminister Karl-Theodor zu Guttenberg (CSU), der wegen der Plagiatsaffäre um seine Doktorarbeit und der Aberkennung seines Doktortitels zugunsten des (bis dahin) Bundesinnenministers Thomas de Maizière (CDU) zurücktreten musste. Neuer Bundesinnenminister wurde am 2. März 2012 der CSU-Landesgruppenchef Hans-Peter Friedrich.[10] Unter den Begriff Plagiat[11] ist zu verstehen, dass ein frem-

10 Spiegel Online (Hrsg.): Wechsel im Kabinett: De Maizière ersetzt Guttenberg, Friedrich wird Innenminister, Nachricht vom 2. März 2011, in: http://www.spiegel.de/politik/deutsch

des Werk ganze oder teilweise übernommen wird, ohne die Quelle und die Urheberin bzw. den Urheber zu benennen. Das Plagiat ist damit geistiger Diebstahl und verletzt das deutsche Urheberrecht. Folgende Handlungen stellen ein Plagiat im weiteren Sinne dar:

- Es wird eine Diplomarbeit unter eigenem Namen eingereicht, die aber von einer anderen Person („Ghostwriter") – im Auftrag, meist gegen Geld, selten aus Gefälligkeit – erstellt worden ist.
- Es wird eine Diplomarbeit unter eigenem Namen eingereicht, die ohne Wissen der Erstellerin bzw. des Erstellers als „Vollplagiat" verwendet wird.
- Es wird eine Diplomarbeit oder Teile von ihr als „Selbstplagiat" zu verschiedenen Prüfungsanlässen eingereicht.
- Es wird eine Diplomarbeit als „Übersetzungsplagiat" ohne Quellenangabe unter eigenem Namen eingereicht, indem die Arbeit mit oder ohne Wissen der Verfasserin bzw. des Verfassers des Originaltextes in die deutsche oder eine andere Sprache übersetzt wird.
- Es werden Textteile aus einem fremden Werk oder aus dem Internet entweder wörtlich oder mittels Paraphrasierung übernommen, indem leichte Textanpassungen und -umstellungen vorgenommen werden, ohne die Quelle mit einem Zitat kenntlich zu machen.
- Es wird zwar die plagiierte Quelle genannt, aber nicht an Ort und Stelle der Text(teil)-Übernahme, sondern versteckt am Ende des Kapitels oder der Arbeit.

Plagiate sind für die Bewerterinnen und Bewerter häufig durch „Stilbruch" **531**
erkennbar, zum Beispiel wenn einige Teile der Diplomarbeit in einem anderen Stil verfasst sind oder das Argumentationsniveau für Studierende an Polizeihochschulen untypisch ist. Um Plagiate zu verhindern, werden die Studierenden zur ehrenwörtlichen Erklärung verpflichtet. Zunehmend setzt sich außerdem durch, dass die Studierenden eine elektronische Version der Arbeiten in Form von PDF- oder DOC-Dateien auf CD oder DVD einreichen müssen, um die Diplomarbeit einer speziellen Software zur Erkennung von Plagiaten zu unterziehen.

---

land/0,1518,748556,00.html (Abruf: 10.10.2014). Inzwischen ist De Maizière wieder Innenminister.

11 S. dazu auch im Glossar das Stichwort „Plagiat" auf S. 208.

532 Bei der Bewertung kommt es auf bestimmte inhaltliche Aspekte an, die jeweils bei Einleitung, Hauptteil und Schluss sowie im Abstract zu berücksichtigen sind.

2.2 *Materielle Bewertungsaspekte für den Inhalt der Einleitung*

533 Für die Einleitung sind folgende Stichpunkte zu nennen, auf die zu achten ist:

- klare Zielsetzung,
- sorgfältige Formulierung und theoretische wie praktische Begründung der Thematik,
- Erkennen und präzises Beschreiben des Problems / der Fragestellung,
- kurze Beschreibung des Forschungs-/Erkenntnisstandes,
- Darstellung und Begründung der Herangehensweise, Gliederung und der verwendeten Quellen, Hilfsmittel und Methoden.

Abb. 45: Inhalte zur Einleitung einer Diplomarbeit

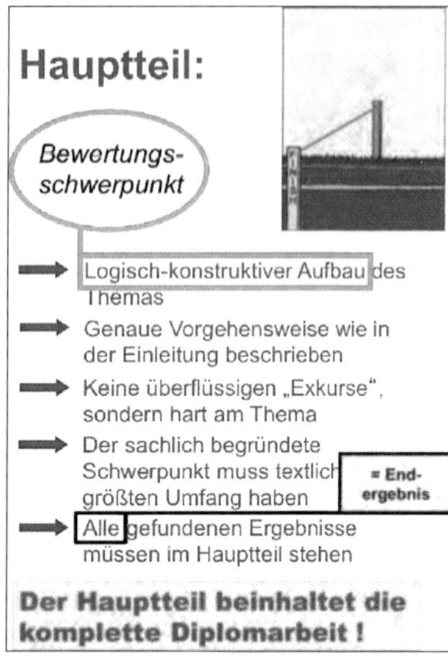

Abb. 46: Inhalte zum Hauptteil einer Diplomarbeit[12]

534 Die Einleitung muss eine klare Zielsetzung enthalten. Dafür ist zunächst eine sorgfältige Formulierung und theoretische wie praktische Begründung der gewählten Thematik voranzustellen. Da eine wissenschaftliche Abschlussar-

12 Abb. 45 und 46 sind eigene Darstellungen.

beit bei der Polizei das Ziel hat, insbesondere praxisrelevante Fragestellungen mit der notwendigen Intensität zu untersuchen und praktikable Lösungsansätze zu entwickeln[13], muss das Problem bzw. die Fragestellung schon in der Einleitung erkannt und präzise beschrieben werden.

Ebenfalls in die Einleitung gehört eine kurze Beschreibung des Forschungs- und Erkenntnisstandes! Hier zeigt sich, ob in ausreichendem Maße die einschlägige Literatur gesichtet und gewürdigt wurde (Abb. 45, S. 218). 535

Den Abschluss der Einleitung bildet es, die nachfolgende Herangehensweise zur Bearbeitung des Themas darzustellen und zu begründen. Dafür ist es auch notwendig, den nachfolgenden Hauptteil logisch begründet zu gliedern und anzugeben, welche Literatur und/oder Quellen (hauptsächlich) verwendet wurden. Unter Umständen (z. B. bei technischen Arbeiten) sind auch die eingesetzten Hilfsmittel anzugeben, bei empirischen Arbeiten sind außerdem mit sachlicher Begründung die benutzten Forschungsmethoden (z. B. Experteninterview) aufzuschlüsseln. 536

2.3 Materielle Bewertungsaspekte für den Inhalt des Hauptteils

Für den Hauptteil sind folgende Stichpunkte zu nennen, auf die zu achten ist: 537

- Exaktheit der Definitionen,
- problemadäquate, systematische Struktur (Gliederung),
- Überblick zum Stand der Forschung,
- angemessene Berücksichtigung der themenbezogenen aktuellen Literatur und ggf. Rechtsprechung,
- Erkennbarkeit der Datenbankrecherche,
- Auswertung wissenschaftlicher Literatur im Gegensatz zu reiner Ausbildungsliteratur,
- keine Zitierung von Internetquellen (z. B. JURIS), wenn Quelle in einer Zeitschrift veröffentlicht wurde,
- korrekte Zitiertechnik mit genauer Quellenangabe,
- Kenntlichmachung fremder Gedanken,
- Anteil wörtlicher Zitate übersteigt nicht mehr als 10 % des Arbeitstextes,
- kritische, weiterführende Diskussion vorliegender Untersuchungen, Theorien, Thesen,
- Umfang des Hinausgehens über vorhandene Erkenntnisse,
- Ausmaß eigenständiger, origineller Ideen, Erkenntnisfortschritt,
- enger Themenbezug, keine Weitschweifigkeit,
- Durchhalten der Fragestellung,

13 Vgl. dazu die aktuelle DiplRL – FB BPOL.

- Schreibart und Ausdruck ableitend und begründend statt behauptend,
- nachvollziehbare Auswahl der verwendeten Methodik / Herangehensweise,
- Angemessenheit der Methoden: Eindeutigkeit von Beweisführung und Argumentation, Unterscheidung von Tatsachen und Interpretation / Meinungen,
- Beherrschen der Fachtermini (vor allem bei empirischen Arbeiten),
- klare Befund-/Ergebnisdarstellung,
- überzeugende Interpretation der Ergebnisse, Akzeptanz der evtl. Widerlegung aufgestellter Thesen,
- kritische Diskussion der Ergebnisse und deren Erkenntniswert
- Nähe zur Realität, Anwendungsbezug,
- wissenschaftliche Distanz und Neutralität.

538 An erster Stelle für die Beurteilung des Inhalts des Hauptteils steht die problemadäquate, systematische Struktur (Gliederung). Es muss zu erkennen sein, dass sich die Abfolge der Kapitel stringent aus der Bearbeitung des Problems heraus ergab, sodass sich ein „roter Faden" durch die gesamte Abhandlung zieht. Die für die Bearbeitung notwendigen Definitionen einzelner Begriffe müssen exakt und eindeutig formuliert sein.

539 Da jede wissenschaftliche Arbeit für Experten geschrieben wird, ist die Erläuterung von Allgemeinwissen überflüssig. Vielmehr muss im Hauptteil ein zusammenfassender, aufbereiteter und nicht nur abgeschriebener Überblick zum Stand der Forschung gegeben werden. Dazu ist in angemessener Weise die themenbezogene aktuelle Literatur – und ggf. auch Rechtsprechung – zu berücksichtigen. In die Bewertung fließt ein, ob die verwendete Literatur überhaupt einen Bezug zum Thema hat und selbstständig verarbeitet wurde. Positiv wirkt sich aus, wenn auch fremdsprachliche Literatur verarbeitet wurde und eine Recherche in Datenbanken erkennbar ist. Bei der Auswahl und Auswertung wissenschaftlicher Literatur ist es erforderlich, auf Beiträge in Fachzeitschriften und Sammelbänden zurückzugreifen. Reine Ausbildungsliteratur, vor allem Lehrbücher, sind allenfalls hilfsweise zugelassen. Üblicherweise nicht zitierfähig sind Unterrichtsskripte etc., die nicht öffentlich allgemein zugänglich sind.

540 Internetquellen wie z. B. JURIS oder andere Datenbanken dürfen nur zitiert werden, wenn deren Inhalte *nicht* in einem Printmedium (Zeitschrift, Sammelwerk) veröffentlicht wurde. Bewertet wird dabei die korrekte Zitiertechnik mit genauer Quellenangabe und unter Beachtung, ob es sich um eine Primärquelle handelt, in welcher der Gedanke erstmals genannt wird, oder ob der Beleg aus einer Sekundärliteratur stammt, die wiederum auf eine andere Literatur verweist. Bewertet wird auch die eigene Kommentierung des herangezogenen Zitats und, ob der fremde Gedanke überhaupt kenntlich gemacht wurde (Plagiat!). Insgesamt darf der Anteil wörtlicher Zitate in der Regel höchstens 10 % des gesamten Textes erreichen.

Soweit sich die wissenschaftliche Arbeit mit bereits vorliegenden Unter- **541**
suchungen, Theorien und Thesen auseinandersetzt, wird auch die kritische, weiterführende Diskussion beurteilt. Dabei ist der Umfang des Hinausgehens über vorhandene Erkenntnisse und das Ausmaß eigenständiger, origineller Ideen für die Bewertung ausschlaggebend. Der ermittelte Erkenntnisfortschritt, den die Arbeit erbringt (oder nicht), ist dafür das Bewertungsmaß.

Ein weiterer Bewertungsaspekt ist es, ob in der Arbeit der Bezug zum **542**
Thema eng bleibt und keine Weitschweifigkeit vorliegt. Wichtig ist dabei, dass die Verfasserin bzw. der Verfasser die Fragestellung durchhält und nicht abgleitet. Die Diktion, also Schreibart und Ausdruck, muss ableitend und begründend statt behauptend sein. Zitate und Anschauungen sollen nicht einfach nur übernommen werden, sondern sie sollen argumentativ verwendet werden. Die Anschauungen sind reflektierend zu betrachten.

Für die Leser/innen muss die Auswahl der verwendeten Forschungsme- **543**
thodik und die Herangehensweise zur Bewältigung des Themas nachvollziehbar und angemessen sein. Dazu muss die Beweisführung eindeutig und in der Argumentation schlüssig sein. Tatsachen sind von Interpretationen und Meinungen zu unterscheiden.

Vor allem bei empirischen Arbeiten kommt es für die Bewertung darauf **544**
an, ob die Verfasserin bzw. der Verfasser die Fachtermini beherrscht, ein nachvollziehbares Untersuchungskonzept hat und die Hypothesen formulieren konnte. Soweit die Arbeit sozialwissenschaftliche Forschungsmethoden anwendet[14], werden einen erheblichen Bewertungsaspekt das verwendete Erhebungsverfahren und die herausgearbeitete Datenauswertung haben.

Bewertet werden der Bezug der Ergebnisse zur Fragestellung sowie, ob **545**
die Befunde und Ergebnisse übersichtlich klar dargestellt wurden. Hier spielt auch eine überzeugende Interpretation der Ergebnisse eine wesentliche Rolle, unabhängig davon, ob die aufgestellten Thesen belegt oder widerlegt worden sind. Auch ist Bewertungsaspekt, ob die Verfasserin bzw. der Verfasser der Arbeit bei Widerlegung der aufgestellten Thesen das gefundene Ergebnis akzeptiert. Immer kommt es jedenfalls auf eine kritische Diskussion der gefundenen Ergebnisse und deren Erkenntniswert an.

Gerade bei wissenschaftlichen Arbeiten an Hochschulen für die Polizei ist **546**
die Nähe zur Realität und der Anwendungsbezug zu beurteilen. Schließlich muss die Arbeit auch eine wissenschaftliche Distanz und Neutralität zeigen

14 Vgl. dazu die Ausführungen oben zum Überblick zu den Forschungsmethoden für empirische Arbeiten ab S. 39.

und darf keiner Ideologiefixiertheit oder Konsensverpflichtung unterliegen oder gar als Gefälligkeitsgutachten ausgestaltet sein (Abb. 46, S. 218).

2.4 Materielle Bewertungsaspekte für den Inhalt des Schlussteils

547 Folgende Stichpunkte sind für den Schlussteil zu nennen, auf die zu achten ist:

- Reflexion der Ausgangssituation,
- Zusammenfassung der Vorgehensweise und der Ergebnisse,
- kritische Würdigung der eigenen Arbeit,
- Ausblick, Anregung zu weiteren themenbezogenen Arbeiten.

Abb. 47: Inhalte zum Schlussteil einer Diplomarbeit

Abb. 48: Inhalte zum Abstract einer Diplomarbeit[15]

548 Im Schlussteil ist zunächst – ähnlich wie in der Einleitung – die Ausgangssituation vor Beginn dieser wissenschaftlichen Abschlussarbeit darzulegen. Daran schließen sich Ausführungen an, welche die Vorgehensweise zusammenfassen und argumentativ die Ergebnisse präsentieren. Äußerst negativ auf die Bewertung wirkt es sich aus, wenn im Schlussteil neue Thesen, neue Untersuchungen oder andere Aspekte der Ausgangssituation auftauchen. Grund-

15 Abb. 47 und 48 sind eigene Darstellungen.

sätzlich darf in der Reflexionsphase des Hauptteils nichts neues, auch keine neue Interpretation der im Hauptteil gefundenen Ergebnisse gebracht werden.

Keinesfalls darf im Schlussteil die kritische Würdigung der eigenen Arbeit fehlen! Außerdem sollte auch abschließend ein Ausblick auf künftige Entwicklungen gemacht werden, wobei ein Bewertungsaspekt die Anregung zu weiteren themenbezogenen Arbeiten sein kann (Abb. 47). 549

2.5 *Materielle Bewertungsaspekte für den Inhalt des Abstracts*

Folgende Stichpunkte sind für das Abstract zu nennen, auf die zu achten ist: 550

- Umfang höchstens eine halbe DIN-A4-Seite im Schriftbild der Arbeit,
- Reflexion der Ausgangssituation,
- Zielstellung,
- Forschungsinteresse (Anwendungsbezug),
- theoretische Grundlagen,
- Vorgehensweise,
- zentrale Ergebnisse.

Wichtiger formaler Bewertungsaspekt für den Abstract ist sein Umfang von höchstens einer halben DIN-A4-Seite im Schriftbild der Diplomarbeit. Dieser Rahmen sollte weder unterschritten noch überschritten, sondern genau eingehalten werden. 551

Wie der Schlussteil, aber kürzer, wird zunächst im Abstract die Ausgangssituation reflektiert. Es folgt die Zielstellung der wissenschaftlichen Arbeit, die mit dem Forschungsinteresse verbunden sein sollte. Hier kommt es bei Hochschulen der Polizei insbesondere auf den Anwendungsbezug, also die praktische Bedeutung für den Polizeialltag an. 552

Kurz umrissen werden danach die theoretischen Grundlagen, die eine Vorbedingung der dargelegten Vorgehensweise bilden. Den Abschluss des Abstracts bildet dann die Herausstellung der zentralen Ergebnisse (Abb. 48, S. 222). 553

2.6 *Berechnung der Gesamtnote aus den Bewertungen der formalen und materiellen Bewertungsaspekte*

Wenn die Bepunktung der beiden formalen und materiellen Bewertungskriterien erfolgt ist, wird die Gesamtbewertung nach der Gewichtung 30 : 70 nach folgender Tabelle durchgeführt: 554

Gesamtbewertung der formalen und materiellen Bewertungsaspekte						
Formale Bewertungsaspekte	100	Leistungspunkte	x	0,3	=	30,0
Materielle Bewertungsaspekte	100	Leistungspunkte	x	0,7	=	70,0
Summe	**100,0**	**Leistungspunkte**				
Rangpunkte	15					
Note	sehr gut					

Abb. 49: Notenberechnung aus formaler und materieller Bewertung

555 Die Rangpunktzahl und daraus die Note werden gemäß nachstehender tabellarischer Aufschlüsselung errechnet (Abb. 50, S. 224):

Note	sehr gut		gut			befriedigend		
Rangpunkte	15	14	13	12	11	10	9	8
Leistungspunkte	93,7	87,5	83,4	79,2	75,0	70,9	66,7	62,5
Note	ausreichend			mangelhaft			ungenügend	
Rangpunkte	7	6	5	4	3	2	1	0
Leistungspunkte	58,4	54,2	50,0	41,7	33,4	25,0	12,5	0

Abb. 50: Mathematisches Bewertungsverfahren mit 100 Leistungspunkten[16]

556 Wurden danach zum Beispiel für die Formalen Bewertungsaspekte 80 LP (= 12 RP = gut) vergeben und für die Materiellen Bewertungsaspekte insgesamt nur 55 LP (= 6 RP = ausreichend), dann würde die Gesamtbewertungstabelle so ausfallen:

Gesamtbewertung der formalen und materiellen Bewertungsaspekte						
Formale Bewertungsaspekte	80	Leistungspunkte	x	0,3	=	24,0
Materielle Bewertungsaspekte	55	Leistungspunkte	x	0,7	=	38,5
Summe	**62,5**	**Leistungspunkte**				
Rangpunkte	8					
Note	befriedigend (-)					

Abb. 51: Notenberechnung bei guter formaler und ausreichender materieller Leistungsbewertung

557 Sind jedoch die Formalen Bewertungsaspekte sehr hoch bewertet, nämlich etwa mit 88 LP (= 14 RP = sehr gut [-]), dagegen wurde vom Korrektor der

16 Das Schaubild ist neu gestaltet nach Giemulla, Elmar / Hundertmark, Reiner / Jakob, Bernd / Möller, Hans-Werner: Prüferleitfaden für das Grundstudium. Grundsätze für die Erstellung und Bewertung der Zwischenprüfungsarbeiten. Stand: September 1984. In: Berichte der Fachhochschule des Bundes für öffentliche Verwaltung, Didaktisches Zentrum und Arbeitsgruppe Dozentenweiterbildung (Hrsg.), FH Bund : Köln 1984, Anl. 3, S. II f.

materielle Teil als mangelhaft angesehen und für die materiellen Bewertungsaspekte insgesamt nur 34 LP (= 3 RP = mangelhaft [-]) gewertet, dann würde die Gesamtbewertungstabelle so ausfallen:

Gesamtbewertung der formalen und materiellen Bewertungsaspekte						
Formale Bewertungsaspekte	88	Leistungspunkte	x	0,3	=	26,4
Materielle Bewertungsaspekte	34	Leistungspunkte	x	0,7	=	23,8
Summe	**50,2**	**Leistungspunkte**				
Rangpunkte		5				
Note		ausreichend				

Abb. 52: Notenberechnung bei sehr guter formaler und mangelhafter materieller Leistungsbewertung

Daraus ergibt sich, dass es sich lohnt, sich mit den formalen Kriterien einer **558**
Bachelor-, Master- oder Diplomarbeit auseinanderzusetzen.

Anhang

Verzeichnis der Abbildungen

Erläuterungen der Fachbegriffe (Glossar)

Im Glossar werden die wichtigsten Begriffe aufgeführt, die rund um die Anfertigung wissenschaftlicher Arbeiten eine Bedeutung haben. Die Erklärungen stehen deshalb auch ausschließlich im Zusammenhang mit der Anfertigung solcher Arbeiten, auch wenn einzelne Begriffe einen weitergehenden Sinn oder in anderen Zusammenhängen einen ganz anderen Inhalt haben können. Hinweise auf andere Glossarbegriffe sind durch „Stern" (*) deutlich gemacht. 559

Abstract: Der engl. Begriff bedeutet so viel wie Zusammenfassung. Abstracts werden vor allem in *Fachzeitschriften den einzelnen Aufsätzen entweder vorangestellt oder im Heft hinten angeführt. Bei wissenschaftlichen Abschlussarbeiten bei der Polizei werden sie ebenfalls gelegentlich eingefordert (z. B. bei der FH Bund, FB BPOL). 560

Alltagstheorien: Der Begriff bezeichnet ein Wissen, das nicht nach wissenschaftlichen Kriterien überprüft, aber auf Grund pragmatischer Erfahrungen handlungsleitend ist. Alltagstheorien stehen damit in Konkurrenz zu wissenschaftlichen Theorien. Mit Alltagstheorien beschäftigt sich neben der Pädagogik vor allem die Kriminologie. Denn die Offenlegung solcher Alltagstheorien bei Polizeibeamten, Staatsanwälten, Richtern und Strafvollzugsbediensteten durch Analysen ihrer Arbeitsprozesse, die in den 1960er Jahren in der Bundesrepublik Deutschland aufkam (labeling approach[1]), hat gezeigt, dass Alltagstheorien die Verhaltensweisen und Urteile der an der Strafverfolgung beteiligten Personen stark beeinflussen. Die Analyse der Alltagstheorien eines Durchschnittsbürgers hat für die Strafverfolgungsbehörden auch insofern einen Sinn, weil etwa 90 % der registrierten Straftaten auf Anzeigen in der Bevölkerung zurückgehen und Alltagstheorien das Anzeigeverhalten beeinflussen.[2] 561

Almanach: Der Begriff bezeichnete ursprünglich den astrologisch-astronomischen Kalender. Heute wird Almanach für aktuelle Daten und Informationen verwendet. Dazu gehören z. B. Fachgebiets-Almanache, die einen Überblick über die im Buchhandel erhältliche Literatur zum 562

---

1 Zum Begriff s. Eifler, Stefanie: Labeling Approach. In: Möllers (Hrsg.), Wörterbuch der Polizei, 2. Aufl., C. H. Beck : München 2010, S. 1150 m. w. N.

2 Eifler, Stefanie: Alltagstheorien. In: Möllers (Hrsg.), Wörterbuch der Polizei, 2. Aufl., C. H. Beck : München 2010, S. 58. Vgl. im Einzelnen: Hierdeis, Helmwart / Hug, Theo: Pädagogische Alltagstheorien und erziehungswissenschaftliche Theorien. Ein Studienbuch zur Einführung. 2. Aufl., Klinkhardt : München 1996 und Peters, Helge: Als Partisanenwissenschaft ausgedient, als Theorie aber nicht sterblich: der labeling approach. In: Kriminologisches Journal (KrimJ) Jg. 28, 1996, S. 107 ff.

Fach geben und oft zusätzlich noch weitere wichtige Informationen (z. B. Anschriften von Berufsverbänden) enthalten (z. B. Soziologischer Almanach[3], Fischer Almanach der internationalen Organisationen[4]). Daneben gibt es auch populärwissenschaftliche Almanache wie etwa der Fischer Weltalmanach, der jährlich erscheint und über Wirtschaft, Politik und Gesellschaft der Länder der Welt informiert.

563 *Annalen*: Der lat. Begriff bezeichnet *Jahrbücher, die chronologisch zumeist historische Verläufe darstellen. Annalen haben überwiegend für geschichtlich geprägte wissenschaftliche Arbeiten eine Bedeutung und sind von *Chroniken zu unterscheiden, größere Zeiträume abbilden.

564 *Apologie*: Der lat. Begriff bedeutet eigentlich Rechtfertigung. Apologien sind Reden oder Schriften zur Rechtfertigung oder Verteidigung von Personen oder Institutionen, Meinungen oder Handlungen gegenüber Angriffen von anderen. Sie werden überwiegend in der juristischen und theologischen Literatur verwendet.

565 *Apparat*: Als Apparat (lat. apparatus: Werkzeug) werden in einer wissenschaftlichen Arbeit alle Register und Verzeichnisse sowie Anhänge bezeichnet. Vom Inhaltsverzeichnis über Quellen- und Literaturverzeichnis gehören auch Abkürzungsregister und Sachverzeichnis zum Apparat. Veraltet wird als Apparat auch der Begriff *Nomenklatur verwendet.

566 *Appendix*: Der lat. Begriff bezeichnet den Anhang eines Buches. Dieser enthält in der Regel Tabellen, Statistiken, Anmerkungen, Quellen (z. B. aus dem Internet), Karten u. ä.

567 *Befragung*: Die Befragung kann entweder mündlich (auch über Telefon) erfolgen und ist dann meistens *qualitativ* angelegt in Form eines *Experteninterviews. Oder sie wird schriftlich z. B. mittels eines standardisierten *Fragebogens *quantitativ* durchgeführt. Dazu werden Versuchspersonen einer bestimmten Gruppe nach einer Zufallsstichprobe anonymisiert mittels eines Fragebogens befragt, wobei die Fragen auf ein bestimmtes wissenschaftliches Ziel ausgerichtet sind. Die Befragung beschränkt sich in der Regel auf unterschiedliche Personengruppen (z. B. Alter, Beruf, soziale Situation: Subpopulationen). Diese Befragungsmethode kann – u. a. abhängig von der Durchführung (Fragebogen, Auswertung) – an Genauigkeit, Widerspruchsfreiheit und Verlässlichkeit mangeln. Ferner ist sie Abhängig von der Offenbarungsbereitschaft des Probanden. Schwierigkeiten ergeben sich auch hier in Bezug auf die Repräsentativität der Befragung in Bezug auf die Gesamtpopulation. Die Befra-

3 Ballerstedt, Eike / Glatzer, Wolfgang / Mayer, Karl-Ulrich: Soziologischer Almanach. Handbuch gesellschaftlicher Daten und Indikatoren. 3. Aufl., Campus : Frankfurt/M 1979.

4 von Baratta, Mario / Clauss, Jan Ulrich: Fischer Almanach der internationalen Organisationen. Fischer Taschenbuch Verlag : Frankfurt/M 1995.

gung kann per Post, persönlich oder telefonisch durchgeführt werden, wobei die Befragungsformen unterschiedliche Vor- und Nachteile aufweisen.

Beobachtung: Die Beobachtung ist eine sozialwissenschaftliche *Forschungsmethode zur Untersuchung von Abläufen. Sie kann offen, verdeckt und / oder unter Teilnahme oder Nichtteilnahme des Forschers durchgeführt werden. 568

Bericht: Mit Bericht werden Informationen bezeichnet, die in der Regel Rechenschaft darüber ablegen, wer, was, mit welchem Ziel, in welchem Zeitraum, mit welchem Ergebnis gemacht hat. Typische Elemente eines Berichts sind: Situationsanalyse und Chronologie der Tätigkeit, Darstellung der Ergebnisse, Dokumentation (Muster, Werkstücke, Belege, Statistiken, Tabellen usw.).[5] Es gibt verschiedene Berichtsarten (z. B. Geschäfts-, Praktikums-, Jahresberichte usw.). Zum Bericht als wissenschaftliche Arbeit s. o. S. 26. 569

Bibliographie: Der grch. Begriff wird für ein Verzeichnis von Literaturnachweisen verwendet. Daher sind Bibliographien für die Anfertigung von wissenschaftlichen Arbeiten unverzichtbare Werkzeuge. In allen Fachdisziplinen gibt es Bibliographien, die zum Teil abgeschlossen sind oder auch laufend in regelmäßigen Abständen aktualisiert werden. In Bibliotheken sind Bibliographien nicht verstreut, sondern zumeist an einem Standort versammelt. 570

Bulletin: Der frz. Begriff (ursprünglich: Tagesbericht) steht allgemein für amtliche Verlautbarungen (z. B. Bulletin der Bundesregierung) und wird heute auch im Titel zahlreicher Periodika geführt. 571

Chi-Quadrat (χ^2): Der Begriff aus der empirischen Sozialforschung und Statistik steht für eine Funktion bei einer Stichprobe. Allgemein wird mit χ^2 die Summe der Quadrate von n Variablen definiert, die alle die gleiche Normalverteilung haben. Daneben kann χ^2 den Unterschied zwischen den ermittelten mehrklassigen qualitativen Merkmalen einerseits und den theoretisch erwarteten Häufigkeiten messen. Der Chi-Quadrat-Wert hat seine Bedeutung als kritischer Wert bei statistischen Prüfverfahren.[6] Abweichungen der empirischen von den bei Unabhängigkeiten der Variablen erwarteten Häufigkeiten könnten auf Zufall beruhen. Je geringer die Abweichungen sind, umso eher würden sie als zufällig interpretiert. Bei einer Kreuztabelle können in den Feldern die Abweichungen aber unterschiedlich stark sein. Zur Berechnung der Größe, „in der die Abweichun- 572

5 Vgl. Stary / Kretschmer, a. a. O. (Fn. 22), S. 21 f.

6 Fröhlich, Werner D. / Becker, Johannes: Forschungsstatistik. 7. Aufl., Verlag Bouvier : Bonn 1984.

gen aller Felder verschmolzen sind“[7], wurde deshalb das Prüfmaß χ^2 konstruiert.[8] Die Stärke des Zusammenhangs der Variablen wird mit *Cramers V berechnet.

573 *Chronik*: Der grch. Begriff steht für eine zeitlich geordnete Darstellung historischer Ereignisse und unterscheidet sich von *Annalen dadurch, dass die Chronik nicht die einzelnen Jahre, sondern größere Zeiträume abbildet.

574 *Cramers V*: Der *Chi-Quadrat-Test ist für nominal skalierte Variablen – wie z. B. „Geschlecht“, „Alter“ und „Beruf“ – anwendbar. Aus einer kleinen Irrtumswahrscheinlichkeit kann aber nicht unmittelbar die Stärke des Zusammenhangs der Variablen geschlossen werden, weil die Maßzahlen auch abhängig von der Stichprobengröße sind[9]. Deshalb wird zusätzlich ein Stärkemaß berechnet, das von der Stichprobe unabhängig ist.[10] Beim Vergleich zweier Merkmale mit je zwei Abstufungen ist dafür der Korrelationskoeffizient Phi (φ) für 2 x 2-Tabellen geeignet, bei Merkmalen mit mehr als zwei Abstufungen kann ϕ verallgemeinert werden. Dieses verallgemeinerte Maß wird als Cramers V (oder Cramer-Index) bezeichnet[11]. Dabei können für beide Maße Werte ab 0,10 als schwach bedeutsam, Werte ab 0,30 als mittelmäßig bedeutsam und erst Werte ab 0,50 als stark bedeutsam eingestuft werden[174].

575 *Digest*: Der engl. Begriff stand ursprünglich für die Sammlung von juristischen Schriften und Gerichtsentscheiden. Heute ist Digest eine Sammlung von zumeist schon veröffentlichten Texten in gekürzter Form.[12]

576 *Diskurs*: Mit dem lat. Begriff wird allgemein eine Abhandlung oder Erörterung bezeichnet. In der wissenschaftlichen Literatur steht Diskurs aber nicht für jede Abhandlung, sondern nur für solche Texte, die eine kritische Auseinandersetzung mit wissenschaftlichen Behauptungen und die Suche nach ihren jeweiligen Geltungsansprüchen darstellen. Inzwischen

---

7 Brosius, Gerhard: SPSS/PC+. Basics und Graphics. Einführung und praktische Beispiele. McGraw-Hill, Maidenh. : Hamburg 1998, S. 217; vgl. dort auch die Formel zu Chi-Quadrat.

8 Vgl. Möllers: Bürgernähe der Verwaltung als Thema der Ausbildung von Beamten des gehobenen nichttechnischen Dienstes, a. a. O. (Fn. 4), S. 93 f.

9 Brosius: SPSS/PC+, a. a. O. (Fn. 7), S. 225.

10 Vgl. Möllers: Bürgernähe der Verwaltung als Thema der Ausbildung von Beamten des gehobenen nichttechnischen Dienstes, a. a. O. (Fn. 4), S. 95.

11 Vgl. u. a. Bortz, Jürgen / Lienert, Gustav A. / Boehnke, Klaus: Verteilungsfreie Methoden in der Biostatistik. 3. Aufl., Springer : Berlin 2008, S. 565; Hensgen, Anne / Blum, Franz: Vergleiche einzelner Teilnehmergruppen beim zweiten Termin des besonderen Auswahlverfahrens: zahlenmäßige Anteile, Test- und Schulleistungen. In: Trost, Günter (Hrsg.), Test für medizinische Studiengänge (TMS). Zwölfter Arbeitsbericht, Institut für Test- und Begabungsforschung : Bonn 1988, S. 23 f.

12 Vgl. dazu Stary / Kretschmer, a. a. O. (Fn. 22), S. 23.

wird der Begriff aber wieder weitschweifige verwandt und oft mit dem Begriff „Diskussion“ gleichgesetzt.

Dissertation: Mit dem Begriff Dissertation (lat. dissertio: Erörterung) wird eine selbstständige, wissenschaftliche Arbeit bezeichnet, die ein klar abgestecktes Thema betrifft. Seit dem 18. Jahrhundert werden mit Dissertation die im Rahmen der Promotion anzufertigenden wissenschaftlichen Arbeiten zur Erlangung der Doktorwürde (sog. Inauguraldissertation) bezeichnet. Dissertationen bieten einen Überblick über den Erkenntnisstand zu einem in der Regel kleinen Thema. 577

Dokumentation: Der lat. Begriff, der inzwischen sehr weit und häufig undifferenziert verwendet wird, bezeichnet allgemein eine Sammlung oder Erschließung. In Dokumentationen werden zum Beispiel Bücher, Zeitschriften, Aufsätze, Briefe, Akten, Bilder, Filme, Kritiken usw. geordnet und so für Dritte bereitgestellt. In der wissenschaftlichen Forschung enthalten Dokumentationen zumeist kommentarlos Dokumente, die nach bestimmten – z. B. chronologischen oder inhaltlichen – Gesichtspunkten für die wissenschaftliche Forschung geordnet sind. 578

Empirische Arbeiten: Als empirisch werden solche wissenschaftlichen Arbeiten angesehen, die auf der Grundlage sozialwissenschaftlicher *Forschungsmethoden durch eigene Erfahrung des Bearbeiters entstehen (grch. empeiros: erfahren). Typische Forschungsmethoden dieser Art sind die „*Inhaltsanalyse“, das „*Experiment“, die „*teilnehmende Beobachtung“ und die „*Befragung“ z. B. in Form des *Experteninterviews oder mittels *Fragebogens. Derartige empirische Arbeiten stehen im Gegensatz zu sog. *Literaturarbeiten und sind nur zu bewältigen, wenn die Bearbeiter über hinreichende Kenntnisse zu sozialwissenschaftlichen Forschungsmethoden verfügen. 579

Enzyklopädie: Der grch. Begriff Enzyklopädie steht für eine umfassende und übersichtliche Darstellung des theoretischen und praktischen Wissens einer bestimmten Zeit oder eines Wissensgebietes bzw. eines Fachs. Soweit es sich um wissenschaftliche Enzyklopädien eines Fachs handelt[13], geben Enzyklopädien einen Überblick über das Fachgebiet und orientieren sich eher darauf, die „Breite“ des Faches und weniger die „Tiefe“ seiner vielen Einzeldisziplinen darzustellen. Enzyklopädien sind deshalb für den ersten Einstieg wichtig. Da der Begriff vor allem für sehr umfängliche Darstellungen steht, wird er in wissenschaftlichen Fachwerken eher selten verwendet (dagegen umgangssprachlich viel zu oft); an seiner Stelle sind 580

13 Z. B.: Mittelstraß, Jürgen (Hrsg.): Enzyklopädie Philosophie und Wissenschaftstheorie. Sonderausgabe 4 Bde. Metzler : Stuttgart 2004.

Fachlexika[14], *Handbücher[15] oder auch „Wörterbücher“[16] heranzuziehen.

581 *Essay*: Der engl./frz. Begriff bezeichnet kürzere Abhandlungen über einen wissenschaftlichen Gegenstand oder eine aktuelle Frage des geistigen, kulturellen oder sozialen Lebens. Bei einem Essay steht bewusst die Subjektivität der Auffassung der Autorin oder des Verfassers im Vordergrund. Kennzeichnend ist deshalb auch eine geistreiche und ästhetisch anspruchsvolle Form des Essaytextes. In der wissenschaftlichen Literatur sind derartige literarische Texte im deutschsprachigen Raum eher selten anzutreffen. Stattdessen werden wissenschaftliche Gegenstände vor allem „ernsthaft“ in „Beiträgen“ und „Aufsätzen“ dargestellt. Allerdings führt der Umstand, dass immer mehr Akademiker ein Zweitstudium absolvieren, dazu, dass die literarische Auseinandersetzung geistreich und ästhetisch anspruchsvoll durchgeführt wird.[17]

582 *Exkurs*: Mit Exkurs (lat. excursus: Abschweifung) wird in einer wissenschaftlichen Arbeit eine selbstständige und in sich geschlossene kürzere Abweichung bezeichnet, die nicht unmittelbar zum bearbeiteten Thema gehört, aber oft als Verständnisgrundlage in den Text eingeschoben oder als Anhang beigefügt wird. Exkurse sind in wissenschaftlichen Abschlussarbeiten grundsätzlich unangebracht. Sie werden heute auch eher unkritisch verwendet und dienen in schriftlichen und mündlichen Beiträgen vor al-

---

14 Es gibt mit einer Ausnahme zu allen Fachgebieten aus dem Polizeibereich Lexika: zu Kriminalistik, Kriminologie, Rechtswissenschaft (und Unterdisziplinen) sowie allen Fächern der Gesellschaftswissenschaften: Soziologie, Sozialwissenschaften, Psychologie, Politikwissenschaft, Geschichte, Pädagogik etc. Nicht jedoch gibt es ein Fachlexikon „Einsatzlehre“. Seine (möglichen) Inhalte sind aber integriert und durch „[Einsatzlehre]“ gekennzeichnet in dem Buch Möllers: Wörterbuch der Polizei, a. a. O. (Fn. 57). Ferner sind sie in Lehrbüchern zu finden – z. B. Kuhleber, Hans-Werner: Einsatzlehre. Bd. 1: Einsatzmodell, Planungs- und Entscheidungsprozess, Gewährleistungslagen. 2. Aufl., Verlag deutsche Polizeiliteratur : Hilden/Rheinland 2001; Kuhleber: Einsatzlehre, a. a. O. (Fn. 6).

15 Z. B. Lisken, Hans / Denninger, Erhard (Hrsg.): Handbuch des Polizeirechts. 4. Aufl., C. H. Beck : München 2007.

16 Vgl. z. B. Creifelds, Carl (Begr.) / Weber, Klaus (Hrsg.): Rechtswörterbuch. 20. Aufl., C. H. Beck :München 2011; Fröhlich, Werner D.: Wörterbuch Psychologie. 27. Aufl., Deutscher Taschenbuch Verlag : München 2010; Möllers, Martin H. W. (Hrsg.): Wörterbuch der Polizei. 2. Aufl., C. H. Beck : München 2010, Schneider, Andreas / Lang, Gerd: Wörterbuch der Kriminalwissenschaften. Ein Nachschlagewerk zur Kriminalitätskontrolle für Studierende und Praktiker aus Polizei, Justiz und Gerichtsmedizin. Boorberg : Stuttgart 2001.

17 Vgl. dazu etwa Bürklin, Thorsten: Bauen als (demokratische) Sinnstiftung. Das Gebäude des Bundesverfassungsgerichts als „Staatsbau“. In: van Ooyen / Möllers (Hrsg.), Das Bundesverfassungsgericht im politischen System, VS Verlag für Sozialwissenschaften : Wiesbaden 2006, S. 13-28.

lem der Selbstdarstellung, die in wissenschaftlichen Arbeiten immer überflüssig ist.

Experiment: Beim Experiment werden *Beobachtungen unter kontrollierten Bedingungen zwecks Überprüfung einer Hypothese durchgeführt. Unterschieden werden das sog. *Laborexperiment*, das in einer künstlich geschaffenen Umgebung durchgeführt wird, oder der *Feldversuch*, bei dem innerhalb der natürlichen Umgebung bestimmte Voraussetzungen geschaffen werden. Auf Grund der Vielzahl möglicher Variablen und Störeinflüsse unter Realbedingungen eignet sich diese Methode aber nur bedingt für die Gewinnung von bestimmten Erkenntnissen und ist daher ziemlich angreifbar. 583

Experteninterview: Mit dem Experteninterview, das zu den *qualitativen Forschungsmethoden zählt, sollen besondere Ergebnisse aus der mündlichen *Befragung oder – z. B. in Form des *Gruppeninterviews* – aus der Diskussion von *Sachverständigen erbracht werden. 584

Exposé: Mit dem frz. Begriff Exposé wird ein kurzer Entwurf zur Erläuterung einer Situation oder eines Planes bezeichnet. Exposés sind damit eine Art Plan oder Entwurf, die jedoch offen für neue Überlegungen sind und daher als Diskussionsgrundlage dienen. Sie werden bei wissenschaftlichen Abschlussarbeiten eingesetzt, um zum Beispiel die Betreuer/innen der Arbeit von Thema und Vorgehensweise zu überzeugen. 585

Exzerpt: Der lat. Begriff steht für einen Auszug bestimmter Aspekte. Mit Exzerpt werden z. B. die wesentlichen *Thesen eines Buches oder Aufsatzes in eigenen Worten oder wortwörtlich zum Zwecke des Lernens zusammengefasst. Durch Exzerpieren erfolgt die Aneignung von Texten, indem nach dem Lesen die noch frischen Gedanken zu Papier gebracht werden. 586

Eye-Catcher: Der engl. Begriff bezeichnet Auffälligkeiten im Text, die durch Blättern ins Auge springen. Das können Abbildungen sein oder auch nur durch Fett- oder Kursivdruck hervorgehobene Textpassagen. 587

Fachzeitschrift: Als Fachzeitschrift werden solche periodisch wiederkehrenden Zeitschriften bezeichnet, die nur zu bestimmten wissenschaftlichen Fachgebieten Beiträge liefern. Ihre Wissenschaftlichkeit lässt sich oft an den Herausgebern als Lehrende von Hochschulen erkennen. Soweit Fachzeitschriften den Umfang von Büchern erreichen, können sie auch als *Sammelwerke fungieren. Typisch dafür sind etwa die sog. Jahrbücher (z. B. das „Jahrbuch Öffentliche Sicherheit“), die in Datenbanken von Bibliotheken gelegentlich bei den Fachzeitschriften und nicht bei den Büchern eingereiht sind. 588

Festschrift: Festschriften, gelegentlich auch als „Festgabe“ bezeichnet, sind wissenschaftliche *Sammelwerke, die aus Anlass eines bestimmten Ereignisses geschrieben werden. In Akademikerkreisen werden durch Fest- 589 schriften z. B. Professoren geehrt, die bereits aus dem aktiven Dienst ausgeschieden sind, indem zu ihrem – meist runden – Geburtstag von seinen Fachkollegen wissenschaftliche Beiträge zusammengestellt werden. Ist die zu ehrende Person bereits verstorben, spricht man auch von *Gedächtnisschrift. Festschriften erscheinen außerdem zu Geburtstagen von Institutionen.[18] In der Regel widmen sich alle Beiträge in einer Festschrift einem bestimmten Thema, sodass sie gut als Grundlage für eine wissenschaftliche Abschlussarbeit eingesetzt werden können.

590 *Forschungsmethoden*: Mit dem Begriff Forschungsmethoden werden in allen wissenschaftlichen Disziplinen einsetzbare wissenschaftliche Instrumente zur Gewinnung von Erfahrungen und Erkenntnissen bezeichnet, die darauf abzielen, allgemeingültige Aussagen zu Einzelthemen mit Bezug zu dem jeweiligen Fachgebiet zu finden. Diese Aussagen können sich auf vielfältige Ereignisse in der Natur oder im menschlichen Zusammenleben beziehen, welche die mit Hilfe der Forschungsmethoden gefundenen Gegebenheiten ordnen und ggf. ihre innere Verbundenheit betreffen. Mit Hilfe der Forschungsmethoden wird somit die Grundlage des Wissens über die Vielfalt, Ordnung und Verbundenheit von empirisch erhobenen Fakten geschaffen. Sie sind somit Grundlage aller wissenschaftlichen Arbeiten. Die Anwendung bestimmter Forschungsmethoden unterscheidet sich zunächst nicht von üblichen alltäglichen Handlungsabläufen. Erst die Ergebnisse aus der Anwendung von Forschungsmethoden bahnt den Weg zur Wissenschaft, die diese Ergebnisse für alle Beteiligten und Interessierten akzeptierbar machen, also als „wahr" erkannt haben will. Forschungsmethoden dienen z. B. dazu, *Alltagstheorien zu überprüfen, wobei im Mittelpunkt die Frage von Kriterien zur Überprüfung des Irrtumsausschlusses steht. Dabei können an solchen Forschungen auch Vertreter verschiedener wissenschaftlicher Fachrichtungen beteiligt sein: entweder untersuchen Vertreter unterschiedlicher Grundlagenwissenschaften unabhängig voneinander denselben Untersuchungsgegenstand (*Multidisziplinarität*) oder arbeiten konkret zusammen an einem Forschungsobjekt und integrieren gleichzeitig ihre unterschiedlichen wissenschaftlichen Ansätze (*Interdisziplinarität*). Zum Beispiel sind bei Untersuchungen zwischen Täter und Opfer (Viktimologie[19]) sowohl Psychologen als auch Soziolo-

---

18 Vgl. z. B. Badura, Peter / Dreier, Horst (Hrsg.): Festschrift 50 Jahre Bundesverfassungsgericht. 2 Bde., Mohr-Siebeck : Tübingen 2001, Borsdorff, Anke (Hrsg.): Bundespolizei im 21. Jahrhundert. Rechts- und polizeiwissenschaftliche Aufgabenfelder des Bundesgrenzschutzes. Festschrift zum 25-jährigen Bestehen der Fachhochschule des Bundes, Fachbereich Bundesgrenzschutz. Verlag für Polizeiwissenschaft : Frankfurt/M 2004.

19 Zum Begriff s. Eifler, Stefanie: Viktimologie. In: Möllers (Hrsg.), Wörterbuch der Polizei, 2. Aufl., C. H. Beck : München 2010, S. 2176. m. w. N.

gen beteiligt. Untersuchungen, die sich auf die Vollstreckung und den Vollzug staatlicher Sanktionen und ihrer Auswirkungen (Pönologie[20]) erstrecken, bedürfen nicht nur Vertreter der Psychologie und der Sozialwissenschaften, sondern auch der Rechtswissenschaft. Zu den wesentlichen Forschungsmethoden der empirischen Sozialforschung gehören: die *Befragung, die *Beobachtung, das *Experteninterview, das *Experiment, die *Inhaltsanalyse und die *Sekundäranalyse. Man unterscheidet grundsätzlich **quantitative* und **qualitative* sowie **reaktive* und **nicht-reaktive* Forschungsmethoden. Die einzelnen oben genannten Forschungsmethoden selbst lassen sich nicht nach quantitativen oder qualitativen Methoden unterteilen. Mit Ausnahme der **teilnehmenden Beobachtung*, die nur zu den qualitativen Forschungsmethoden zählt, lassen sich alle anderen je nach Ausgestaltung sowohl der einen als auch der anderen zuordnen.[21]

Fragebogen: Die meisten Fragebögen bei wissenschaftlichen Arbeiten an Po- **591**
lizeifachhochschulen stützen sich zunächst auf (Selbst)beobachtungen und Selbsteinschätzungen der befragten Personen. Auch bei hoher Motivation, ehrlich zu antworten, beeinflussen neben der tatsächlichen Ausprägung der Vorstellung noch andere Faktoren die jeweiligen Antworten. Daraus ergeben sich Fehlerquellen für die Auswertung des Fragebogens. Eine große Fehlerquelle ist der Fragebogen selbst. Er kann nicht vorerprobt oder entsprechend skaliert werden. Es ist somit nicht sichergestellt, dass die theoretisch postulierten Merkmale für verschiedene Versuchspersonen vergleichbar gemessen werden[22]. Außerdem unterliegen persönliche Aussagen dem Einfluss von Selbstdarstellungen sowie sozialer Erwünschtheit. Eine Reihe von Faktoren beeinflusst neben der tatsächlichen Einstellung zum Fragenkomplex das Antwortverhalten der Versuchspersonen in mehr oder weniger starkem Maße. Dazu gehören zum Beispiel folgende Faktoren[23]: momentane Stimmung, Fähigkeit zur Selbstbeobachtung, Fähigkeit zur Übersetzung von Erlebnissen in Sprache, gene-

---

20 Zum Begriff s. Eifler, Stefanie: Pönologie. In: Möllers (Hrsg.), Wörterbuch der Polizei, 2. Aufl., C. H. Beck : München 2010, S. 1493 f. m. w. N.

21 Nähere Informationen dazu gibt es zum Beispiel bei: Bortz, Jürgen / Döring, Nicola: Forschungsmethoden und Evaluation: für Human- und Sozialwissenschaftler. 4. Aufl., Springer Medizin Verlag : Heidelberg 2006; Cropley, Arthur J.: Qualitative Forschungsmethoden. Eine praxisnahe Einführung. 4. Aufl., Verlag Dietmar Klotz : Eschborn 2010; Kromrey, Helmut: Empirische Sozialforschung. Modelle und Methoden der standardisierten Datenerhebung und Datenausweitung. 12. Aufl., UTB Verlag Lucius & Lucius : Stuttgart 2009; Schnell / Hill / Esser: Methoden der empirischen Sozialforschung, a. a. O. (Fn. 2); Stier: Empirische Forschungsmethoden, a. a. O. (Fn. 6).

22 Näheres dazu bei Lienert, Gustav A. / Raatz, Ulrich: Testaufbau und Testanalyse. 6. Aufl., Beltz-PsychologieVerlagsUnion : Weinheim 1998.

23 Nach Vagt, Gerhard: Wer viel fragt..., in: Psychologie heute, 1978, S. 50 ff.

relles Sprachverständnis, individuelle Interpretation mehrdeutiger Begriffe, individuelle Bedeutsamkeit des Frageinhaltes, Tendenz zum Ja- oder Nein-Sagen, Tendenz, Extremwerte zu bevorzugen oder zu vermeiden, Tendenz, im Sinne sozialer Erwünschtheit zu antworten, Tendenz, im vermuteten Sinne des Fragenautors zu antworten, generelle Normen der Selbstdarstellung, Einstellung gegenüber dem Verfahren (Fragebogen an sich; Zeitaufwand; Aussteller und Austeiler des Fragebogens etc.). Um solche Fehlerquellen einzuschränken, muss besonders auf Verständlichkeit, Eindeutigkeit und soziale Erwünschtheit der Fragen geachtet werden.[24] Zur Vermeidung von Ja-Nein-Sage-Tendenzen ist es günstig, positiv und negativ formulierte Items zu mischen.[25] Wenn nach persönlichen Meinungen gefragt werden soll, kann die zur Abschwächung des Einflusses von Selbstdarstellungsnormen und sozialer Erwünschtheit nach Möglichkeit neutrale Frageformulierung nicht an die Stelle persönlicher Aussagen treten[26].

592 *Gedächtnisschrift*: Als Gedächtnisschrift werden *Festschriften bezeichnet, die zu Ehren bereits verstorbener Personen veröffentlicht werden.[27]

593 *Glosse*: Mit dem grch. Begriff werden heute polemische Kurzkommentare bezeichnet, die vor allem in Tageszeitungen erscheinen. Als Zitat für wissenschaftliche Arbeiten sind sie wegen ihrer überzogenen Darstellung der Sachzusammenhänge nur bedingt brauchbar.

594 *Glossar*: Ein Glossar (grch.:) ist ein alphabetisch geordnetes Lexikon, das – wie hier – Fachbegriffe erläutert und den Lesern eine rasche Information bringt. Reine Glossar-Werke gibt es selten[28]; meist sind sie – ebenfalls wie hier – in den Anhang des Werks eingefügt.

595 *Graue Literatur*: Mit dem Begriff, der auf die oft in grauem Pappendeckel gebundenen Publikationen anspielt, werden Bücher und andere Veröffentlichungen bezeichnet, die meist kostenlos abgegeben und nicht über den Buchhandel vertrieben werden. Im wissenschaftlichen Bereich gehören dazu vor allem nicht veröffentlichte Doktor-, Diplom-, Magister-, Mas-

---

24 vgl. dazu Mummendey, Hans Dieter / Grau, Ina: Die Fragebogen-Methode. 5. Aufl., Hogrefe : Göttingen 2008.

25 Vgl. Möllers: Bürgernähe der Verwaltung als Thema der Ausbildung von Beamten des gehobenen nichttechnischen Dienstes, a. a. O. (Fn. 4), S. 77 ff.

26 Mummendey / Grau : Die Fragebogen-Methode, a. a. O. (Fn. 24), S. 91.

27 Vgl. z. B. Bachof, Otto u. a. (Hrsg.): Forschungen und Berichte aus dem Öffentlichen Recht. Gedächtnisschrift für Walter Jellinek – 12. Juli 1985 – 9. Juli 1955, C. H. Beck : München 1955.

28 Vgl. z. B. Baraldi, Claudio / Corsi, Giancarlo / Esposito, Elena: GLU. Glossar zu Niklas Luhmanns Theorie sozialer Systeme. 4. Aufl., Suhrkamp : Frankfurt/M 1997; Bröckling, Ulrich / Krasmann, Susanne / Lemke, Thomas (Hrsg.): Glossar der Gegenwart. Suhrkamp : Frankfurt/M 2004; Marquardt, Nadine / Schreiber, Verena (Hrsg.): Ortsregister: Ein Glossar zu Räumen der Gegenwart. Transcript : Bielefeld 2012.

ter-, Bachelor-, Haus- und Seminararbeiten sowie sonstige Texte von wissenschaftlichen Hochschulen (etwa aus dem Internet). Ferner zählen dazu Publikationen von Behörden und privaten und öffentlichen Organisationen, die Tagungsberichte und andere Studien veröffentlichen. Ein Großteil der Grauen Literatur wird in der Deutschen Nationalbibliothek in Leipzig und Frankfurt a.M.[29] erfasst und kann dort recherchiert werden.

Handbuch: In Handbüchern[30] werden die wesentlichen Erkenntnisse und Gegenstände einer Wissenschaft oder eines Spezialgebietes einer Wissenschaft zusammengestellt und zusammengefasst. Handbücher, die in geraffter Form auch als *Kompendium bezeichnet werden, geben zumeist einen Überblick über die grundlegenden Frage- und Problemstellungen einer Disziplin und sind insofern als Einstieg wichtig![31] **596**

Hardcover: Mit dem engl. Begriff Hardcover werden – im Unterschied zum *Paperback – Bücher mit einem festen Einband bezeichnet. Bei Büchern mit Hardcover ist der Umschlag entweder in Leder oder Leinen fest mit Fadenheftung gebunden oder das Buch besitzt wenigstens einen stabilen Pappumschlag. **597**

Herausgeber/in: Alle Zeitschriften und Zeitungen haben Herausgeber, die nicht immer mit dem Verlag identisch sind. Bei Fachzeitschriften sind es regelmäßig Lehrende an Hochschulen, da aus den Universitäten üblicherweise die Idee zu einer Fachzeitschrift mit bestimmter Zielrichtung kommt. Aber auch Bücher können Herausgeber/innen haben. Das ist insbesondere bei *Sammelwerken der Fall.[32] Ihre Aufgabe besteht im Wesentlichen darin, zunächst die Idee zu dem Sammelband zu haben, selbstständig die Autorinnen und Autoren zu diesem Werk zu rekrutieren und auch selbst wenigstens einen Aufsatz zu übernehmen. Außerdem ist es ihre Aufgabe, alle Beiträge in ein einheitliches Manuskript zusammenzuführen und bei Ausfall einzelner Mitautoren für Ersatz zu sorgen. Schließlich treffen sie die Verhandlungen mit dem Verlag, der das Werk übernimmt. Ist als Herausgeberin eine Institution angegeben, werden diese **598**

29 Website mit Suchmaschine unter: http://www.d-nb.de.

30 Vgl. z. B. König, René (Hrsg.): Handbuch der empirischen Sozialforschung. 15 Bde. Enke : Stuttgart 1967 ff.; Heitmeyer, Wilhelm (Hrsg.): Internationales Handbuch der Gewaltforschung. VS Verlag für Sozialwissenschaften : Wiesbaden 2002; Gießmann, Hans J. / Rinke, Bernhard (Hrsg.): Handbuch Frieden. VS Verlag für Sozialwissenschaften : Wiesbaden 2011.

31 S. Stary / Kretschmer, a. a. O. (Fn. 22), S. 27.

32 Vgl. z. B. Möllers / van Ooyen: Europäisierung und Internationalisierung der Polizei, a. a. O. (Fn. 23); van Ooyen, Robert Chr. / Möllers, Martin H. W. (Hrsg.): (Doppel-)Staat und Gruppeninteressen. Pluralismus – Parlamentarismus – Schmitt-Kritik bei Ernst Fraenkel. Staatsverständnisse, Bd. 26. Nomos : Baden-Baden 2009; van Ooyen, Robert Chr. / Möllers, Martin H. W. (Hrsg.): Der Bundespräsident im politischen System. Springer VS : Wiesbaden 2012.

Arbeiten von Mitarbeiterinnen und Mitarbeitern der Verwaltung durchgeführt. Herausgeber/innen von Büchern – werden in wissenschaftlichen Werken genannt und in der Literaturliste mit dem Zusatz „(Hrsg.)“ als Kurzform oder „(Hrsg.)“ versehen.

599 *Impressum*: Mit dem lat. Begriff Impressum werden Hinweise zum Verlag der Zeitschrift, Zeitung oder des Buchs gegeben. Bei Büchern steht der Druckvermerk des Verlags zumeist auf der Rückseite der inneren Titelseite, gelegentlich wird er auch auf der letzten Textseite angebracht. In Zeitungen und Zeitschriften ist das Impressum an unterschiedlichen Stellen angebracht, die meistens im Inhaltsverzeichnis angegeben sind. Das Impressum in Büchern enthält normalerweise den Namen des Verlags (neuerdings auch mit Adresse und Website) mit Copyright (©) Vermerk, Erscheinungsort und -jahr, Auflagenzahl, ISBN und Hinweise auf die bei der Herstellung beteiligten Firmen. Daher ergibt sich aus dem Impressum, ob etwa die *Thesen des Buchs möglicherweise veraltet sind und eine neuere Auflage notwendig wird. Schließlich lässt sich auch die Seriosität der Verfasser/innen über die Seriosität des Verlags eruieren. In Zeitungen und Zeitschriften gibt das Impressum u. a. Auskunft über die Autorinnen und Autoren, die sich hinter den Namenskürzeln am Ende der einzelnen Artikel verbergen.

600 *Index*: Der lat. Begriff bezeichnet das alphabetische Stichwort- und/oder Sachregister. Selten wird Index für das Inhaltsverzeichnis verwendet. Gelegentlich werden auch Orts- und/oder Namensregister mit Index betitelt. Indexe sind nützliche Hilfsmittel, um die für die eigene wissenschaftliche Arbeit geeigneten Stellen in Büchern rasch zu finden.

601 *Inhaltsanalyse*: Bei der Inhaltsanalyse, die zu den *Forschungsmethoden gehört, wird zum Beispiel ein einziges Dokument auf eine bestimmte Fragestellung hin untersucht (z. B. ob ein Text extremistische Aussagen trifft). Es werden aber auch aus mehreren vergleichbaren Dokumenten (z. B. mehrere WE-Meldungen, Strafakten etc.) die Inhalte in Bezug zu einer vorgegebenen Fragestellung analysiert.

602 *Jahrbuch*: Jahrbücher sind periodisch erscheinende Veröffentlichungen bestimmter Institutionen mit Aufsätzen, Forschungsberichten und/oder *Bibliographien zu einem bestimmten Forschungsgebiet.[33] Aus Jahrbüchern lässt sich daher der jeweils aktuelle Stand der Forschung entnehmen, sodass sie als Grundlage für wissenschaftliche Arbeiten unentbehr-

33 Vgl. z. B. Backes, Uwe / Jesse, Eckhard (Hrsg.): Jahrbuch Extremismus & Demokratie (E & D). Nomos : Baden-Baden 1988 ff.; Möllers, Martin H. W. / van Ooyen, Robert Chr. (Hrsg.): Jahrbuch Öffentliche Sicherheit. Verlag für Polizeiwissenschaft : Frankfurt/M 2003 ff.

lich sind. Darüber hinaus bilden sie die Grundlage für die Themenfindung!

Klappentext: Es handelt sich um einen auf der Rückseite eines Buchs oder auf der Innenklappe von Buch-Schutzumschlägen befindlicher Text. Im Klappentext stehen Angaben zum Inhalt des Buches und zur Person der Autorin bzw. des Autors.[34] 603

Kolumne: Mit Kolumne (lat.: Säule) wird der Meinungs-Artikel eines Autors in einer Tageszeitung bezeichnet, der regelmäßig erscheint. Kolumnen stehen immer an derselben Stelle auf einer bestimmten Seite in einer bestimmten Spalte. 604

Kommentar: Der Begriff Kommentar wird allgemein – zum Beispiel auch im Pressewesen – als Stellungnahme zu Ereignissen, Texten etc. bezeichnet. In der Rechtswissenschaft werden als Kommentare solche Bücher betitelt, die einzelne Gesetze anhand der rechtswissenschaftlichen Literatur und der bisherigen Rechtsprechung auslegen.[35] 605

Kompendium: Der lat. Begriff Kompendium bedeutet „Ersparnis". Mit ihm werden *Handbücher bezeichnet, die jedoch kompakter bearbeitet sind und vor allem zum Zweck des Lernens erstellt sind. Kompendien sind nicht nur in den Naturwissenschaften und in der Medizin häufig anzutreffen, sondern sind in allen geisteswissenschaftlichen Disziplinen vorhanden.[36] 606

Literaturarbeiten: Unter den Begriff Literaturarbeiten werden solche wissenschaftlichen Arbeiten gefasst, die im Wesentlichen auf der Grundlage umfänglicher Sekundärliteratur erstellt werden und – im Gegensatz zu *empirischen Arbeiten – nahezu keine *Quellen im engen Sinne verarbeiten. Bei Literaturarbeiten werden vor allem die vorhandenen unterschiedlichen Aussagen aus der Literatur kritisch abgewogen und neu bewertet. 607

---

34 Vgl. Brauner, Detlef Jürgen / Weigert, Martin M. (Hrsg.): Lexikon des Verlagswesens, unter Mitarbeit von Robert Raible-Besten. Oldenbourg Verlag : München 1997, S. 126.

35 Vgl. z. B. Maunz, Theodor / Dürig, Günter u. a.: Grundgesetz, Loseblatt-Kommentar in 7 Leinenordnern, 64. Ergänzungslieferung, München 2012, Schmidt, Rolf: Bremisches Polizeigesetz (BremPolG). Studien- und Praxiskommentar. Dr. Rolf Schmidt Verlag : Grasberg 2006.

36 Vgl. z. B. Apolte, Thomas / Bender, Dieter / Berg, Hartmut / Cassel, Dieter / Erlei, Mathias / Gabisch, Günter / Grossekettler, Heinz / Hartwig, Karl-Hans / Hübl, Lothar / Kerber, Wolfgang / Nienhaus, Volker / Ott, Notburga / Siebke, Jürgen / Smeets, Heinz-Dieter / Thieme, Jörg H. / Vollmer, Uwe: Vahlens Kompendium der Wirtschaftstheorie und Wirtschaftspolitik. 2 Bde., 9. Aufl., Vahlen : München 2007; Dyrba, Berthold: Kompendium Explosionsschutz. Sammlung der relevanten Vorschriften zum Explosionsschutz mit Fragen und Antworten für die Praxis. Loseblatt, 1 CD-ROM, 16. Ergänzungslieferung, Stand: 11/2011, Heymanns : Köln 2012; Klein, Armin: Kompendium Kulturmanagement. Handbuch für Studium und Praxis. 3. Aufl., Vahlen : München 2011.

608 *Marginalien*: Marginalien (lat. margo: Einfassung) sind gedruckte oder eigenhändig angebrachte Randbemerkungen neben einem Text.

609 *Monographie*: Monographien sind Bücher, die wissenschaftliche Untersuchungen über einen einzelnen Gegenstand beinhalten und in der Regel von einer Autorin bzw. einem Autor (grch. monos: allein) erstellt sind. Monographien haben deshalb keinen Herausgeber und unterscheiden sich von *Fachzeitschriften und *Sammelwerken.

610 *Nichtreaktive Forschungsmethoden*: Bei der Anwendung nichtreaktiver *Forschungsmethoden tritt der Forscher mit dem oder den Betroffenen nicht unmittelbar in Kontakt, sodass grundsätzlich die gewonnenen Daten und Informationen unbeeinflusst sind. Solche Methoden sind z. B. die Gewinnung von Informationen aus einer *Inhaltsanalyse von Dokumenten und / oder Akten.

611 *Nomenklatur*: Der Begriff (lat. nomenclator: Namennenner) ist die veraltete Bezeichnung für den „*Apparat" einer wissenschaftlichen Arbeit und betrifft in erster Linie die Namens-, Sach- oder Stichwortverzeichnisse. Allerdings wurden auch Listen bzw. die Gesamtheit der Fachausdrücke einer Wissenschaft als Nomenklatur bezeichnet.[37]

612 *Operator*: Der Begriff wird bei Suchrecherchen im Intranet und Internet verwendet. Ein Operator wird eingesetzt, um gezielter zu Suchergebnissen zu gelangen. Solche Operatoren sind *und, AND* oder + : Zwei oder mehr Begriffe werden ohne Leerzeichen miteinander verbunden und müssen – unerheblich von der Reihenfolge – im zu suchenden Text bzw. auf der Internetseite vorhanden sein. Weitere sind *oder, OR* oder / : Zwei oder mehr Begriffe werden ohne Leerzeichen miteinander verbunden; wenigstens einer dieser Begriffe muss im zu suchenden Text bzw. auf der Internetseite vorhanden sein. Verwendet werden auch *nicht, NOT* oder - : Es werden nur Seiten bzw. Texte gesucht, bei denen dieser Begriff nicht vorkommt. Bei *ADJ* werden nur die Texte und Internetseiten gefunden und angezeigt, bei denen die Suchbegriffe – unabhängig von der Reihenfolge – nebeneinander stehen. Schließlich gibt es noch *BEFORE* : Dieser Begriff legt die Reihenfolge der Suchbegriffe fest, wobei der erste vor dem zweiten stehen muss. Schließlich gibt es (...) : Komplexe Suchanfragen lassen sich mithilfe von Klammern gestalten, in denen verschiedene Operatoren obiger Definition zum Einsatz kommen, etwa „+Extremismus+Demokratie+(wehrhaft/streitbar)", oder „..." : Setzt man bestimmt Wortfolgen, sog. Phrasen, in Anführungszeichen, wird nur nach Texten gesucht, die diese

37 Vgl. Stary / Kretschmer, a. a. O. (Fn. 22), S, 30.

Phrasen auch wörtlich enthalten, etwa „Extremismus und Gewalt konsequent bekämpfen!“.[38]

Paperback: Mit dem engl. Begriff Paperback werden Bücher mit einem flexiblen (weichen) Kartoneinband bezeichnet, wie etwa nahezu alle Taschenbücher. Paperbacks unterscheiden sich von Büchern mit *Hardcover. 613

Plagiat: Der Begriff (lat. plagium: Menschenraub) bezeichnet das Abschreiben, den Textklau, den Diebstahl fremden geistigen Eigentums, indem das fremde Werk als eigenes oder als Teil des eigenen Werks ausgegeben wird. Ein Plagiat wird zum Beispiel dadurch begangen, dass Arbeiten aus dem Internet herunter geladen und als eigene ausgegeben werden. Diese Verletzung des Urheberrechts ist grundsätzlich strafbar, wobei weder Vorsatz noch Verschulden erforderlich ist (vgl. §§ 106 ff. UrhG). Außerdem wird der Plagiator zum Schadenersatz verpflichtet (vgl. §§ 97 ff. UrhG). Ein Plagiat entsteht auch schon dadurch, dass verwendete *Quellen und Literatur nicht angegeben werden. Plagiate werden von geübten Korrektorinnen und Korrektoren – auch mithilfe von Computerprogrammen[39] – erkannt.[40] Alle Prüfungsordnungen enthalten Vorschriften über Täuschungsversuche. Dagegen ist ein *Zitat, das vor allem im wissenschaftlichen Bereich durch Quellenangaben auf den Urheber[41] verweist und in aller Regel auch von nur begrenztem Umfang ist, kein Plagiat (vgl. § 51 UrhG). 614

Protokoll: Der grch./lat. Begriff bezieht sich auf die Niederschrift einer Verhandlung oder Diskussion, kann aber auch den Verlauf von Ereignissen oder nur ihr Ergebnis wiedergeben.[42] Zum Protokoll als wissenschaftliche Arbeit s. o. S. 24. 615

Qualitative Forschungsmethoden: Bei den qualitativen *Forschungsmethoden werden die Abläufe innerhalb der untersuchten sozialen Gegebenheit durch die beteiligten Subjekte und Objekte nicht beschränkt, beschnitten oder z. B. durch eine *Befragung unterbrochen. Vielmehr steht der ganze komplexe Geschehensverlauf, etwa in Form einer verdeckten *teilnehmenden Beobachtung, im Mittelpunkt und wird nicht in maschinenlesbare Daten konvertiert. Daraus ergibt sich der Nachteil der qualitativen Forschungsmethode, dass größere Forschungseinheiten für sie nicht in Be- 616

---

38 Vgl. Langer, Nicole: Schneller und leichter lernen: Referate und Vorträge halten. Gezielt vorbereiten und überzeugend präsentieren, München 2009, S. 25 f.

39 Z. B. Turnitin, Plagiarism-Finder, Docol©c oder Urkund.

40 Vgl. Hoffmann, Monika: Wie man eine wissenschaftliche Arbeit schreibt. In: aud!max 9-10/2006, S. 16-17, hier S. 16.

41 Vgl. § 7 UrhG: Urheber ist der Schöpfer des Werkes.

42 Vgl. Seidenspinner, Gundolf: Hochschul-Lexikon. 2. Aufl., DHB-Verlag : Lünen 2000, S. 119.

tracht kommen sondern nur kleine; allerdings sind die Ergebnisse qualitativer Forschung in der Regel umfassender.

617 *Quantitative Forschungsmethoden*: Bei den quantitativen *Forschungsmethoden werden Informationen gesammelt, die direkt aus Zahlen bestehen wie z. B. statistische Angaben (z. B. aus der PKS, der polizeilichen Kriminalstatistik) oder solche Informationen, die in Zahlen konvertiert werden können. Letztere werden in der Regel mit Hilfe eines standardisierten *Fragebogens in Umfrage- und Wahlforschungen (Demoskopie) eingesetzt, indem jeder vorgegebenen Antwort des Fragebogens eine bestimmte Zahl zugeordnet wird. Bei der anschließenden Auswertung können dann umfangreiche statistische Verfahren und Analysen zur Beantwortung der zu Beginn der Untersuchung aufgestellten Fragestellung durchgeführt werden.

618 *Quelle*: Im weiten Sinne bezeichnet der Begriff die Fundstellen für Behauptungen in wissenschaftlichen Arbeiten, in denen die getroffene Aussage nachgeprüft werden kann. In dieser allgemeinen Bedeutung werden umgangssprachlich als Quelle auch Fundstellen aus Sekundärliteratur bezeichnet. Im engen Sinn sind Quellen aber im Unterschied zur Literatur historische Zeugnisse, die in mündlicher, schriftlicher oder gegenständlicher Form vorliegen können. Typisch sind Tonbandmitschnitte, Protokolle von Reden oder Sitzungen, Ansprachen, Interviews, Plakate, Prospekte, Handzettel, Werbetexte, (unveröffentlichte) Manuskripte, Bilder, Grabsteine etc. Diese Quellen geben Aussagen aus erster Hand.

619 *Reaktive Forschungsmethoden*: Bei der Anwendung reaktiver *Forschungsmethoden tritt der Forscher mit dem oder den Betroffenen unmittelbar in Kontakt und ist z. B. in Form der *Befragung bei der Gewinnung der Informationen beteiligt. Reaktive Verfahren bergen deshalb immer die Gefahr der Beeinflussung der Ergebnisse.

620 *Referat*: Ein Referat (lat. referre: zurückbringen) ist eine schriftliche Arbeit zu einem festgelegten Thema. Referate werden meistens mündlich vorgetragen. Zu Referaten als wissenschaftliche Arbeit s. o. S. 32.

621 *Repetitorium*: Ein Repetitorium (lat. repetere: wiederaufsuchen) ist wissenschaftliches Sammelwerk, das oft in Form eines *Kompendiums ein bestimmtes Stoffgebiet aufbereitet. Typisch sind übersichtliche Zusammenfassungen, die unter didaktischem Aspekt methodisch aufbereitet und systematisch geordnet sind. Repetitorien dienen dem schnellen Nachschlagen und sind daher nicht für Anfänger geeignet. Als Texte zur Prüfungsvorbe-

reitung sind sie als Grundlage für wissenschaftliche Abschlussarbeiten eher ungeeignet.[43]

Reportage: Reportagen sind *Berichte, die sowohl Tatsachen als auch Beurteilungen, Interpretationen und Stellungnahmen enthalten. Reportagen sind daher immer sehr kritisch zu lesen und auf ihren Wahrheitsgehalt hin zu überprüfen. 622

Rezension: Eine Rezension (lat. recensio: Musterung) ist der akademische Begriff für eine Buchbesprechung oder eine Textkritik. Rezensionen erscheinen regelmäßig in *Fachzeitschriften und in *Jahrbüchern und geben so einen raschen Überblick über aktuelle Literatur. Rezensionen der wissenschaftlichen Literatur werden erfasst mit jährlich 6 Bänden in: Internationale Bibliographie der Rezensionen (IBR) geistes- und sozialwissenschaftlicher Literatur.[44] Auch einzelne Rezensionswerke nehmen Buchbesprechungen zu bestimmten Themen auf.[45] 623

Rubrik: Der Begriff Rubrik (lat. rubor: das Rot) steht im engeren Sinne für die Überschrift, die in mittelalterlichen Texten oft in roter Farbe ausgeführt wurde. In *Fachzeitschriften und *Jahrbüchern sind Rubriken eine ständige Einrichtung für bestimmte Themen.[46] In der Regel gibt es eine Rubrik mit Aufsätzen und Beiträgen sowie andere mit *Rezensionen, aktuellen Nachrichten und/oder Kurzbeiträgen. 624

Rubrum: Mit Rubrum wird der Kopf eines Urteils bezeichnet, der die Eingangsformel „*Im Namen des Volkes*“ enthält und in Abhängigkeit von der jeweiligen Verfahrensordnung weitere Inhalte erfordert (vgl. § 275 StPO; § 313 Abs. 1 Nr. 1, 2 ZPO; § 117 Abs. 2 Nr. 1, 2 VwGO; § 136 Abs. 1 Nr. 1-3 SGG, § 105 Abs. 2 Nr. 1, 2 FGO). Der Urteilskopf wurde früher in roter Farbe geschrieben.[47] 625

Sammelwerk: Der Begriff steht für Bücher, die zu einem Themenschwerpunkt – quasi wie eine *Fachzeitschrift, aber umfänglicher – eine ganze 626

---

43 Vgl. z. B. Ipsen, Jörn: Repetitorium Staatsrecht, Bd. 2, Grundrechte. Luchterhand : Neuwied 2000.

44 Saur Verlag (Hrsg.): Internationale Bibliographie der Rezensionen (IBR) geistes- und sozialwissenschaftlicher Literatur. Jährlich 6 Bde. (inzwischen auch als CD-ROM und online), K. G. Saur Verlag : München (1971 ff.).

45 Vgl. z. B. Möllers, Martin H. W. / van Ooyen, Robert Chr. (Hrsg.): Polizeiwissenschaft 2: Rezensierte Polizeiwissenschaft, JBÖS – Sonderband 7.2, Verlag für Polizeiwissenschaft : Frankfurt/M 2011.

46 Vgl. z. B. die regelmäßig wiederkehrenden Rubriken „Extremismus“, „Öffentliche Sicherheit in Deutschland“, „Europäische Sicherheitsarchitektur“ und „Internationale Sicherheit“ in Möllers, Martin H. W. / van Ooyen, Robert Chr. (Hrsg.): Jahrbuch Öffentliche Sicherheit. Verlag für Polizeiwissenschaft : Frankfurt/M 2003 ff. Daneben gibt es weitere Rubriken, die sich von JBÖS zu JBÖS unterscheiden.

47 Zur Problematik der Berichtigung des Rubrums vgl. Vollkommer, Max: Unzulässige „Berichtigung“ des Rubrums. In: MDR 1992, S. 642.

Reihe von Aufsätzen und Beiträgen verschiedener Autorinnen und Autoren enthalten und einen (oder mehrere) Herausgeber haben. Herausgeber können nicht nur natürliche Personen, sondern auch Personenvereinigungen und Institutionen sein (z. B. Bundesministerium des Innern als Herausgeber des Verfassungsschutzberichts 2007). Sammelwerke, die auch als „Sammelbände" bezeichnet werden, erscheinen entweder als Einzelausgabe (z. B. *Festschriften[48]) oder periodisch (z. B. Jahrbücher). Insbesondere Letztere bieten gerade für wissenschaftliche Arbeiten geeignete Grundlagen, da sie eine ähnliche Aktualität haben wie Fachzeitschriften.

627 *Sekundäranalyse*: Bei der Sekundäranalyse werden unabhängig vom ursprünglichen Zweck einer fremden Forschung deren Material (z. B. bereits ausgefüllte standardisierte *Fragebögen) oder deren Ergebnisse mit einem neuen wissenschaftlichen Ziel analysiert.

628 *Summary*: Der engl. Begriff hat dieselbe Bedeutung wie das *Abstract.

629 *Synopsis*: Eine Synopsis (grch. synoptos: übersichtlich) ist eine Zusammenstellung verschiedener Texte zum Zwecke des Vergleichs. Synopsen werden häufig in der Rechtswissenschaft verwendet, indem eine vergleichende Übersicht alte und neue Rechtslagen (Gesetzestexte) gegenüberstellt.[49]

630 *Teilnehmende Beobachtung*: Bei der teilnehmenden Beobachtung werden Personen in ihrer natürlichen Umgebung beobachtet, wobei der Beobachter bemüht ist, als Teil des Interaktionsfeldes des Beobachteten zu erscheinen. Dieser Methode wird vorgeworfen, dass sie sich nur auf die beobachtete Gruppe bezieht und diese Erkenntnisse nicht unbedingt zu verallgemeinern sind.

631 *Thesaurus*: Mit dem grch. Begriff Thesaurus wird allgemein ein Wortschatz bezeichnet. Damit steht Thesaurus für „ein umfassendes Wörterbuch als Sammelwerk aller Wörter einer Sprache oder einer Fachsprache"[50]. Textverarbeitungsprogramme wie Word® bieten unter dem Begriff Synonyme an, z. B. für „Hilferuf" die Wörter „Alarm" und „Notsignal". Mit dieser Einrichtung lassen sich wissenschaftliche Werke literarisch aufbessern.

---

48 Vgl. z. B. Möllers, Martin H. W. / van Ooyen, Robert Chr. / Spohrer, Hans-Thomas (Hrsg.): Die Polizei des Bundes in der rechtsstaatlichen pluralistischen Demokratie. 25 Jahre Fachhochschule des Bundes. Leske + Budrich : Opladen 2003; Borsdorff, Anke (Hrsg.): Bundespolizei im 21. Jahrhundert. Rechts- und polizeiwissenschaftliche Aufgabenfelder des Bundesgrenzschutzes. Festschrift zum 25-jährigen Bestehen der Fachhochschule des Bundes, Fachbereich Bundesgrenzschutz. Verlag für Polizeiwissenschaft : Frankfurt/M 2004.

49 Vgl. z. B. Bartsch, Michael / Maurer, Jörg / Sester, Peter: Beck'sche Synopse zum neuen Schuldrecht. 2. Aufl., C. H. Beck : München 2002; Borsdorff, Anke: Waffenrecht für den Bundesgrenzschutz – eine Gegenüberstellung des alten und des neuen Waffenrechts. In: Borsdorff (Hrsg.), Bundespolizei im 21. Jahrhundert, Verlag für Polizeiwissenschaft : Frankfurt/M 2004, S. 65-98.

50 Stary / Kretschmer, a. a. O. (Fn. 22), S. 33.

These: Der Begriff These (grch. thesis: Schöpfung) bezeichnet eine Behauptung, die erst noch des Beweises bedarf. Thesen sind Ausgangspunkt für wissenschaftliche Forschungsarbeiten, die im Hauptteil einleitend aufgestellt werden, um sie anschließend anhand der Literatur oder empirischer *Forschungsmethoden zu belegen oder zu widerlegen. Dagegen sollen sog. Thesenpapiere als wissenschaftliche Arbeiten zunächst nur eine Diskussion anregen (s. o. S. 28). **632**

Titelei: Der Begriff bezeichnet die ersten Seiten eines Buchs, die dem Haupttext vorangestellt sind. Zur Titelei gehören damit alle Seiten vom sog. *Schmutztitel* bis zum Inhaltsverzeichnis. Der Schmutztitel ist ein Vorsatztitel, der dem eigentlichen Titelblatt vorangestellt wird und in der Regel schmucklos nur den abgekürzten Titel des Werks oder Autor/in und Titel nennt. Manchmal befindet sich auf dem Schmutztitel nur das Signet des Verlags. Bei wissenschaftlichen Arbeiten findet sich auf der Schmutztitelrückseite, also auf Seite 2, oft der *Reihentitel* und der oder die Reihenherausgeber, wenn nicht ein *Frontispiz*, eine Illustration, diese Seite schmückt. Nach dem Haupttitel folgt üblicherweise auf der Rückseite das *Impressum. Diesem folgt unter Umständen ein *Dedikationstitel*, auf dem der Autor bzw. die Autorin eine Widmung verfasst hat. Auch das gelegentlich aufgeführte *Geleitwort*, das von einer anderen Person geschrieben ist, oder das *Vorwort* gehören noch zur Titelei. **633**

Wissenschaftliches Journal: Ein Merkheft oder Ringbuch, in das wie in ein Tagebuch Probleme und Einfälle aus der interessierenden wissenschaftlichen Disziplin eingetragen werden. Solche Journale sind beste Grundlagen für die Themenfindung von wissenschaftlichen Abschlussarbeiten. **634**

Zitat: Ein Zitat verweist vor allem im wissenschaftlichen Bereich durch Quellenangaben auf den Urheber, den Schöpfer des Werkes. Dies können Texte, Bilder, Musikstücke und andere Medien sein. Unterschieden werden bei Texten wörtliche Zitate, die auf den Buchstaben genau begrenzte Stellen aus einem Text übernehmen, und nicht wörtliche, die lediglich auf eine bestimmte Textstelle hinweisen. Ein Zitat, das in aller Regel einen begrenzten Umfang hat, gibt immer einen konkreten Hinweis auf eine andere Autorin bzw. auf einen anderen Autor. Es unterscheidet sich daher von einem *Plagiat. **635**

Literaturverzeichnis

Das Verzeichnis ist – wissenschaftlich unüblich – mit den Angaben zum jeweiligen Verlag unmittelbar vor dem Erscheinungsort erweitert worden, um die Literaturrecherche zu erleichtern.

Aden, Hartmut: Polizeinahe Fachzeitschriften – Formen und Grenzen des Einflusses auf polizeiliche Deutungsmuster und politische Entscheidungsprozesse, in: Lange, Hans-Jürgen (Hrsg.), Die Polizei der Gesellschaft. Verlag Leske + Budrich : Opladen 2003, S. 357-373.

Aebli, Hans: Grundlagen des Lehrens. Eine Allgemeine Didaktik. Umfelder und Motive des Lernens, Lernenlernen, Gesprächsführung, das Disziplinproblem, Prüfen und Benoten, 4. Aufl., Verlag Klett-Cotta : Stuttgart 1998.

Aebli, Hans: Zwölf Grundformen des Lehrens. Eine allgemeine Didaktik auf psychologischer Grundlage. Medien und Inhalte didaktischer Kommunikation, der Lernzyklus. 13. Aufl., Verlag Klett-Cotta : Stuttgart 2006.

Ahl, Peter: Möglichkeiten und Grenzen der Fallmethode im Betriebswirtschaftskundeunterricht an der kaufmännischen Berufsschule. In: Pilz, Roland (Hrsg.), Entscheidungsinitiierte Unterrichtsgestaltung in der Wirtschaftslehre, Verlag Schöningh : Paderborn 1974, S. 121-138.

Altmann, Robert / Berndt, Günter: Grundriß der Führungslehre Bd. 1, Grundlagen kooperativer Führung. Bearbeitet von Günter Berndt. 3. Aufl., Schmidt-Römhild : Lübeck 1992.

Altmann, Robert / Berndt, Günter: Grundriß der Führungslehre Bd. 2, Führen in der Organisation. Bearbeitet von Robert Altmann. 2. Aufl., Schmidt-Römhild : Lübeck 1994.

Apolte, Thomas / Bender, Dieter / Berg, Hartmut / Cassel, Dieter / Erlei, Mathias / Gabisch, Günter / Grossekettler, Heinz / Hartwig, Karl-Hans / Hübl, Lothar / Kerber, Wolfgang / Nienhaus, Volker / Ott, Notburga / Siebke, Jürgen / Smeets, Heinz-Dieter / Thieme, Jörg H. / Vollmer, Uwe: Vahlens Kompendium der Wirtschaftstheorie und Wirtschaftspolitik. 2 Bde., 9. Aufl., Vahlen : München 2007.

Bachof, Otto u. a. (Hrsg.): Forschungen und Berichte aus dem Öffentlichen Recht. Gedächtnisschrift für Walter Jellinek – 12. Juli 1985 – 9. Juli 1955, C. H. Beck : München 1955.

Backes, Uwe / Jesse, Eckhard (Hrsg.): Extremismus & Demokratie (E & D). Nomos : Baden-Baden 1988 ff.

Badura, Peter / Dreier, Horst (Hrsg.): Festschrift 50 Jahre Bundesverfassungsgericht. 2 Bde., Mohr-Siebeck : Tübingen 2001.

Ballerstedt, Eike / Glatzer, Wolfgang / Mayer, Karl-Ulrich: Soziologischer Almanach. Handbuch gesellschaftlicher Daten und Indikatoren. 3. Aufl., Campus : Frankfurt/M 1979.

Baraldi, Claudio / Corsi, Giancarlo / Esposito, Elena: GLU. Glossar zu Niklas Luhmanns Theorie sozialer Systeme. 4. Aufl., Suhrkamp : Frankfurt/M 1997.

von Baratta, Mario / Clauss, Jan Ulrich: Fischer Almanach der internationalen Organisationen. Fischer Taschenbuch Verlag : Frankfurt/M 1995.

Bartsch, Michael / Maurer, Jörg / Sester, Peter: Beck'sche Synopse zum neuen Schuldrecht. 2. Aufl., C. H. Beck : München 2002.

Baum, Thilo: 30 Minuten für gutes Schreiben. Gabal : Offenbach 2004.

Beck, Horst: Die Veranschaulichung von Lehrstoffen, dargestellt an Beispielen aus kaufmännischen Fächern. In: Gönner, Kurt / Reip, Hubert (Hrsg.), Unterrichtsplanung für kaufmännische Schulen. 3. Aufl., Verlag Gehlen : Bad Homburg 1998, S. 335 ff.

Becker, Howard S.: Die Kunst des professionellen Schreibens. Ein Leitfaden für die Geistes- und Sozialwissenschaften. 2. Aufl., Campus : Stuttgart 2000.

Blaha, Michaela: Typische Texte aus der Verwaltung – und wie man es besser macht. In: Dies. / Wilhelm (Hrsg.), Verständliche Sprache in Recht und Verwaltung – Herausforderungen und Chancen. Verlag für Verwaltungswissenschaft : Frankfurt/M 2011, S. 89-111.

Blaha, Michaela / Wilhelm, Hermann (Hrsg.): Verständliche Sprache in Recht und Verwaltung – Herausforderungen und Chancen. (Hochschule – Wissenschaft – Praxis. Schriftenreihe der Fachhochschule für öffentliche Verwaltung NRW, hrsgg. vom Präsidenten der FHöV NRW Ludger Schrapper, Bd. 1). Verlag für Verwaltungswissenschaft : Frankfurt/M 2011.

Borsdorff, Anke: Waffenrecht für den Bundesgrenzschutz – eine Gegenüberstellung des alten und des neuen Waffenrechts. In: Borsdorff (Hrsg.), Bundespolizei im 21. Jahrhundert, Verlag für Polizeiwissenschaft : Frankfurt/M 2004, S. 65-98.

Borsdorff, Anke (Hrsg.): Bundespolizei im 21. Jahrhundert. Rechts- und polizeiwissenschaftliche Aufgabenfelder des Bundesgrenzschutzes. Festschrift zum 25-jährigen Bestehen der Fachhochschule des Bundes, Fachbereich Bundesgrenzschutz. Verlag für Polizeiwissenschaft : Frankfurt/M 2004.

Bortz, Jürgen / Döring, Nicola: Forschungsmethoden und Evaluation: für Human- und Sozialwissenschaftler. 4. Aufl., Springer Medizin Verlag : Heidelberg 2006.

Bortz, Jürgen / Lienert, Gustav A. / Boehnke, Klaus: Verteilungsfreie Methoden in der Biostatistik. 3. Aufl., Springer : Berlin 2008.

Braun, Stephan / Geisler, Alexander / Gerster, Martin (Hrsg.): Strategien der extremen Rechten. Hintergründe – Analysen – Antworten, Wiesbaden 2009.

Braun, Stephan / Hoersch, Daniel (Hrsg.): Rechte Netzwerke – eine Gefahr, Wiesbaden 2004.

Brauner, Detlef Jürgen / Vollmer, Hans-Ulrich: Erfolgreiches wissenschaftliches Arbeiten. Seminararbeit – Bachelor-/Masterarbeit (Diplomarbeit) – Doktorarbeit. 3. Aufl., Verlag Wissenschaft & Praxis : Sternenfels 2008.

Brauner, Detlef Jürgen / Weigert, Martin M. (Hrsg.): Lexikon des Verlagswesens, unter Mitarbeit von Robert Raible-Besten. Oldenbourg Verlag : München 1997.

Bröckling, Ulrich / Krasmann, Susanne / Lemke, Thomas (Hrsg.): Glossar der Gegenwart. Suhrkamp : Frankfurt/M 2004.

Brosius, Gerhard: SPSS/PC+. Basics und Graphics. Einführung und praktische Beispiele. McGraw-Hill, Maidenh. : Hamburg 1998.

Bürklin, Thorsten: Bauen als (demokratische) Sinnstiftung. Das Gebäude des Bundesverfassungsgerichts als „Staatsbau". In: van Ooyen / Möllers (Hrsg.), Das Bundesverfassungsgericht im politischen System, VS Verlag für Sozialwissenschaften : Wiesbaden 2006, S. 13-28.

Charbel, Ariane: Schnell und einfach zur Diplomarbeit. Der praktische Ratgeber für Studenten. 5. Aufl., BW Bildung und Wissen Verlag : Nürnberg 2006.

Creifelds, Carl (Begr.) / Weber, Klaus (Hrsg.): Rechtswörterbuch. 20. Aufl., C. H. Beck :München 2011.

Cropley, Arthur J.: Qualitative Forschungsmethoden. Eine praxisnahe Einführung. 4. Aufl., Verlag Dietmar Klotz : Eschborn 2010.

DIN Deutsches Institut für Normung e. V. (Hrsg.): Schreib- und Gestaltungsregeln für die Textverarbeitung. Sonderdruck von DIN 5008:2011. 5. Aufl., Beuth Verlag : Berlin / Wien / Zürich 2011.

Dyrba, Berthold: Kompendium Explosionsschutz. Sammlung der relevanten Vorschriften zum Explosionsschutz mit Fragen und Antworten für die Praxis. Loseblatt, 1 CD-ROM, 16. Ergänzungslieferung, Stand: 11/2011, Heymanns : Köln 2012.

Ebert, Helmut: Verwaltungssprache aus Sicht der Sprachwissenschaft; in: Blaha / Wilhelm (Hrsg.), Verständliche Sprache in Recht und Verwaltung – Herausforderungen und Chancen. Verlag für Verwaltungswissenschaft : Frankfurt/M 2011, S. 13-23.

Eichhoff-Cyrus, Karin M. / Antos, Gerd (Hrsg.): Verständlichkeit als Bürgerrecht? Die Rechts- und Verwaltungssprache in der öffentlichen Diskussion, Dudenverlag : Mannheim 2008.

Eifler, Stefanie: Alltagstheorien. In: Möllers (Hrsg.), Wörterbuch der Polizei, 2. Aufl., C. H. Beck : München 2010, S. 58.

Eifler, Stefanie: Labeling Approach. In: Möllers (Hrsg.), Wörterbuch der Polizei, 2. Aufl., C. H. Beck : München 2010, S. 1150.

Eifler, Stefanie: Pönologie. In: Möllers (Hrsg.), Wörterbuch der Polizei, 2. Aufl., C. H. Beck : München 2010, S. 1493-1494.

Eifler, Stefanie: Viktimologie. In: Möllers (Hrsg.), Wörterbuch der Polizei, 2. Aufl., C. H. Beck : München 2010, S. 2176.

Eilles-Matthiessen, Claudia / Büttner, Christian: Polizei in der multikulturellen Gesellschaft – Das Frankfurter Trainingskonzept des EU Projektes 'NGOs and Police Against Prejudice'. In: Möllers / van Ooyen (Hrsg.), Europäisierung und Internationalisierung der Polizei. Verlag für Polizeiwissenschaft : Frankfurt/M 2006, S. 267-282.

Esselborn-Krumbiegel, Helga: Von der Idee zum Text. Eine Anleitung zum wissenschaftlichen Schreiben. 3. Aufl., Schöningh UTB : Paderborn 2008.

Felder, Ekkehard: Grenzen der Sprache im Spiegel von Gesetzestext und Rechtsprechung. Das Konzept der juristischen Textarbeit; in: Eichhoff-Cyrus / Antos (Hrsg.), Verständlichkeit als Bürgerrecht? Die Rechts- und Verwaltungssprache in der öffentlichen Diskussion, Dudenverlag : Mannheim 2008, S. 117-135.

Franck, Norbert: Klartext schreiben. Mehr Erfolg im Beruf. Berichte, Protokolle, Pressemeldungen. Walhalla & Praetoria : Regensburg 2001.

Franck, Norbert: Handbuch Wissenschaftliches Arbeiten. 2. Aufl., Fischer : Frankfurt/M 2007.

Franck, Norbert / Stary, Joachim: Die Technik wissenschaftlichen Arbeitens. Eine praktische Anleitung. 16. Aufl., Schöningh UTB : Paderborn 2011.

Friedrich, Walter / Hennig, Werner: Der sozialwissenschaftliche Forschungsprozeß. Deutscher Verlag der Wissenschaften : Berlin (DDR) 1975.

Fröhlich, Werner D.: Wörterbuch Psychologie. 27. Aufl., Deutscher Taschenbuch Verlag : München 2010.

Fröhlich, Werner D. / Becker, Johannes: Forschungsstatistik. 7. Aufl., Verlag Bouvier : Bonn 1984.

Giemulla, Elmar / Hundertmark, Reiner / Jakob, Bernd / Möller, Hans-Werner: Prüferleitfaden für das Grundstudium. Grundsätze für die Erstellung und Bewertung der Zwischenprüfungsarbeiten. Stand: September 1984. In: Berichte der Fachhochschule des Bundes für öffentliche Verwaltung, Didaktisches Zentrum und Arbeitsgruppe Dozentenweiterbildung (Hrsg.), FH Bund : Köln 1984.

Grewendorf, Günther (Hrsg.): Rechtskultur als Sprachkultur. Zur forensischen Funktion der Sprachanalyse, Suhrkamp : Frankfurt a. M. 1992.

von Groddeck, Victoria: Organisation und Werte: Formen, Funktionen, Folgen. Springer VS : Wiesbaden 2011.

Häcker, Thomas: Portfolio: ein Entwicklungsinstrument für selbstbestimmtes Lernen. Eine explorative Studie zur Arbeit mit Portfolios in der Sekundarstufe 1, 3. Aufl., Schneider Verlag Hohengehren : Baltmannsweiler 2007.

Hammarling, Sven / Higham, Nicholas J.: How to Prepare a Poster; Society for Industrial and Applied Mathematics, Philadelphia 2014, http://www.siam.org/meetings/guidelines/poster.php.

Heitmeyer, Wilhelm (Hrsg.): Internationales Handbuch der Gewaltforschung. VS Verlag für Sozialwissenschaften : Wiesbaden 2002.

Hensgen, Anne / Blum, Franz: Vergleiche einzelner Teilnehmergruppen beim zweiten Termin des besonderen Auswahlverfahrens: zahlenmäßige Anteile, Test- und Schulleistungen. In: Trost, Günter (Hrsg.), Test für medizinische Studiengänge (TMS). Zwölfter Arbeitsbericht, Institut für Test- und Begabungsforschung : Bonn 1988.

Hess, George R. / Tosney, Kathryn / Liegel, Leon: Creating Effective Poster Presentations, http://www.ncsu.edu/project/posters, North Carolina state university 2013.

Hierdeis, Helmwart / Hug, Theo: Pädagogische Alltagstheorien und erziehungswissenschaftliche Theorien. Ein Studienbuch zur Einführung. 2. Aufl., Klinkhardt : München 1996.

Hoffmann, Ludger: Wie verständlich können Gesetze sein?; in: Grewendorf (Hrsg.), Rechtskultur als Sprachkultur, Suhrkamp : Frankfurt a. M. 1992, S. 236-275.

Hoffmann, Monika: Wie man eine wissenschaftliche Arbeit schreibt. In: aud!max 9-10/2006, S. 16-17.

Ipsen, Jörn: Repetitorium Staatsrecht, Bd. 2, Grundrechte. Luchterhand : Neuwied 2000.

Jahr, Silke: Emotionen und Emotionsstrukturen in Sachtexten. Ein interdisziplinärer Ansatz zur qualitativen und quantitativen Beschreibung der Emotionalität von Texten (Collection VIS-A-VIS), Walter de Gruyter : Berlin 2000.

Jaubert, Alain: Fotos die lügen. Hain Verlag : Bodenheim 1997.
Kammer, Manfred: Bit um Bit. Wissenschaftliche Arbeiten mit dem PC. 2. Aufl., Metzler : Stuttgart 2002.
Kämper, Heidrun / Eichinger, Ludwig (Hrsg.): Sprache, Kognition, Kultur. Sprache zwischen mentaler Struktur und kultureller Prägung (Jahrbuch des Instituts für Deutsche Sprache) 2007, Walter de Gruyter : Berlin 2008.
Klafki, Wolfgang: Studien zur Bildungstheorie und Didaktik. Durch ein kritisches Vorwort ergänzte Auflage, Beltz Verlag : Weinheim / Basel 1975.
Klein, Armin: Kompendium Kulturmanagement. Handbuch für Studium und Praxis. 3. Aufl., Vahlen : München 2011.
Klingberg, Lothar: Einführung in die Allgemeine Didaktik. Reprint der Ausgabe des Verlags Volk und Wissen Volkseigener Verlag, Berlin-Ost. Fischer Athenäum : Frankfurt am Main o. J. [1975].
König, René (Hrsg.): Handbuch der empirischen Sozialforschung. 15 Bde. Enke : Stuttgart 1967 ff.
Krämer, Walter: Wie schreibe ich eine Seminar-, Examens- und Diplomarbeit. Eine Anleitung zum wissenschaftlichen Arbeiten für Studierende aller Fächer an Universitäten, Fachhochschulen und Berufsakademien. 4. Aufl., Gustav Fischer UTB : Stuttgart 1998.
Krämer, Walter: Wie schreibe ich eine Seminar- oder Examensarbeit. 3. Aufl., Campus : Stuttgart 2009.
Kromrey, Helmut: Empirische Sozialforschung. Modelle und Methoden der standardisierten Datenerhebung und Datenausweitung. 12. Aufl., UTB Verlag Lucius & Lucius : Stuttgart 2009.
Kruse, Otto: Keine Angst vor dem leeren Blatt. Ohne Schreibblockaden durchs Studium. Campus : Stuttgart 2005.
Kuhleber, Hans-Werner: Einsatzlehre. Bd. 1: Einsatzmodell, Planungs- und Entscheidungsprozess, Gewährleistungslagen. 2. Aufl., Verlag deutsche Polizeiliteratur : Hilden/Rheinland 2001.
Kuhleber, Hans-Werner: Einsatzlehre. Bd. 2: Gefahrenlagen und Strafverfolgungslagen. 2. Aufl., Verlag deutsche Polizeiliteratur : Hilden/Rheinland 2004.
Lange, Hans-Jürgen: Innere Sicherheit im Politischen System der BRD. Verlag Leske + Budrich : Opladen 1999.
Lange, Hans-Jürgen (Hrsg.): Die Polizei der Gesellschaft. Zur Soziologie der Inneren Sicherheit. Verlag Leske + Budrich : Opladen 2003.
Lange, Hans-Jürgen (Hrsg.): Wörterbuch zur Inneren Sicherheit. VS Verlag für Sozialwissenschaften : Wiesbaden 2006.

Langer, Nicole: Schneller und leichter lernen: Referate und Vorträge halten. Gezielt vorbereiten und überzeugend präsentieren, Compact Verlag : München 2009.

Lichtenberg, Georg Christoph: Aphorismen. Ausgewählt und eingeleitet von Friedrich Sengle, Reclam Universal-Bibliothek : Stuttgart 2004.

Lichtenberg, Georg Christoph: Sudelbücher. Herausgegeben von Franz H. Mautner. Mit einem Nachwort, Anmerkungen zum Text, einer Konkordanz der Aphorismen-Nummern und einer Zeittafel, 14. Aufl., Insel Verlag : Frankfurt/Main 2007.

Lienert, Gustav A. / Raatz, Ulrich: Testaufbau und Testanalyse. 6. Aufl., Beltz-PsychologieVerlagsUnion : Weinheim 1998.

Lingen Verlag (Hrsg.): Leichter lernen visuell: Excel^{2003} – leicht – verständlich – praxisnah. Lingen Verlag : Köln 2006.

Lingen Verlag (Hrsg.): Leichter lernen visuell: Word^{2003} – leicht – verständlich – praxisnah. Lingen Verlag : Köln 2006.

Lingen Verlag (Hrsg.): EXCEL^{2007} leicht verständlich praxisnah – mit Begleit-CD-Rom. Lingen Verlag : Köln 2010.

Lingen Verlag (Hrsg.): WORD^{2010} leicht verständlich praxisnah – mit Begleit-CD-Rom. Lingen Verlag : Köln 2011.

Lisken, Hans / Denninger, Erhard (Hrsg.): Handbuch des Polizeirechts. 4. Aufl., C. H. Beck : München 2007.

Lück, Wolfgang: Technik des wissenschaftlichen Arbeitens. Seminararbeit, Diplomarbeit, Dissertation. 10. Aufl., Oldenbourg : München 2008.

Maier, Wolfgang: Mit Medien motivieren. Beispiele für den Unterricht, Universum Verlagsanstalt : Wiesbaden 2001.

Manekeller, Frank W.: DIN 5008 von A bis Z. Perfekt schreiben mit Word 2003. Präzise Erläuterungen und Anwendungshinweise zu den „Schreib- und Gestaltungsregeln für die Textverarbeitung“ in der Fassung von 2001 sowie der Änderung A1 von 2004. Bildungsverlag EINS: Troisdorf 2004.

Manekeller, Frank W.: DIN 5008 von A bis Z: Perfekt schreiben mit Word 2007. 2. Aufl., Bildungsverlag EINS : Troisdorf 2008.

Marquardt, Nadine / Schreiber, Verena (Hrsg.): Ortsregister: Ein Glossar zu Räumen der Gegenwart. Transcript : Bielefeld 2012.

Maunz, Theodor / Dürig, Günter u. a.: Grundgesetz, Loseblatt-Kommentar in 7 Leinenordnern, 64. Ergänzungslieferung, München 2012.

Mittelstraß, Jürgen (Hrsg.): Enzyklopädie Philosophie und Wissenschaftstheorie. Sonderausgabe 4 Bde. Metzler : Stuttgart 2004.

Möllers, Martin H. W.: Bürgernähe der Verwaltung als Thema der Ausbildung von Beamten des gehobenen nichttechnischen Dienstes. Deutsche Hochschulschriften, Band 556 (Microfiche), Hänsel-Hohenhausen : Egelsbach 1992.

Möllers, Martin H. W.: Das Wesen des Sachenrechts in Gegenüberstellung zum Schuldrecht unter dem besonderen Aspekt einer Erfassung des Abstraktionsprinzips, dargestellt am Institut des Eigentums an beweglichen Sachen. Ein Beitrag zur Rechtsdidaktik. Deutsche Hochschulschriften, Band 544 (Microfiche), Hensel-Hohenhausen : Egelsbach 1992.

Möllers, Martin H. W.: Rezension: Kuselit-R: Die verlagsübergreifende Bibliographie der wichtigsten juristisch relevanten Periodika auf CD-ROM. In: Möllers (Hrsg.), Veränderungen bei den Vollzugsaufgaben des Bundesgrenzschutzes durch Politik und Recht, ASPiBGS, Bd. 5, Lübeck 1999, S. 119-122.

Möllers, Martin H. W. (Hrsg.): Veränderungen bei den Vollzugsaufgaben des Bundesgrenzschutzes durch Politik und Recht. Arbeiten zu Studium und Praxis im Bundesgrenzschutz, Band 5. Fachhochschule des Bundes für öffentliche Verwaltung, Fachbereich Bundesgrenzschutz : Lübeck 1999.

Möllers, Martin H. W.: Vom Nutzen einer Diplomarbeit für den Polizeiberuf – ein Essay zur Einführung der Diplomarbeit an der Hochschule des BGS. In: Möllers / van Ooyen / Spohrer (Hrsg.), Die Polizei des Bundes in der rechtsstaatlichen pluralistischen Demokratie. Leske + Budrich : Opladen 2003, S. 29-33.

Möllers, Martin H. W.: Nach der PISA-Studie – Didaktische Konzepte an Fachhochschulen nach finnischem Vorbild? In: Möllers / van Ooyen / Spohrer (Hrsg.), Die Polizei des Bundes in der rechtsstaatlichen pluralistischen Demokratie. Leske + Budrich : Opladen 2003, S. 35-57.

Möllers, Martin H. W.: Business-Knigge. Internationales Lexikon des guten Benehmens. Praxis & Erfolg, Bd. 3. Ludwig : Kiel 2005.

Möllers, Martin H. W.: Wie fertige ich eine Hausarbeit an? Die formale und inhaltliche Struktur von Hausarbeiten an der FH Bund, Fachbereich Bundespolizei. Unterrichtsskript. Lübeck 2006; frei zugänglich als „Hausarbeit als Kurzform zur Diplomarbeit" unter http://martin-moellers.de/modulstudium/#Modul19.

Möllers, Martin H. W.: Business-Knigge. Internationales Lexikon des guten Benehmens, 3. Aufl., Verlag Ludwig : Kiel 2006.

Möllers, Martin H. W.: Vermögensaufbau und Altersvorsorge. Lexikon zur finanziellen Freiheit, Verlag Ludwig : Kiel 2007.

Möllers, Martin H. W.: Wikipedia; in: Ders. (Hrsg.), Wörterbuch der Polizei, 2. Aufl., C. H. Beck : München 2010, S. 2269.

Möllers, Martin H. W. (Hrsg.): Wörterbuch der Polizei. 2. Aufl., C. H. Beck : München 2010.

Möllers, Martin H. W.: Lehren und Prüfen bei der Polizei. Ein Lehrbuch der Didaktik und ihrer Methoden. Blaue Reihe: Studienbücher für die Polizei. 2. Aufl., Verlag für Polizeiwissenschaft : Frankfurt/M 2011.

Möllers, Martin H. W.: Polizei und Grundrechte. Ein Lehrbuch zu den Menschenrechten in der polizeilichen Praxis. Blaue Reihe: Studienbücher für die Polizei. 2. Aufl., Verlag für Polizeiwissenschaft : Frankfurt/M 2011.

Möllers, Martin H. W.: PISA und Polizei – Zur Lesekompetenz im Fachhochschulstudium als Schlüsselqualifikation für den Polizeiberuf. In: Möllers / van Ooyen (Hrsg.), Polizeiwissenschaft 3: Polizeihochschul-(Aus-)Bildung, JBÖS – Sonderband 7.3, Verlag für Polizeiwissenschaft : Frankfurt/M 2011, S. 61-81.

Möllers, Martin H. W.: Ist das Ausbildungsthema ‚Bürgernahe, kundenorientierte Verwaltung' erfolgreich? – Entwurf eines Fragebogens zur Lernzielerfolgskontrolle. Verlag für Verwaltungswissenschaft : Frankfurt/M 2012.

Möllers, Martin H. W. / van Ooyen, Robert Chr. (Hrsg.): Jahrbuch Öffentliche Sicherheit 2002/2003. Verlag für Polizeiwissenschaft : Frankfurt/M 2003.

Möllers, Martin H. W. / van Ooyen, Robert Chr. (Hrsg.): Jahrbuch Öffentliche Sicherheit 2004/2005. Verlag für Polizeiwissenschaft : Frankfurt/M 2005.

Möllers, Martin H. W. / van Ooyen, Robert Chr. (Hrsg.): Europäisierung und Internationalisierung der Polizei. Verlag für Polizeiwissenschaft : Frankfurt/M 2006.

Möllers, Martin H. W. / van Ooyen, Robert Chr. (Hrsg.): Jahrbuch Öffentliche Sicherheit 2006/2007. Verlag für Polizeiwissenschaft : Frankfurt/M 2007.

Möllers, Martin H. W. / van Ooyen, Robert Chr. (Hrsg.): Jahrbuch Öffentliche Sicherheit 2008/2009. Verlag für Polizeiwissenschaft : Frankfurt/M 2009.

Möllers, Martin H. W. / van Ooyen, Robert Chr. (Hrsg.): Jahrbuch Öffentliche Sicherheit 2010/2011. Erster Halbband, Verlag für Polizeiwissenschaft : Frankfurt/M 2011.

Möllers, Martin H. W. / van Ooyen, Robert Chr. (Hrsg.): Jahrbuch Öffentliche Sicherheit 2010/2011. Zweiter Halbband, Verlag für Polizeiwissenschaft : Frankfurt/M 2011.

Möllers, Martin H. W. / van Ooyen, Robert Chr. (Hrsg.): Polizeiwissenschaft 2: Rezensierte Polizeiwissenschaft, JBÖS – Sonderband 7.2, Verlag für Polizeiwissenschaft : Frankfurt/M 2011.

Möllers, Martin H. W. / van Ooyen, Robert Chr. (Hrsg.): Polizeiwissenschaft 3: Polizeihochschul-(Aus-)Bildung, JBÖS – Sonderband 7.3, Verlag für Polizeiwissenschaft : Frankfurt/M 2011.

Möllers, Martin H. W. / van Ooyen, Robert Chr. / Spohrer, Hans-Thomas (Hrsg.): Die Polizei des Bundes in der rechtsstaatlichen pluralistischen Demokratie. 25 Jahre Fachhochschule des Bundes. Leske + Budrich : Opladen 2003.

Mummendey, Hans Dieter / Grau, Ina: Die Fragebogen-Methode. 5. Aufl., Hogrefe : Göttingen 2008.

Narr, Wolf-Dieter / Stary, Joachim (Hrsg.): Lust und Last des wissenschaftlichen Schreibens. Hochschullehrerinnen und Hochschullehrer geben Studierenden Tipps. 2. Aufl., Suhrkamp : Frankfurt/M 1999.

Niederhauser, Jürg: Duden: Die schriftliche Arbeit. Dudenverlag : Mannheim 2011.

van Ooyen, Robert Chr.: Rechtsprechung, politische Philosophie oder bloße Macht der Dezision? Das Bundesverfassungsgericht und das Asylrecht. In: Möllers / van Ooyen / Spohrer (Hrsg.), Die Polizei des Bundes in der rechtsstaatlichen pluralistischen Demokratie, Opladen 2003, S. 67-86.

van Ooyen, Robert Chr.: Politik und Verfassung. Beiträge zu einer politikwissenschaftlichen Verfassungslehre. VS Verlag für Sozialwissenschaften : Wiesbaden 2006.

van Ooyen, Robert Chr. / Möllers, Martin H. W. (Hrsg.): Die Öffentliche Sicherheit auf dem Prüfstand. 11. September und NPD-Verbot. Verlag für Polizeiwissenschaft : Frankfurt/M 2002.

van Ooyen, Robert Chr. / Möllers, Martin H. W. (Hrsg.): (Doppel-)Staat und Gruppeninteressen. Pluralismus – Parlamentarismus – Schmitt-Kritik bei Ernst Fraenkel. Staatsverständnisse, Bd. 26. Nomos : Baden-Baden 2009.

van Ooyen, Robert Chr. / Möllers, Martin H. W. (Hrsg.): Der Bundespräsident im politischen System. Springer VS : Wiesbaden 2012.

van Ooyen, Robert Chr. / Möllers, Martin H. W. (Hrsg.): Das Bundesverfassungsgericht im politischen System. 2. Aufl., Verlag Springer : Wiesbaden 2015.

Osterkorn, Thomas: Editorial zum Beitrag „Wie gut ist Wikipedia? Der STERN testet das größte Internet-Lexikon der Welt“, STERN 50/2007.

Paulson, F. Leon / Paulson, Pearl R. / Meyer, Carol A.: What Makes a Portfolio a Portfolio? Eight thoughtful guidelines will help educators encourage self-directed learning, Educational Leadership : February 1991.

Pawek, Karl: Das optische Zeitalter. Grundzüge einer neuen Epoche, Walter-Verlag Olten : Freiburg 1963.

Peters, Helge: Als Partisanenwissenschaft ausgedient, als Theorie aber nicht sterblich: der labeling approach. In: Kriminologisches Journal (KrimJ) Jg. 28, 1996, S. 107-115.

Poenicke, Klaus: Wie verfasst man wissenschaftliche Arbeiten? Ein Leitfaden vom ersten Studiensemester bis zur Promotion. 2. Aufl., Dudenverlag : Mannheim 1988.

Pommerening, Klaus: Ein Poster ist ein Plakat. IMBEI, Universitätsmedizin Mainz, 10. November 2009, 12 Folien; http://www.staff.uni-mainz.de/pommeren/Vortraege/Gutes_Poster.pdf.

Pospiech, Ulrike: Wie schreibt man wissenschaftliche Arbeiten? Alles Wichtige von der Planung bis zum fertigen Text. Duden-Ratgeber, Dudenverlag : Mannheim/Zürich 2012.

Prentice Hall International (Hrsg.): SPSS 18.0 Integrated Student Version [Englisch] [DVD-ROM], Chicago Illinois, USA 2010.

Pyerin, Brigitte: Kreatives wissenschaftliches Schreiben. Tipps und Tricks gegen Schreibblockaden. 3. Aufl., Juventa : München 2007.

Rechenzentrum der Julius-Maximilians-Universität Würzburg (Hrsg.): Tipps zur Gestaltung von Postern mit wissenschaftlichen Auswertungen, Würzburg 2. Oktober 2014, http://www.rz.uni-wuerzburg.de/dienste/druck/posterdruck/postergestaltung.

Röpke, Andrea / Speit, Andreas (Hrsg.): Neonazis in Nadelstreifen. Die NPD auf dem Weg in die Mitte der Gesellschaft, 2. Aufl., Berlin 2008.

Rückriem, Georg / Franck, Norbert / Stary, Joachim: Die Technik wissenschaftlichen Arbeitens. Eine praktische Anleitung. 9. Aufl., Schöningh UTB : Paderborn 1995.

Saur Verlag (Hrsg.): Internationale Bibliographie der Rezensionen (IBR) geistes- und sozialwissenschaftlicher Literatur. Jährlich 6 Bde. (inzwischen auch als CD-ROM und online), K. G. Saur Verlag : München (1971 ff.).

Scheibel, Michael: Grundlagen der Portfolioarbeit. Was bedeutet die Portfolioarbeit? Wozu werden Portfolios benötigt? Und welche Typen von Portfolios gibt es?; in: lehrer-online vom 23.02.2010; http://www.lehrer-online.de/815235.php?sid=77109599109587504138080518051290.

Schmidt, Rolf: Bremisches Polizeigesetz (BremPolG). Studien- und Praxiskommentar. Dr. Rolf Schmidt Verlag : Grasberg 2006.

Schneider, Andreas / Lang, Gerd: Wörterbuch der Kriminalwissenschaften. Ein Nachschlagewerk zur Kriminalitätskontrolle für Studierende und Praktiker aus Polizei, Justiz und Gerichtsmedizin. Boorberg : Stuttgart 2001.

Schnell, Rainer / Hill, Paul B. / Esser, Elke: Methoden der empirischen Sozialforschung, 9. Aufl., Verlag Oldenbourg : München 2011.

Seidenspinner, Gundolf: Hochschul-Lexikon. 2. Aufl., DHB-Verlag : Lünen 2000.

Speck, Josef: Handbuch wissenschaftstheoretischer Begriffe, 3 Bde., Vandenhoeck & Ruprecht : Göttingen 1980.

Spohrer, Hans-Thomas: Der Theorie-Praxis-Streit am Beispiel des Hochschulstudiums der Polizei – ein Beitrag aus sozialwissenschaftlicher Sicht. In: Möllers / van Ooyen / Spohrer (Hrsg.), Die Polizei des Bundes in der rechtsstaatlichen pluralistischen Demokratie, Leske + Budrich : Opladen 2003, S. 57-64.

Spohrer, Hans-Thomas: Studium ohne Wissenschaft? Das Primat der Praxis am Beispiel des Hochschulstudiums der Polizei aus sozialwissenschaftlicher Sicht. In: Möllers / van Ooyen (Hrsg.), Polizeiwissenschaft 3: Polizeihochschul-(Aus-)Bildung, JBÖS – Sonderband 7.3, Verlag für Polizeiwissenschaft : Frankfurt/M 2011, S. 47-54.

Stary, Joachim / Kretschmer, Horst: Umgang mit wissenschaftlicher Literatur. Eine Arbeitshilfe für das sozial- und geisteswissenschaftliche Studium. 5. Aufl., Cornelsen Scriptor Verlag : Frankfurt/M 1999.

Steinhauer, Anja: Duden: Das Wörterbuch der Abkürzungen. Rund 50.000 nationale und internationale Abkürzungen und Kurzwörter mit ihren Bedeutungen. 6. Aufl., Dudenverlag : Mannheim 2011.

Stier, Winfried: Empirische Forschungsmethoden, 2. Aufl., Springer Verlag : Berlin 1999.

Stiftung Haus der Geschichte (Hrsg.): X für U. Bilder die lügen, Das Buch zur Ausstellung, 2. Aufl., Verlag Bouvier : Bonn 2000.

Theimer, Walter: Was ist Wissenschaftlichkeit? Praktische Wissenschaftslehre. Francke UTB : Tübingen 1985.

Theisen, Manuel René: Wissenschaftliches Arbeiten Technik, Methodik, Form. 12. Aufl., Vahlen : München 2004.

Theisen, Manuel René: ABC des wissenschaftlichen Arbeitens. Erfolgreich in Schule, Studium und Beruf. C. H. Beck / dtv : München 2006.

Trost, Günter (Hrsg.): Test für medizinische Studiengänge (TMS): Studien zur Evaluation. 1. bis 18. Arbeitsbericht. Institut für Test- und Begabungsforschung : Bonn 1977-1994.

Vagt, Gerhard: Wer viel fragt..., in: Psychologie heute, 1978, S. 50-52.

Vollkommer, Max: Unzulässige „Berichtigung“ des Rubrums. In: MDR 1992, S. 642.

Wagner, Lothar: Die wissenschaftliche Abschlussarbeit. Ratgeber für effektive Arbeitsweise und inhaltliches Gestalten, VDM Verlag Dr. Müller : Saarbrücken 2007.

Wimmer, Rainer: Weltansichten aus sprachlicher und rechtlicher Perspektive. Zur Ontisierung von Konzepten des Rechts; in: Eichhoff-Cyrus / Antos (Hrsg.), Verständlichkeit als Bürgerrecht? Mannheim 2008, S. 81-95.

Wissenschaftsrat: Stellungnahme zur Akkreditierung der Deutschen Hochschule der Polizei, Münster (Auszug); in: Möllers, Martin H. W. / van Ooyen, Robert Chr. (Hrsg.), Polizeiwissenschaft 3: Polizeihochschul-(Aus-)Bildung, 3. Aufl., Frankfurt a.M. 2013, S. 157-182.

10. Wissenschaftstagung Ökologischer Landbau (Hrsg.): Anleitung Postergestaltung, ETH Zürich 2009, http://www.wissenschaftstagung.de/de/programm/anleitung_postergestaltung.pdf.

Zimmermann, Benno F.: Gestaltung wissenschaftlicher Poster, Erlangen 2007, http://www.ag-jlc.de/files/wissPoster.pdf.

Abkürzungsverzeichnis

Abkürzungen zu weiteren Fachzeitschriften und Urteilssammlungen sind oben ab S. 122 zu finden. Für spezielle polizeirelevante Abkürzungen siehe Möllers, Martin H. W. (Hrsg.): Wörterbuch der Polizei. 2. Aufl., C. H. Beck : München 2010, S. 2349-2431. Sonstige Abkürzungserläuterungen gibt es bei Steinhauer, Anja: Duden: Das Wörterbuch der Abkürzungen. Rund 50.000 nationale und internationale Abkürzungen und Kurzwörter mit ihren Bedeutungen. 6. Aufl., Dudenverlag : Mannheim 2011.

a. A.	anderer Ansicht
a. a. O.	am angegebenen Ort
AB	Anlageband/Anlagebände
abgek.	abgekürzt
Abs.	Absatz
AN	Ausstattungsanweisung(en)
Anl.	Anlage(n)
AP-gD BPOLV	Verordnung über die Ausbildung und Prüfung für den gehobenen Polizeivollzugsdienst in der Bundespolizei
Art.	Artikel
ASPiBGS	Arbeiten zu Studium und Praxis im Bundesgrenzschutz (Fachzeitschrift des Fachbereichs BPOL der FH Bund bis Band 10)
ASPiBPOL	Arbeiten zu Studium und Praxis in der Bundespolizei (ab Band 11)
aud!max	aud!max Die Hochschulzeitschrift
Aufl.	Auflage
Bd.	Band
Bde.	Bände
BdL	Beurteilung der Lage
BGH	Bundesgerichtshof
BGS	Bundesgrenzschutz
BPOL	Bundespolizei
BRAS	Bestimmungen, Richtlinien, Anweisungen, Kataloge, Nachschlagewerke
BremPolG	Bremisches Polizeigesetz
COD	Computergestütztes Dokumentationssystem
Dipl.Arb.	Diplomarbeit
DiplRL – FB BPOL	Richtlinie für die Anfertigung von Diplomarbeiten am Fachbereich Bundespolizei der Hochschule des Bundes für öffentliche Verwaltung
Diss.	Dissertation
Dok.	Dokumentation
DP	Die Polizei (Zeitschrift)
dtv	Deutscher Taschenbuch Verlag
DVP	Deutsche Verwaltungspraxis
EAV	Eignungsauswahlverfahren
ebd.	ebenda
E & D	Extremismus und Demokratie (Jahrbuch)
etc.	et cetera (lat.: und das Übrige)
Examensarb.	Examensarbeit
f.	folgende (z. B. Seite, Nummer)
FA	Fortbildung Aktuell (Zeitschrift)
FB	Fachbereich
ff.	fortfolgende (z. B. Seiten, Nummern)
FH Bund	Fachhochschule des Bundes für öffentliche Verwaltung (http://www.fhbund.de) jetzt → HS Bund
FM	Fernmeldewesen
Fn.	Fußnote(n)
GA	Goltdammer's Archiv für Strafrecht
ggf.	gegebenenfalls
GPS	Global Positioning Systems
grch.	(alt)griechisch
H.	Heftnummer(n)
Habil.-Schr.	Habilitationsschrift
hbz	Hochschulbibliothekszentrum des Landes Nordrhein-Westfalen
Hg.	Herausgeberin / Herausgeber
Hrsg.	Herausgeberin / Herausgeber
HS Bund	Hochschule des Bundes für öffentliche Verwaltung (http://www.hsbund.de)
IBR	Internationale Bibliographie der Rezensionen
IMK	Konferenz der Innenminister/-senatoren des Bundes und

	der Länder
INPOL	Informationssystem der Polizei
IP	Interpunktion
ISBN	Internationale Standardbuchnummer
JBÖS	Jahrbuch Öffentliche Sicherheit
Jg.	Jahrgang
KMK	Ständige Konferenz der Kultusminister der Länder in der Bundesrepublik Deutschland
Kr	Kriminalistik (Zeitschrift)
KrimJ	Kriminologisches Journal
KVK	Karlsruher Virtueller Katalog
lat.	lateinisch
LF	Leitfaden/Leitfäden
LP	Leistungspunkt(e)
MES	Mehrzweckeinsatzstock (Tonfa)
MschrKrim	Monatsschrift für Kriminologie und Strafrechtsreform
m. w. N.	mit weiteren Nachweisen
NJW	Neue Juristische Wochenschrift
Nr.	Nummer(n)
NStZ	Neue Zeitschrift für Strafrecht
o. Ä.	oder Ähnliches
PC	Personalcomputer
PDV	Polizeidienstvorschrift(en)
PFA	Polizei-Führungsakademie
PFA-SchR	Schriftenreihe der PFA
PISA	Programme for International Student Assessment (Programm für internationale Schüler-Einschätzung
PKS	Polizeiliche Kriminalstatistik
PO	Prüfungsordnung
PVB	Polizeivollzugsbeamtin / Polizeivollzugsbeamter
PVD	Polizeivollzugsdienst
Rdnr.	Randnummer(n)
Rhld.	Rheinland
RP	Rangpunkt(e)
s.	siehe
S.	Seite(n)
SchR-DHPol	Schriftenreihe der Deutschen Hochschule Polizei
SIS	Schengener Informationssystem
s. o.	siehe oben
sog.	sogenannte(n)
s. u.	siehe unten
tw.	teilweise
u.	unten
u. A.	und Andere(s)
u. a.	unter anderen
UrhG	Gesetz über Urheberrecht und verwandte Schutzrechte
usw.	und so weiter
UTB	Universitäts-Taschenbücher
vgl.	vergleiche
VS-NfD	Verschlusssache – Nur für den Dienstgebrauch
WE	wichtiges Ereignis
z. B.	zum Beispiel
ZDB	Zeitschriftendatenbank

Stichwortregister

Die Zahlen verweisen auf die Seiten im Buch; auf Stichworte, die mit einem anderen genannten Begriff im Zusammenhang stehen, wird durch „*" hingewiesen.